U0837993

21世纪技术经济学

21ST CENTURY ECONOMICS

2019年卷

李 平 任保平 / 主编
吴 滨 李 辉 刘建翠 / 副主编

中国经济出版社
CHINA ECONOMIC PUBLISHING HOUSE
·北 京·

图片在版编目（CIP）数据

21 世纪技术经济学 . 2019 年卷/李平，任保平主编.
吴滨等副主编 . —北京：中国经济出版社，2022. 12
ISBN 978-7-5136-7184-2

Ⅰ. ①2… Ⅱ. ①李… ②任… ③吴… Ⅲ. ①技术经
济学—学术会议—文集 Ⅳ. ①F062. 4-53

中国版本图书馆 CIP 数据核字（2022）第 237039 号

责任编辑 杨元丽
责任印制 马小宾
封面设计 任燕飞设计

出版发行 中国经济出版社
印 刷 者 北京艾普海德印刷有限公司
经 销 者 各地新华书店
开 本 710mm×1000mm 1/16
印 张 17. 25
字 数 255 千字
版 次 2022 年 12 月第 1 版
印 次 2022 年 12 月第 1 次
定 价 88. 00 元
广告经营许可证 京西工商广字第 8179 号

中国经济出版社 **网址** www. economyph. com **社址** 北京市东城区安定门外大街 58 号 **邮编** 100011

本版图书如存在印装质量问题，请与本社发行中心联系调换（联系电话：010-57512564）

版权所有 盗版必究（举报电话：010-57512600）

国家版权局反盗版举报中心（举报电话：12390） 服务热线：010-57512564

目 录

高成长企业产业分布与新动能细分行业识别

——基于企业数据挖掘的实证研究①

蔡跃洲[1]　马文君[2]

（1. 中国社会科学院数量经济与技术经济研究所　2. 中国社会科学院大学）

摘　要　新旧动能转换在产业层面上表现为主导产业的更替转换。支撑技术革命的新技术体系被社会所接受后，资源要素将向新技术领域集中，启动新一轮经济长周期；围绕新技术形成的新兴产业将成为接续的新主导产业和经济新动能。战略性新兴产业瞄准新一轮科技革命的制高点，成为新动能分布的主要领域，但其细分行业的发展阶段、成长态势存在很大差别；识别出高成长细分行业有助于政府精准施策，加快培育经济新动能。由于国民经济行业分类与新兴产业分类标准不同，官方统计结果尚无法为研究高成长细分行业分布提供产业数据。考虑到高成长行业的微观载体是高成长企业，因此本文以大量样本企业的微观数据为基础，综合运用文本挖掘、统计分析等工具，依据被筛选出的高成长企业的行业归属，分析高成长细分行业的分布情况。实证研究结果表明：①战略性新兴产业分布着2/3以上的近3年发展起来的高成长企业，是经济新动能的主要领域。②高成长企业的行业领域分布集中度较高，仅涉及“软件和信息技术服务”“电子元器件制造”“通信设备制造”“环境保护专用设备”“工业自动控制系统装置制造”“医药制造”等部分细分行业。③培

① 基金项目：本文受中国社会科学院创新工程项目“创新驱动发展的分析与测算”（10620161001005）、中国特色社会主义理论体系研究中心/国家社科基金重大项目“创新驱动发展战略与‘双创’研究”（2015YZD03）等项目资助。

作者简介：蔡跃洲（1975—　），中国社会科学院数量经济与技术经济研究所研究员、博士生导师，研究方向为技术经济方法及方法论、技术创新与技术转移，计量经济学方法及应用，宏观经济政策分析等；马文君，中国社会科学院大学。

育发展战略性新兴产业，政府要区别对待、精准施策。近期应结合数字经济、智能制造和绿色发展等趋势，重点扶持上述可能的新动能细分行业。

关键词 高成长企业；经济新动能；技术革命；战略性新兴产业；数据挖掘

一、引言

1978—2010 年，中国经济以年均 9.92%的高速增长成功实现了经济起飞，基本完成工业化，并跻身中高收入国家行列。然而，“主要依靠资源等要素投入推动经济增长和规模扩张的粗放型发展方式是不可持续的”。[①] 2008 年全球金融危机爆发后，产能过剩、依赖外需及资源环境压力增大等问题陆续暴露。自 2012 年开始，中国的劳动力供给出现转折性变化，经济增速也开始出现明显下降；2014 年中国正式步入“经济新常态”。党的十九大报告中更是明确提出：“……必须坚持质量第一、效率优先……推动经济发展质量变革、效率变革、动力变革……”要实现动力变革和高质量发展，必须加快培育经济发展新动能、实现新旧动能转换，彻底改变以要素和投资规模驱动发展为主的经济增长模式。

从产业结构视角来看，新旧动能转换和动力变革表现为国民经济中主导产业更替和产业结构转换。根据库兹涅茨、罗斯托以及弗里曼等有关技术变革、产业结构和经济增长之间内在关联的主张，特定领域的重大技术变革将促进新兴产业快速成长，带来主导产业的接续更替，实现新旧动能转换（库兹涅茨，1989；罗斯托，2001；Freeman and Perez，1988；Freeman，2002；Perez，2010）。这些主张本质上是在经济史学意义上，基于事后观察归纳总结的规律，能够为推动产业结构转换、培育经济新动能提供方向性指引。当前，全球新一轮科技革命正加速推进，与之对应的战略性新兴产业将成为经济发展新动能的主要方向。但是战略性新兴产业等领域内部的诸多细分行业在发

① 习近平．习近平谈治国理政（第一卷）［M］．北京：外文出版社，2014：119-120.

展阶段、产业规模等方面存在很大差异，仅部分行业有望在短期内成为支撑宏观经济增长的新动能。对于宏观调控部门来说，识别出那些有望迅速成为经济新动能的细分行业，将有助于精准施策，加速经济新动能的培育，而这正是本文研究的现实意义所在。

如果能够获取战略性新兴产业等领域细分行业产值、增加值及其变化情况的连续数据，就会很容易识别出那些正在成为经济新动能的高成长细分行业。然而，现行的国民经济行业分类体系与战略性新兴产业分类标准不同，无法从产业层面上提供数据支持。为应对行业统计数据缺失的现实障碍，本文另辟蹊径，从微观企业数据入手，利用数据挖掘等实证工具，按照战略性新兴产业等领域的细分行业划分标准对微观企业所属产业领域进行重新分类。在此基础上，本文利用统计分析方法筛选出高成长企业，并通过高成长企业产业领域分布情况间接识别出经济新动能细分行业。最终的识别结果表明，高成长企业在战略性新兴产业各领域中均有分布，但2/3的企业集中在新一代信息技术领域，印证了新一轮科技革命中新一代信息技术的主导地位。而本文实证研究中数据挖掘（大数据分析）工具的运用，也可以说是利用微观数据分析中观及宏观问题的一种新尝试。

二、理论方法基础与文献回顾

（一）技术革命、经济长周期及主导产业更替

发展经济学和经济史学相关理论指出："起飞之后的经济增长，只能由一系列主导部门来支撑，因为每一个主导部门过一段时间注定要减速（罗斯托，2001）"；"……任何时期一国经济中具有强大动力的先导部门总是经济迅速增长的焦点，它们通过各种链条带动了经济中其他方面的增长（库兹涅茨，1989）"。因此，从中观产业层面来讲，经济新动能应集中于那些正处于高增长阶段或增长爆发前夜的各种新兴产业，即上述提及的"主导部门"和具有强大动力的"先导部门"。

从创新经济学及技术革命视角来看，新兴产业和先导部门的出现是周期性技术革命（或科技革命）推动的结果，也是推动经济增长（发展）的重要动力来源。早在 20 世纪 30 年代末，熊彼特便发现工业革命以后世界经济增长会呈现出 50~60 年的周期性变化。[①] 弗里曼、佩雷兹等熊彼特的追随者对技术革命进行了界定，他们指出当多个关联的通用目的技术（General Purpose Technology，GPT）领域同时或相继出现激进式创新时通常会引发技术革命（Dosi，1982；Bresnahan and Trajtenberg，1992；Perez，2010；Lipsey et al.，2005）。他们还发现，工业革命以来，已经确定发生的 5 次技术革命同样呈现出周期性特征，[②] 相邻两次技术革命出现的间隔时间也在 50 年左右。[③] 在发生时间上，技术革命与经济长周期之间存在耦合，即几乎每一轮技术革命的标志性事件都会在上一轮经济长周期的下降阶段出现，比新一轮经济长周期的起点（及上升阶段）提前 10~20 年（Kondratiev，1935；Schumpeter，1939；Perez，2010；Mathew，2013）。技术革命周期和经济长周期之间的规律性耦合有其内在的微观基础，每一次技术革命都是对既有技术体系和经济均衡的颠覆性冲击，每一个社会成员和微观主体面对冲击时都有一个适应的过程。有的微观主体在原有技术体系下没有太多的既得利益和沉没成本，能够积极拥抱新的技术体系；而更多的微观主体则是原有技术体系的既得利益者，在新一轮技术革命萌芽阶段，出于维护自身利益的考量会本能地对新技术革命进行抵制。这样新技术体系从出现到全面推广应用，需要经历相当长时间的被社会所接受和适应的过程；而一旦跨越了社会成员接受的临界点，便会引发大规模的投资需求，全社会要素资源会向新技术领域大量集聚，社会成员的生活消费方式也将发生

---

① 苏联的农业经济学家康德拉季耶夫于 1926 年利用英国、法国、美国的统计资料，也提出了一个类似的、跨度为 48~60 年的长周期概念。熊彼特与康德拉季耶夫的研究截至 20 世纪 20 年代末，证明后续的长周期仍然是存在的，但是跨度似乎缩减到 40 年左右，为简便起见不妨将熊彼特经济周期（或康德拉季耶夫周期）简称为“经济长周期”。

② 这 5 次技术革命分别是：a. 18 世纪 60—70 年代，以“斯密顿水车”“珍妮纺纱机”“阿克莱特水力纺纱机”等为标志，开启了工业革命的序幕；b. 18 世纪末到 19 世纪 30 年代，以“瓦特蒸汽机”广泛应用和“利物浦—曼彻斯特”铁路线开通为标志，将人类社会带入“蒸汽和铁路时代”；c. 19 世纪 70 年代，以钢铁、电力及重型机械等为代表的第三次技术革命将人类社会带入“钢铁和电气时代”；d. 20 世纪初，以石油化学、汽车制造为代表开启了“石油与汽车时代”；e. 20 世纪 60—70 年代，以英特尔公司微处理器发布为标志宣告了“信息时代”的到来（Freeman and Perez，1988；Freeman，2002；Perez，2010；Mathew，2013）。

③ 确切地说，前三次技术革命的间隔时间也在 50 年左右，到了后两次间隔时间则有所缩短，为 40 多年；与之相对应，经济长周期的跨度也有缩减的趋势。

重大变化并产生新需求，整个社会将进入新一轮经济长周期的上升和繁荣阶段（Kondratiev，1935；Schumpeter，1939；Mathew，2013）。

Castellacci（2004）从熊彼特的创新理论出发对经济长周期中上升阶段的微观机制进行了类似分析。Castellacci（2004）主张，经济长周期的上升阶段是技术革命带来的新产品、新过程从创新者向其他企业和部门扩散的过程。随着模仿者群体（swarm of imitators，bandwagon of imitations）的全面出现，经济发展需要更多的投资和工人，于是出现乘数效应，该效应对经济的整体作用迅速增强。Castellacci（2004）进一步指出，经济长周期的上升阶段同时也是经济结构出现激进变化（radical change）的时期。随着新技术的扩散，新兴的产业部门逐渐成为（新的）主导，而原有的（主导）产业部门则逐步衰退。工业革命以来的5次技术革命，每一次基本上都遵循着上述新旧主导产业接续更替的规律。纺织、煤炭、铁路、钢铁、电力、石化、汽车、芯片等先后成为新的主导产业，成为不同经济长周期上升阶段中动力变革的产业基础。

工业革命以来历次经济长周期与技术革命见表1。

表1　工业革命以来历次经济长周期与技术革命

序号	历次经济长周期	历次技术革命	
		标志性事件	主导技术体系
1	上升期：1786—1787年，1810—1817年 下降期：1810—1817年，1843—1851年	1771年阿克莱特水力纺纱机；斯密顿水车等	以机械、水力、运河体系等为核心，机械替代手工，并引发“工业革命”
2	上升期：1843—1851年，1870—1875年 下降期：1870—1875年，1890—1897年	1829年利物浦—曼彻斯特铁路试验线通车	以蒸汽机、煤炭、铁路、电报为核心的技术体系，开启“蒸汽与铁路时代”
3	上升期：1890—1897年，1914—1920年 下降期：1914—1920年，1939—1950年	1875年卡内基转炉钢厂在匹兹堡建成	以钢铁、电力、电机、电话等构成的技术体系，开启“钢铁与电气时代”
4	上升期：1939—1950年，1968—1974年 下降期：1968—1974年，1984—1990年	1908年第一台福特T型车从底特律工厂下线	以石油、石化、内燃机、汽车等为核心的技术体系，开启“石油与汽车时代”

续表

序号	历次经济长周期	历次技术革命	
		标志性事件	主导技术体系
5	上升期：1984—1990 年，2008—2010 年 下降期：2008—2010 年，2020 年	1971 年英特尔公司发布第一款微处理器	以微电子、计算机、信息通信等技术为核心，开启“信息时代”

资料来源：综合 Kondratiev（1935）、Schumpeter（1939）、Perez（1985）、Lipsey 等（2005）、Perez（2010）、Mathew（2013）等文献整理而得。

（二）新时代下战略性新兴产业与经济新动能

中国特色社会主义进入新时代，恰逢全球新一轮科技革命孕育兴起并加速演进。新一轮科技革命本质上是以（移动）互联网、大数据、人工智能等新一代信息技术为核心，涵盖新能源、新材料、生物等关联通用目的技术（GPT）的第六次技术革命。在 2010 年前后，在信息通信、能源、材料、生物等领域，一些革命性、颠覆性技术纷纷进入应用示范甚至商业化推广阶段，包括移动互联网的快速推广普及，风能、光伏太阳能的大规模应用示范，石墨烯、碳纳米管的试验开发，基因测序在疾病筛查中的应用等。这些从某种意义上可以看作是第六次技术革命的标志性事件。2010 年，中国政府着手培育发展战略性新兴产业，其初衷就是要顺应全球新一轮科技革命和产业变革的趋势、抢占经济科技制高点。

技术革命、战略性新兴产业与经济新动能传导机制如图 1 所示。

根据此前 5 次技术革命与经济长周期相互耦合以及主导产业接续更替的内在规律，战略性新兴产业将成为中国乃至全球的接续主导产业，也代表着经济新动能的主要方向。当然，战略性新兴产业涵盖面较广，本身可以划分为多个领域和多个细分行业，而每个细分行业在发展阶段、市场需求、产业规模等方面存在较大差异。有的细分行业虽然长期来看有着良好的发展前景和潜力，但行业产业化尚处于刚刚起步的萌芽状态，短期内在支撑宏观经济增长方面很难发挥主导作用；而有的细分行业出于种种原因，企业运营及产业规模已呈现出爆发式增长态势，短期内即有望成长为经济增长的重要动力来

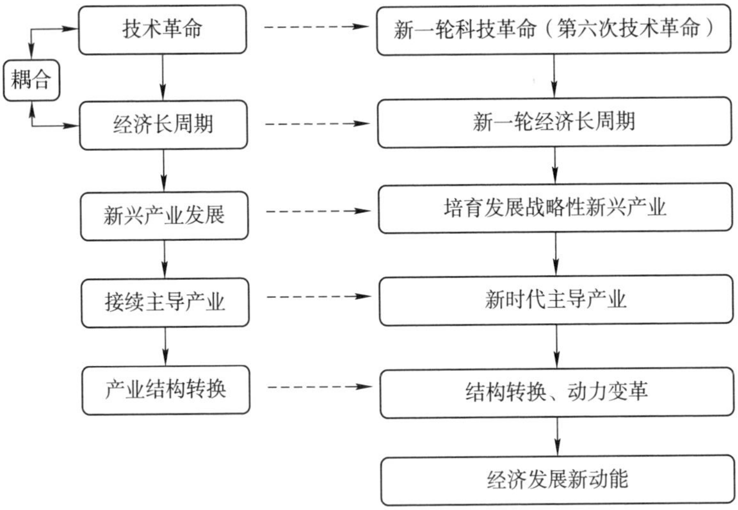

图 1　技术革命、战略性新兴产业与经济新动能传导机制

源。2014 年，中国经济正式进入新常态，迫切需要寻找短期内发挥支撑作用的新动能。从适应经济新常态、引领新常态、保持“十三五”时期经济中高速增长等内在要求考量，识别出那些已经显现出高成长态势并有望进入快速增长阶段的新动能细分行业，对于政府决策部门精准施策、改善调控以及实现保持经济较高增速的目标显得尤为重要。需要特别指出的是，战略性新兴产业代表的只是新一轮科技革命和动力变革的主要方向而非全部，由人均收入水平提升和需求结构升级而引发的产业结构变化也会是新旧动能转换的重要源泉。

（三）高成长企业与新动能细分行业识别

1. 新动能行业与高成长企业的内在关联

由技术革命和收入水平提升所引发的需求结构变化，其发生过程非常迅速；因为需求侧主要由消费者意愿所决定，而意愿的转换可以在瞬间完成。而产业结构顺应需求结构变化做出的适应性调整，其过程则要缓慢得多。毕竟各类要素的组织动员、生产性资本的积累以及组织架构和运行模式的形成都需要较长的时间。另外，消费者需求的结构性变化被生产者（供给侧）所感知也是一个循序渐进的过程。在需求结构发生转变的初期，往往只有一小部分非常敏锐的企业能够迅速捕捉到消费者需求结构的变化并及时在生产经营策略上做出相应调整。通过这部分先行者做示范和带动，更多企业意识到需求结构的变化，从而在更大范围内推动供给结构或者产业结构的适应性调整。

在上述过程中，那些能够快速捕捉到需求结构变化的企业，面对转变初期迅速形成的巨大市场需求，通过加大资金、人力、研发等要素的投入，往往会取得超常规的快速发展，进而带动并形成新兴产业或新型业态，成为宏观经济的新动能。从另一个角度来看，那些呈现出高速成长势头的企业在行业归属上会有很大一部分属于新动能行业，这也是后续开展新动能细分行业识别的重要依据。

2. 产业分布识别困境及本文识别思路

在产业数据可获得的前提下，对各细分行业发展状况和变化趋势进行分析研判不失为一条更直接的识别路径。王礼恒等(2016)构建了一套评价新兴产业成熟度的指标体系。王礼恒等(2016)主要是从产品成熟度和市场成熟度两方面综合考察新兴产业的成熟度；其中，产品成熟度包括技术成熟度和制造成熟度；而市场成熟度则考察产业的市场规模、市场结构(集中度)及其市场潜力。但利用“产品成熟度”来衡量产业的成长性或增长潜力在操作上也有较大难度，毕竟对于“产品成熟度”的衡量存在较大主观性。

从市场成熟度来评价产业成熟度，虽然可以将评价指标集中于产值、就业、利润、研发投入等较为客观的指标，但是要实现评价新兴产业领域各细分行业的目标，在数据获取上还存在非常直接的现实障碍。包括战略性新兴产业在内的潜在经济新动能领域，其细分行业划分标准更多是为了适应新一轮科技革命和产业变革要求设定的；而现行官方统计体系下的国民经济行业分类标准则主要是以往历次技术革命和产业革命的产物。因此，现行官方统计体系难以直接提供战略性新兴产业细分行业的相关统计数据。[①] 这意味着从行业本身入手，评价以战略性新兴产业为主的相关领域细分行业及其是否具

① 以战略性新兴产业为例，官方资料中仅在 2016 年的统计公报中首次给出了“工业战略性新兴产业增加值增长 10.5%”，细分行业数据根本无法获取。

备经济新动能特征，在数据收集环节上存在操作上的现实困难。

因此，识别高成长细分行业的一条可行路径便是从高成长企业筛选入手，通过被筛选出的高成长企业的行业分布状况，大致推断出短期内具有高成长潜力、有望成为新动能的相关细分行业。相比产业成熟度判别路径，从既有的快速成长企业中识别经济新动能的可能范围，数据信息收集更为可行，所采集的数据信息与既定目标之间的关联也较为直接。正是基于高成长企业与高成长行业之间的上述内在关联，本文对以战略性新兴产业为主的相关领域高成长细分行业识别的基本思路是：①从企业相关数据指标收集整理和分析入手，利用文本挖掘及相应统计分析工具筛选出不同评判标准下的高成长企业；②根据高成长企业的行业领域归属，推断出以战略性新兴产业为主的相关领域中具有高成长态势的细分行业，并将其识别为新动能（细分）行业。

（四）高成长企业的特征及筛选标准

由于对后续高成长细分行业识别的基础是对高成长企业的筛选，因此，厘清高成长企业的特征并设定筛选标准至关重要。欧美学者特别是欧盟及北欧学者在这方面开展了较多的具有参考价值的研究。

1. 高成长企业的主要特征

早在20世纪90年代，Birch和Medoff（1994）等给出了一个较为具体的高成长企业界定标准，即企业必须在一定期间内取得至少20%的销售增长率，且年均收益至少达到10万美元。此后，学者们虽提出了不同的界定标准，但各个标准之间并无本质上的差别，大致来说包括以下主要特征：①高增长率，但所采用的衡量指标和高增长标准存在差异；②较长持续时间，通常是3~5年，以减少由于增长率短期波动而造成的误选或遗漏；③一定的规模，以剔除特别小规模企业初期由偶然因素而获得高速增长的情形（Delmar and Roslagsvägen，1997；Garnsey et al.，2006；Shepherd and Wiklund，2009）。

2. 高成长企业的衡量指标

可用于考察企业成长状况的指标包括资产、就业、市场份额、物质投入、利润、销售额等几乎所有可以反映企业投入产出状况的财务指标或经营指标，其中又以销售额和就业两个指标最为常用。

Hoy 等(1992)认为，如果只选一个衡量企业成长的指标，应首选销售额。销售额指标具有很多优点，如数据容易获得、适用面广泛等。当然，销售额本身也有其局限性。一是销售额对通货膨胀和汇率的敏感度较低，这会影响其名义增长率的真实性，从而降低其作为测度基准的效果。二是销售额增长需要企业运营取得一定成效后才会显现，具有一定的滞后性；而企业的资产和就业人数的增长往往先于销售额的增长，因此用总资产规模或就业人数有时能更为准确地预测企业的发展趋势。就业人数是标准化、可比较的数据指标，能提供反映企业扩张的比率和方向，且基本不受通货膨胀的影响。就业指标能够较好地反映劳动密集型企业和知识型企业的真实增长情况，但不足之处在于，它比较容易受劳动生产率提高和垂直一体化的影响，无法反映生产率提升情形下的企业增长。

实证研究中还有一些文献根据需要构造了若干复合性指标，为指标增长的测度形式提供了更多不同选择，如 Birch 系数、对数增长指数、复合年度增长率等。对于某个具体指标来说，可以有两种方式衡量其增长情况：一是绝对增加量，如新增就业岗位数量；二是相对增长速度，如吸纳就业增速。Birch(1987)则构造了一个包含上述两方面信息的 Birch 系数。

$$m=(E_{i,t}-E_{i,t-1})\left(\frac{E_{i,t}}{E_{i,t-1}}\right) \tag{1}$$

其中，$E_{i,t}$是企业 i 在 t 时点的雇佣人数。从式(1)可以看出，Birch 系数所选用的基础指标仍是就业，但是将就业数量的绝对增加和相对增长速度两方面因素一并予以考虑，所包含的就业增长信息就更为全面。Birch 系数的缺陷在于，据此计算出的系数值所表达的增长状况更为抽象，难以给出直观的评判。

Schreyer(2000)使用对数增长指数来衡量企业成长情况。对数增长指数与一般的算术增长率本质上是一致的。

$$\log(g_{i,t})=\log\left(\frac{S_{i,t}}{S_{i,t-1}}\right)=\log(S_{i,t})-\log(S_{i,t-1}) \tag{2}$$

从式(2)可以看出，对数增长指数无非就是在原有指数计算基础上两边取对数。Coad 和 Holzl(2010)认为，采用对数增长率在计量分析过程中受异方差的影响较小，在实证中使用更为广泛。当然，经过对数变换后，也存在表达和评判不够直观的问题。

为了避免单个年份增长的波动，实证中还会采用复合年度增长率指标。例如，Barringer 等(2005)运用复合年度增长率指标来计算高成长企业，并将 3 年复合年度增长率超过 80%的企业定义为高成长企业，将 3 年复合年度增长率低于 35%的企业定义为低成长企业。

3. 高成长企业的量化标准

考察指标确定后，通过设定相应的量化标准，便可以筛选出高成长企业。既有的量化标准大致可以分为两类：一类是直接给出特定考察指标绝对增长率的阈值，增长率超过该阈值的便属于高成长企业。另一类是在给定企业样本中，按照一定比例选取增长率排名较高的企业作为高成长企业。当然，阈值或比例的设定都存在一定的差异。

在绝对增长率阈值设定方面，Birch 和 Medoff(1994)提出的标准是：一定时期内年销售额增长 20%以上。Fischer 等(1997)则更为具体地将标准定为：连续 5 年销售额年增长 20%以上。Acs 等(2008)的标准是 4 年内销售额翻一番，大致相当于连续 4 年销售额年增长 20%。Autio 等(2000)提出的标准是连续 3 年销售额年增长 50%以上。Ahmad 和 Gonnard(2007)、Deschryvere(2008)针对就业指标给出了类似的阈值和标准，即就业人数 3 年内每年增长 20%以上，或 4 年左右大致翻一番，还附加了“初始员工 10 人以上”的前提条件。

在实证研究中，也有很多学者采用增长率相对排名作为界定标准。Davidsson 和 Henrekson(2002)将其所用数据库中平均每年绝对就业增加数排名前 10%的企业视为高成长企业。Holzl 和 Friesenbichler(2010)则将样本企业中销售额增长排名前 10%的企业作为高成长企业。Daunfeldt 等(2010)、Bjuggren 等(2010)、Vanacker(2009)都将高成长企业定义为就业增长速度排名前 1%的企业。Daunfeldt 等(2010)还采用增加值、生产率和销售额作为识别高成长企业的标准。

综合以上文献设定的标准可以看出，虽然在绝对增长率的具体数值上存在差别，但将特定考察指标在 3~5 年内每年保持 20%增长率或 4 年翻一番作为筛选高成长企业的标准，已经被大多数学者所认同。至于具体的指标，可以是销售额、就业人数以及其他常用的企业财务经营指标。相对排名的设定存在较大弹性，从排名前 1%到前 10%的情形都有，这可能主要与样本数量有关。如果样本数量非常大，以排名前 1%作为标准更便于数据处理；而在样本数量较小的情形下，则可以考虑选择排名前 10%作为标准。

需要指出的是，除了绝对增长速度或相对增长速度的设定外，对于高成长企业的筛选往往还会加上初始规模方面的限制，例如，初始销售额大于 10 万美元、初始人员规模大于 10 人或 50 人等。这种限制有利于纠正筛选结果过于集中于小微企业而形成的偏差。毕竟，规模过小的企业，偶然出现的一笔订单或业务便能实现销售、人员、利润等指标的快速增长，从而释放出关于企业及所属产业成长性高的错误信息。

三、高成长细分行业识别步骤与数据基础

（一）识别步骤

根据第二部分提出的识别思路，识别战略性新兴产业等相关领域中的高成长细分行业将从高成长企业的筛选入手；对被筛选出的高成长企业的行业分布进行分析，便能大体判断出战略性新兴产业等领域内部哪些细分行业具备高成长态势、有望在短期内成为经济新动能。具体的识别步骤如下：

第一，企业成长性指标选取。企业是对市场需求变化最为敏感的主体，在那些潜在的高成长行业中，敏锐的企业家往往会提前布局，从资金、人力、研发等不同方面配置资源，进而率先实现企业资产规模和销售收入等方面的快速增长。因此，那些员工人数、总资产、销售收入、净利润等指标出现超常规增长的企业，其所处行业往往具备很大的增长潜力，不妨以此作为判别企业成长性的主要指标。

第二，高成长企业标准设定。借鉴欧美学者提出的增长率相对排名的做法，选取几个不同时期各指标增长率排名前1%的企业作为筛选高成长企业的初步标准；并考虑被初步筛选企业相关指标增长率水平的实际大小，对筛选范围进行相应的缩小或扩大。具体的考察期间分别是2014年、2015年、2016年三个年份以及2013—2015年、2014—2016年两个时间段。

第三，高成长企业筛选。根据步骤二设定的高成长企业标准，对收集的样本企业进行整理分析，分指标、分时期筛选出(潜在的)高成长企业。

第四，高成长细分行业分布识别。对不同指标、不同时期下被筛选出的高成长企业所属具体细分行业的分布情况进行分析；综合研判所有被筛选出的样本企业的行业分布集中度，将那些在不同指标、不同期间均出现较多的高成长企业所属的行业确定为具备高成长态势的细分行业。

（二）数据基础

高成长企业筛选所依据的原始数据主要来自万得数据库中的上市公司、新三板以及产权交易所挂牌交易的企业数据，涵盖了来自主板市场、中小板、创业板、新三板的上市公司以及各地产权交易所挂牌交易的共计约30万家企业。

由于准入和监管的要求，主板市场、中小板、创业板、新三板的上市公司和挂牌交易企业提供了更为翔实的数据资料，包括财务数据和企业经营基本信息等，且有一定时期内连续的数据信息。考虑到高成长企业筛选过程中，需要考察较长的时间跨度以减少各种偶然因素带来的冲击，加上对数据质量的考量，最终将微观企业样本的选择锁定在上市公司(含主板、中小板、创业板和新三板)及其他挂牌交易企业，最终从30万家企业中初步筛选出2.8万家企业作为后续实证分析的基础数据。需要指出的是，无论是中小板、创业板还是新三板，上市或挂牌交易的企业通常都具有创新创业的相关属性，企业经营范围很多也属于战略性新兴产业，因此，这部分企业中涉足的领域最有可能成为高成长行业，为支撑中国经济增长提供新动能。这也是选择这部分企业作为考察对象的另一重要原因。

还有一点需要特别说明，由于企业挂牌或上市的时间不同，不同企业所能够获取的数据序列长短并不一致，部分企业有连续 3 年以上的数据，部分企业仅有 2 年甚至 1 年的数据，这意味着如果直接考察 3 年期平均增长率，则最后剩下的样本数据将远不到 2.8 万家。另外，不同企业所能收集到的数据指标的齐备程度也不同，其中，就业人数、总资产、销售收入/营业收入、营业利润的数据相对来说比较齐全。基于上述原因，在识别高成长企业时将主要依据“就业人数”“营业收入”“总资产”“营业利润”这 4 个指标的增长率；在考察期限方面，则分别考察近 3 年每年的增长情况和 2013—2015 年、2014—2016 年两段 2 年期指标平均增长情况。

在高成长企业筛选基础上分析高成长细分行业的分布状况，需要对企业所属的细分行业进行恰当分类。收集到的样本企业数据，包含了企业经营范围等信息，我们还可以得到按照现行统计核算体系标准给出的行业分类信息。然而，这种行业分类并不能完全满足识别潜在高成长行业的需要。一方面，潜在高成长行业很多都属于新兴产业，现行以工业革命为基础的行业分类并不能完全覆盖企业所属的细分产业类别；另一方面，很多企业特别是中小企业，营业执照列示的经营范围往往涵盖多个行业类别，其主营业务也会经常发生重大调整，而原有的行业分类信息根本无法全面反映这些情况。

为了提高对潜在高增长行业识别的准确性，以战略性新兴产业（以下也会简称“战新”或“战新产业”）的 6 大类、26 个细分行业作为主要划分标准[①]，利用文本分析等数据挖掘手段对每个样本企业的经营范围进行分析，据此对其所属行业重新进行分类，并打上相应的分类标识。当然，重新分类过程也结合既有的企业行业分类信息作为辅助判断，这些行业分类涵盖战略性新兴产业以外的相关领域。[②] 在高成长企业筛选完成后，潜在的高成长细分行业的

---

① 即“节能环保”“新一代信息技术”“生物”“高端装备”“新能源”“新材料”6 大类；环境保护专用设备、环境监测专用仪器仪表、废弃资源综合利用、通信设备制造、锂离子电池制造、电子元器件制造、视听设备制造、光纤光缆制造、电子测量仪器制造、雷达及配套设备制造、软件和信息技术服务、医药制造、医疗仪器设备及器械制造、生物化学农药及微生物农药制造、航空航天器及设备制造、铁路运输设备制造、海洋工程专用设备制造、工业自动控制系统装置制造、光伏设备及元器件制造、风能原动设备制造、核能发电、风力发电、太阳能发电、环境污染处理专用药剂材料制造、特种陶瓷制品制造、信息化学品制造，共 26 个细分行业。

② 对于那些在行业归属上无法划归到战略性新兴产业的企业，我们也会在对其经营范围等相关信息进行挖掘后，将其分类为现代服务业、文化创意产业及其他传统产业。

识别也将依据新的、以战略性新兴产业各领域为主体的行业分类开展。

上述企业行业归属的重新分类既是后续实证工作得以开展的关键，也是本文研究的重要创新点。

四、高成长企业筛选与高成长细分行业分布

（一）基于就业人数的高成长企业筛选及行业分布

按照第三部分的筛选步骤，对样本企业的就业人数增长率情况进行了简单的统计分析，并从中筛选出每个时间段增长率排名前1%的企业，大约有120家。其中，每个时间段所筛选出的企业，有80家左右能够明确归类到战略性新兴产业相关行业部门。被筛选出的企业在战略性新兴产业6大类、26个细分行业中的分布情况见表2和图2。

表2　2014—2016年分年度筛选后基于就业人数的高成长企业基本信息

指标	2014年	2015年	2016年	2013—2015年	2014—2016年	3年整体
筛选出企业数/家	120	117	121	112	113	583
最高增长率/%	3.63	101.35	151.80	2.33	9.26	—
增长率中位数/%	0.75	1.63	1.60	0.65	0.94	—
最低增长率/%	0.50	1.11	1.20	0.45	0.67	—
节能环保	8	5	9	8	7	37
新一代信息技术	55	57	56	46	55	269
生物	12	12	10	9	8	51
高端装备	8	3	3	5	3	22
新能源	4	2	6	3	3	18
新材料	1	3	3	1	4	12
战新类企业小计	88	82	87	72	80	409

注：3年整体是简单加总5个时间段不同产业入选企业的数量，余表同。

考虑到被筛选出的企业整体的就业人数增长率偏低，5个期间的增长率中位数均在1%左右，不妨缩小筛选范围，挑选出那些2次以上被选中的企业，以及2013—2015年、2014—2016年两个期间平均增长率排名前10的企业。

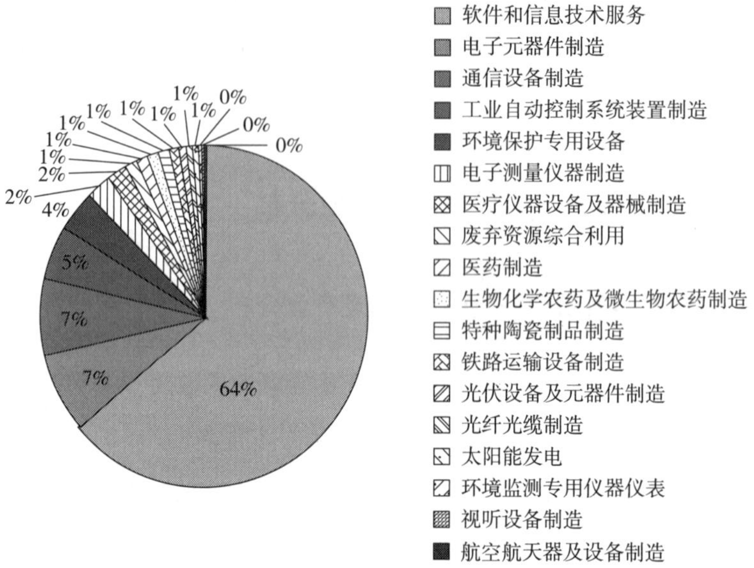

图 2　2013—2016 年就业人数增长较高的企业战新细分行业分布

由于少量高增长企业在行业归属上不能划归为战略性新兴产业，还需要对这些企业重新进行分类。经过上述二次筛选后的企业有近一半属于“新一代信息技术类”中的“软件和信息技术服务”行业，同时还涉及“通信设备制造”“医疗仪器设备及器械制造”“环境保护专用设备”“废弃资源综合利用”“铁路运输设备制造”等战略性新兴产业细分行业。战略性新兴产业以外的行业包括“现代服务业（咨询、技术服务、物流、教育培训、安防等）”“文化创意产业”“装备制造业”和传统的“化学化工产业”等。

综合表 2、图 2 以及二次筛选企业的行业分布情况，可以大致对 2014—2016 年就业人数增长突出企业的行业分布做出如下判断：①就业增长较高的被筛选企业 70%分布于战略性新兴产业，其中，属于新一代信息技术类的企业约占 2/3，生物、节能环保两大类也占据较大份额；②从战新细分行业来看，“软件和信息技术服务”占所有归属战新企业的近 2/3，“电子元器件制造”“通信设备制造”“工业自动控制系统装置制造”“环境保护专用设备”占比也较大；③“电子测量仪器制造”“医疗仪器设备及器械制造”“废弃资源综合利用”“医药制造”“生物化学农药及微生物农药制造”“特种陶瓷制品制造”“铁路运输设备制造”“光伏设备及元器件制造”“光纤光缆制造”“太阳能发电”“环境监测专用仪器仪表”“视听设备制造”“航空航天器及设备制造”等行业都有企业归属；④“锂离子电池制造”“雷达及配套设备制造”“海洋工程专用设备制造”“风能原动设备制造”“核能发电”“风力发电”“环境污染处理专用药剂材料制造”“信息化学品制造”行业则无一企业归属；⑤在战略性新兴产业以外，就业人数高增长企业涉及的行业领域主要集中在“现代服务业”“文化创意产业”“装备制造业”等。

（二）基于总资产的高成长企业筛选及行业分布

同前面就业人数类似，根据总资产增长率排名情况，本文对 2.8 万家样本企业进行了相应的筛选，并对被筛选企业在战略性新兴产业领域中的分布情况进行了统计，具体见表 3 和图 3。

表 3　2014—2016 年分年度筛选后基于总资产的高成长企业基本信息

指标	2014 年	2015 年	2016 年	2013—2015 年	2014—2016 年	3 年整体
筛选出企业数/家	119	116	120	118	114	587
最高增长率/%	457.79	26660.52	53.57	22.36	24.40	—
增长率中位数/%	13.06	21.81	2.20	5.85	1.95	—
最低增长率/%	7.31	12.15	1.35	4.17	1.39	—
节能环保	5	3	9	3	8	28
新一代信息技术	52	71	79	61	65	328
生物	7	3	7	9	6	32
高端装备	1			2	1	4
新能源	3	1	2	3	1	10
新材料	2			1	1	4
战新类企业小计	70	78	97	79	82	406

在二次筛选中，挑选出那些 2 次以上被选中以及 2013—2015 年、2014—2016 年两个期间平均增长率超过 10%的企业，并对少量没有划归为战略性新兴产业的高增长企业重新分类。经过二次筛选后的企业大部分属于“新一代信息技术类”中的“软件和信息技术服务”行业，并涉及“通信设备制造”

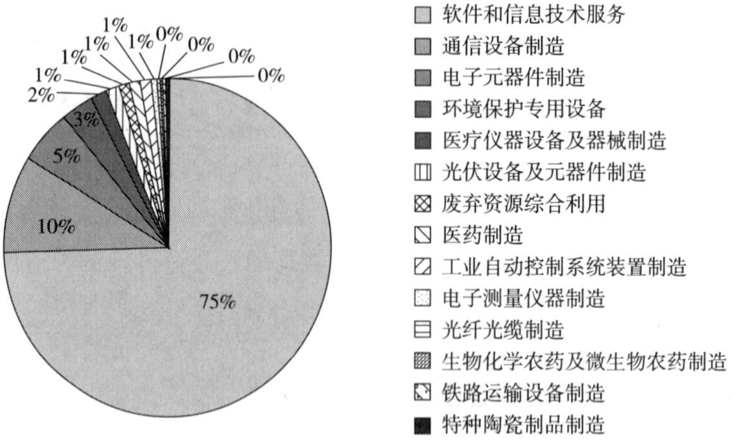

图 3　2013—2016 年总资产增长较高的企业战新细分行业分布

“生物类”行业以及“现代服务业（咨询、技术服务等）”“现代农业”等。

综合表 3、图 3 和二次筛选企业的行业分布情况，可以大致对 2014—2016 年总资产增长突出企业的行业分布做出如下判断：①总资产增长较高企业有 70%归属于战略性新兴产业，其中，归属于新一代信息技术类的企业占 4/5，归属于生物、节能环保两大类的约占剩余企业的 4/5；②从战新细分行业来看，“软件和信息技术服务”占所有归属战新企业的近 3/4，“通信设备制造”“电子元器件制造”“环境保护专用设备”占比也较大；③“光伏设备及元器件制造”“工业自动控制系统装置制造”“电子测量仪器制造”“医疗仪器设备及器械制造”“废弃资源综合利用”“医药制造”“生物化学农药及微生物农药制造”“特种陶瓷制品制造”“铁路运输设备制造”“光纤光缆制造”等行业都有企业归属；④“环境监测专用仪器仪表”“视听设备制造”“航空航天器及设备制造”“海洋工程专用设备制造”“锂离子电池制造”“太阳能发电”“雷达及配套设备制造”“风能原动设备制造”“核能发电”“风力发电”“环境污染处理专用药剂材料制造”“信息化学品制造”等细分行业无一企业归属；⑤在战略性新兴产业以外，总资产高增长企业涉及的行业领域主要包括“现代服务业（咨询、技术服务等）”“现代农业”。

（三）基于营业收入的高成长企业筛选及行业分布

根据营业收入/销售收入增长率排名情况，本文对2.8万家样本企业进行了相应的筛选，并对被筛选企业在战略性新兴产业领域中的分布情况进行了统计，具体见表4和图4。

表4 2014—2016年分年度筛选后基于营业收入的高成长企业基本信息

指标	2014年	2015年	2016年	2013—2015年	2014—2016年	3年整体
筛选出企业数	115	116	121	120	114	586
最高增长率/%	8283.21	2355.17	2537.92	110.43	191.79	—
增长率中位数/%	38.35	51.96	1.62	10.32	2.51	—
最低增长率/%	17.00	16.69	2.43	6.12	1.70	—
节能环保	5	6	5	6	4	26
新一代信息技术	44	51	64	53	56	268
生物	9	9	5	9	7	39
高端装备	6	2	1	3	1	13
新能源	3	1	5	4	7	20
新材料	3	1	2	4	2	12
战新类企业小计	70	70	82	79	77	378

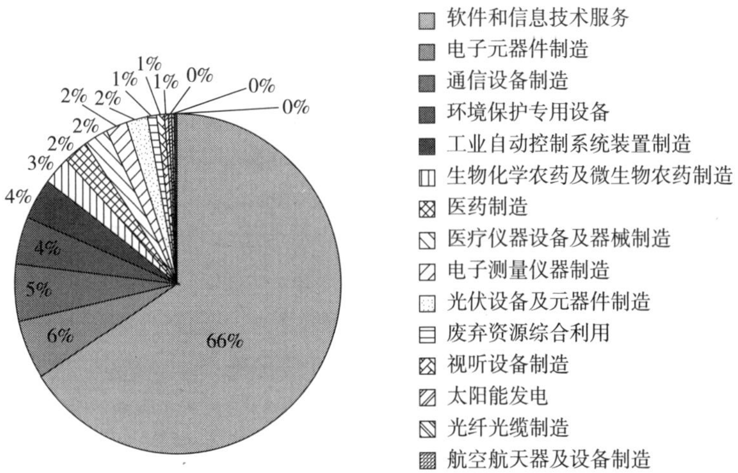

图4 2013—2016年营业收入增长较高的企业战新细分行业分布

同其他指标一样，也对样本企业进行了二次筛选，挑选出那些 2 次以上被选中以及 2013—2015 年、2014—2016 年两个期间平均增长率超过 15%的企业，并对少量没有划归为战略性新兴产业的高增长企业重新分类。经过二次筛选后的企业 45%属于“新一代信息技术类”，其中大部分又属于“软件和信息技术服务”行业；其余企业的产业分布涉及战略性新兴产业其他 5 大类，以及“现代服务业（咨询、技术服务、物流、环保等）”“文化创意产业”“现代农业”及建材、房屋租赁等行业部门。

综合表 4、图 4 和二次筛选企业的行业分布情况，可以大致对 2014—2016 年营业收入增长突出企业的行业分布做出如下判断：①营业收入增长较快的企业有 65%可以归属于战略性新兴产业，在归属于战新产业的企业中，新一代信息技术类占 71%，生物、节能环保两大类也占较大比重；②从战新细分行业来看，“软件和信息技术服务”占所有归属战新企业的近 2/3，“电子元器件制造”“通信设备制造”“环境保护专用设备”“工业自动控制系统装置制造”“生物化学农药及微生物农药制造”占比也较大；③“光伏设备及元器件制造”“电子测量仪器制造”“医疗仪器设备及器械制造”“废弃资源综合利用”“视听设备制造”“医药制造”“太阳能发电”“光纤光缆制造”“航空航天器及设备制造”“特种陶瓷制品制造”等行业都有企业归属；④“铁路运输设备制造”“环境监测专用仪器仪表”“雷达及配套设备制造”“海洋工程专用设备制造”“锂离子电池制造”“风能原动设备制造”“核能发电”“风力发电”“环境污染处理专用药剂材料制造”“信息化学品制造”等细分行业无一企业归属；⑤在战略性新兴产业以外，营业收入高增长企业涉及的行业领域主要包括“现代服务业（咨询、技术服务、物流、环保等）”“文化创意产业”“现代农业”。

（四）基于营业利润的高成长企业筛选及行业分布

根据营业利润增长率排名情况，本文对 2.8 万家样本企业进行了相应的筛选，并对被筛选企业在战略性新兴产业领域中的分布情况进行了统计，具体见表 5 和图 5。

表 5　2014—2016 年分年度筛选后基于营业利润的高成长企业基本信息

指标	2014 年	2015 年	2016 年	2013—2015 年	2014—2016 年	3 年整体
筛选出企业数	130	124	121	120	114	609
最高增长率/%	3803. 66	41563. 02	378. 22	210. 04	189. 32	—
增长率中位数/%	86. 15	112. 46	7. 28	12. 75	4. 73	—
最低增长率/%	40. 94	53. 38	3. 81	8. 49	3. 01	—
节能环保	6	6	8	9	6	35
新一代信息技术	56	59	53	53	52	273
生物	10	6	10	8	8	42
高端装备	7	2	6	1	1	17
新能源	1	4	6	1	7	19
新材料	3	4	1	1	5	14
战新类企业小计	83	81	84	73	79	400

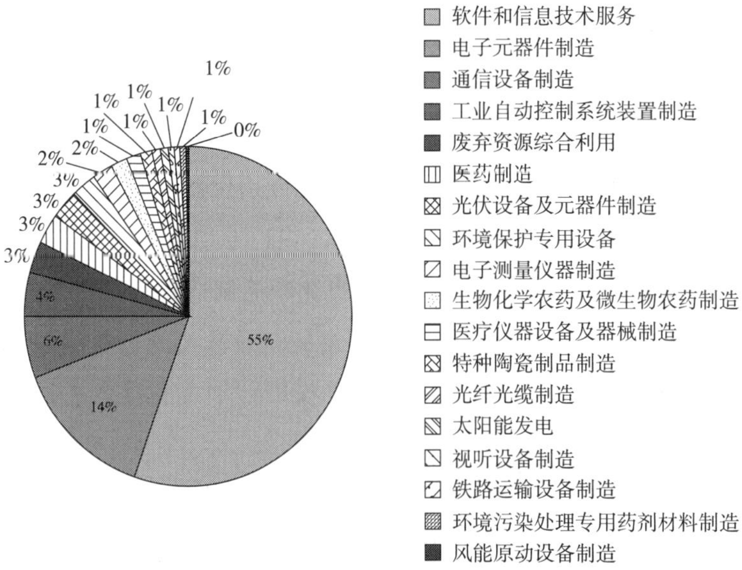

图 5　2013—2016 年营业利润增长较高的企业战新细分行业分布

同样对营业利润指标下的企业进行了二次筛选，挑选出那些 2 次以上被选中以及 2013—2015 年平均增长率超过 20%、2014—2016 年平均增长率超过

15%的企业，并对少量没有划归为战略性新兴产业的高增长企业重新分类。经过二次筛选后的企业约47%属于“新一代信息技术类”；其余企业的产业分布涉及战略性新兴产业其他5大类，以及“现代服务业（咨询、技术服务、物流等）”“文化创意产业”“机械制造业（汽车、钟表）”以及食品、包装、化学等行业部门。

综合表5、图5和二次筛选企业的行业分布情况，可以大致对2014—2016年营业利润增长突出企业的行业分布做出如下判断：①营业利润增长较快的企业约66%属于战略性新兴产业，其中，又有大约68%属于新一代信息技术类，属于生物、节能环保两类的也占较大比重；②从战新细分行业来看，属于“软件和信息技术服务”的企业占战新类企业的一半以上（55%），属于“电子元器件制造”的比重也接近1/7（14%），“通信设备制造”“工业自动控制系统装置制造”“废弃资源综合利用”“医药制造”“光伏设备及元器件制造”“环境保护专用设备”占比也较大；③“电子测量仪器制造”“生物化学农药及微生物农药制造”“医疗仪器设备及器械制造”“特种陶瓷制品制造”“光纤光缆制造”“太阳能发电”“视听设备制造”“铁路运输设备制造”“环境污染处理专用药剂材料制造”行业占比均在1%左右，“风能原动设备制造”行业等都有企业归属；④“环境监测专用仪器仪表”“雷达及配套设备制造”“航空航天器及设备制造”“海洋工程专用设备制造”“锂离子电池制造”“核能发电”“风力发电”“信息化学品制造”行业无一企业归属；⑤在战略性新兴产业以外，营业利润高增长企业涉及的行业领域主要包括“现代服务业（咨询、技术服务、物流、环保等）”“文化创意产业”。

（五）高成长企业细分行业分布小结

根据上文在不同财务指标增长率基础上所筛选出的高成长企业及其行业归属，将不同识别指标下高成长企业的行业分布、排名等情况进行对比，可以形成表6、表7和表8。

表 6　基于不同指标增长率的被筛选企业战新大类分布情况对照表

指标	就业人数		总资产		营业收入		营业利润	
	占比/%	排名	占比/%	排名	占比/%	排名	占比/%	排名
节能环保	9.05	3	6.90	3	6.88	3	8.75	3
新一代信息技术	65.77	1	80.79	1	70.90	1	68.25	1
生物	12.47	2	7.88	2	10.32	2	10.50	2
高端装备	5.38	4	0.99	5	3.44	5	4.25	5
新能源	4.40	5	2.46	4	5.29	4	4.75	4
新材料	2.93	6	0.99	6	3.17	6	3.50	6
战新类小计	100.00	—	100.00	—	100.00	—	100.00	—

表 7　基于不同指标增长率的被筛选企业战新细分行业分布情况对照表

指标	就业人数		总资产		营业收入		营业利润	
	占比/%	排名	占比/%	排名	占比/%	排名	占比/%	排名
环境保护专用设备	3.88	5	3.14	4	4.49	4	2.50	8
环境监测专用仪器仪表	0.28	16	0.00	15	0.00	17	0.00	19
废弃资源综合利用	1.11	8	1.05	7	0.90	11	3.06	5
通信设备制造	7.20	3	9.16	2	5.39	3	5.83	3
锂离子电池制造	0.00	19	0.00	16	0.00	18	0.00	20
电子元器件制造	7.48	2	4.97	3	5.69	2	13.89	2
视听设备制造	0.28	17	0.00	17	0.60	12	0.56	15
光纤光缆制造	0.55	14	0.26	11	0.30	14	0.83	13
电子测量仪器制造	2.49	6	0.52	10	2.10	9	1.94	9
雷达及配套设备制造	0.00	20	0.00	18	0.00	19	0.00	21
软件和信息技术服务	63.99	1	73.30	1	65.87	1	55.28	1
医药制造	1.11	9	1.05	8	2.40	7	2.78	6
医疗仪器设备及器械制造	1.94	7	1.57	5	2.40	8	1.39	11
生物化学农药及微生物农药制造	1.11	10	0.26	12	2.69	6	1.67	10
航空航天器及设备制造	0.28	18	0.00	19	0.30	15	0.00	22
铁路运输设备制造	0.83	12	0.26	13	0.00	20	0.56	16
海洋工程专用设备制造	0.00	21	0.00	20	0.00	21	0.00	23

续表

指标	就业人数		总资产		营业收入		营业利润	
	占比/%	排名	占比/%	排名	占比/%	排名	占比/%	排名
工业自动控制系统装置制造	4.99	4	1.05	9	3.89	5	4.17	4
光伏设备及元器件制造	0.83	13	1.31	6	2.10	10	2.78	7
风能原动设备制造	0.00	22	0.00	21	0.00	22	0.28	18
核能发电	0.00	23	0.00	22	0.00	23	0.00	24
风力发电	0.00	24	0.00	23	0.00	24	0.00	25
太阳能发电	0.55	15	0.00	24	0.60	13	0.83	14
环境污染处理专用药剂材料制造	0.00	25	0.00	25	0.00	25	0.56	17
特种陶瓷制品制造	1.11	11	0.26	14	0.30	16	1.11	12
信息化学品制造	0.00	26	0.00	26	0.00	26	0.00	26
战新细分行业合计	100.00	—	100.00	—	100.00	—	100.00	—

表 8　基于不同指标被多次选中企业及更高增长率企业行业归属情况

行业大类	细分行业	就业人数	总资产	营业收入	营业利润	合计
新一代信息技术	软件和信息技术服务	20	15	22	20	77
	通信设备制造	2	1		2	5
	电子元器件制造			4	2	6
	电子测量仪器制造			1		1
	视听设备			1		1
	小计	22	16	28	24	90
生物		3	2	4	1	10
节能环保		4			1	5
高端装备	铁路运输设备制造	1			1	2
	工业自动控制系统装置制造			3		3
	小计	1	0	3	1	5
新能源				1	1	2
新材料				1	1	2

续表

行业大类	细分行业	就业人数	总资产	营业收入	营业利润	合计
现代服务业	咨询	2	2	6	1	11
	技术服务	3	1	1	1	6
	物流仓储	2		2	2	6
	教育培训	1				1
	安防	1				1
	环保			1		1
	小计	9	3	10	4	26
文化创意产业		4		2	5	11
现代农业			1	1		2
装备制造/机械制造		2			4	6
化学化工		1			1	2
建材				2		2
房屋租赁				1		1
食品加工					1	1
包装					1	1

从表6、表7、表8所展示的对比情况可以看出，近3年来高成长企业在细分行业的分布状况主要呈现以下特点：

第一，从大的行业类别来看，呈现出高成长态势的企业主要集中在战略性新兴产业的“新一代信息技术”以及“生物”“节能环保”三大类行业中；当然，在战略性新兴产业的“高端装备”“新能源”“新材料”三大类中也都有分布。

第二，在战略性新兴产业26个细分行业中，高成长企业分布最多的是“软件和信息技术服务”，其他较多的细分行业还包括“电子元器件制造”“通信设备制造”“环境保护专用设备”“工业自动控制系统装置制造”“医药制造”“废弃资源综合利用”“医疗仪器设备及器械制造”等。

第三，在战略性新兴产业以外，“现代服务业”“文化创意产业”“现代农业”以及传统产业中的“装备制造”“机械制造”“新型建材”等，也有相当数量的高成长企业分布，具备较大的增长潜力。

五、总结性评论及政策建议

本文前述几部分着眼于我国加快培育经济新动能的现实需要，在综合发展经济学、创新经济学相关理论的基础上，利用微观企业数据开展了对经济新动能细分行业识别的实证研究。本文主要的创新点体现在两方面：一是综合了发展经济学、创新经济学中关于技术、产业和增长三者关系的相关主张，梳理了技术革命、主导产业更替与经济动能转换之间的内在关联和作用机制，为后续将战略性新兴产业确定为当前培育经济新动能的主要方向提供了理论支撑。二是在实证方面，克服了现行统计体系无法提供新兴产业行业数据的现实障碍，在对大量企业数据进行文本挖掘和统计分析的基础上，筛选出高成长企业并考察其细分行业分布状况，从而间接识别出经济新动能所属的细分行业，这从某种意义上也可以说是产业和宏观研究中实证方法及范式的新尝试。根据实证结果可以得到以下基本判断：

第一，从行业分布的大方向上看，近 3 年的高成长企业有 2/3 以上都归属于战略性新兴产业，涉及战略性新兴产业包含的所有六大领域；该结果从实证上印证了基于发展经济学、创新经济学相关理论所做出的判断，即战略性新兴产业代表了未来经济新动能的主要方向。

第二，在战略性新兴产业内部，高成长企业在 26 个细分行业间的分布存在很大分化，主要分布在“软件和信息技术服务”“电子元器件制造”“通信设备制造”“环境保护专用设备”“工业自动控制系统装置制造”“医药制造”等行业。这主要是由各细分行业在技术成熟度、产业成长阶段等方面的差异所决定的。这些细分行业已具备高成长态势，有望在短期内成为支撑宏观经济增长的新动能。

第三，在上述潜在的新动能细分行业中，高成长企业的分布呈现出很高的集中度，约 2/3 集中在“新一代信息技术”领域，而其中又有大约 2/3 分布于“软件和信息技术服务”行业。这在很大程度上反映出移动互联时代数字经济快速发展的现实状况。

第四，培育发展战略性新兴产业，政府应结合上述战略性新兴产业内部高成长细分行业的分布特征，根据行业发展阶段区别对待、精准施策。近期要顺应数字经济、智能制造和绿色发展等趋势，重点扶持“软件和信息技术服务”“工业自动控制系统装置制造”“环境保护专用设备”等高成长细分行业，为宏观经济增长提供新动能。至于那些鲜有高成长企业存在的细分行业，大多可能还是受制于技术成熟度或市场成熟度不足，因此培育的着力点应聚焦于改善产业发展的外部环境，为宏观经济中长期发展培育新动能。

第五，在战略性新兴产业以外，现代服务业、文化创意产业、现代农业以及装备制造、机械制造、新型建材等产业正面临着需求结构升级带来的产业发展机遇。要在深化“两化融合”框架下推动产业数字化转型，通过产业效率和产品质量的提升，推动上述产业成为支撑宏观经济增长的新动能。

需要指出的是，本文的实证部分仅仅是运用数据挖掘（大数据分析）工具分析产业和宏观问题的初步尝试。受限于微观数据规模、数据质量以及数据挖掘工具等因素，这种研究思路或范式还有很大改进空间，包括拓展数据集、通过数据集成清理提高数据质量、改善文本挖掘效果等。在应用中，还可以将该研究思路或范式从新动能细分行业的识别拓展到各细分行业发展状况的跟踪分析上。

参考文献

[1] 库兹涅茨．现代经济增长（中译本）[M]. 北京：北京经济学院出版社，1989.

[2] 罗斯托．经济增长的阶段：非共产党宣言（中译本）[M]. 北京：中国社会科学出版社，2001.

[3] 田红云，Anton Kriz，David Cunneen，等．高成长企业测度与界定标准研究 [J]. 科技进步与对策，2014，31（7）：106-113.

[4] 王礼恒，屠令海，王崑声，等．产业成熟度评价方法研究与实践 [J]. 中国工程科学，2016，18（4）：9-17.

[5] Acs，Zoltan J.，William Parsons and Spencer Tracy. High Impact Firms：Gazelles Revisited [J]. Small Business Research Summary，2008（328）.

[6] Ahmad, N. and E. Gonnard. High-growth Enterprises and Gazelles, International Consortium on Entrepreneurship [R]. 2007: 1-11.

[7] Autio, Erkko, Pia Arenius and Hannele Wallenius. Economic Impact of Gazelle Firms in Finland, Institute of Strategy and International Business [R]. Helsinki University of Technology, Working Paper, 2000.

[8] Barringer, Bruce R., Foard F. Jones and Donald O. Neubaum. A Quantitative Content Analysis of the Characteristics of Rapid-growth Firms and Their Founders [J]. Journal of Business Venturing, 2005, 20 (5): 663-687.

[9] Birch, D. L. Job Generation in America [M]. New York: Free Press, 1987.

[10] Birch, D. L. and J. Medoff. Labor Markets, Employment Policy, and Job Creation, in L. C. Solmon and A. R. Levenson (Edited), Gazalles [A]. Boulder: Westview, 1994: 159-167.

[11] Bjuggren, Carl Magnus, Sven-Olov Daunfeldt and Dan Johansson. Ownership and High-growth Firms [R]. Researchgate, Discussion Paper, 2010.

[12] Bresnahan, Timothy F. and Manuel Trajtenberg. General Purpose Technologies: "Engines of Growth" [R]. NBER Working Paper, 1992.

[13] Castellacci, Fulvio. A Neo-Schumpeterian Approach to Why Growth Rates Differ [J]. Revue économique, 2004, 55 (6): 1145-1169.

[14] Coad, Alex and Werner Holzl. Firm Growth: Empirical Analysis [J]. Papers on Economics and Evolution, 2010 (1002).

[15] Daunfeldt, Sven-Olov, Niklas Elert and Dan Johansson. The Economic Contribution of High-growth Firms: Do Definitions Matter? [R]. Researchgate, Discussion Paper, 2010.

[16] Davidsson, Per and Magnus Henrekson. Determinants of the Prevalence of Start-ups and High-growth Firms [J]. Small Business Economics, 2002, 19(2): 81-104.

[17] Delmar, Frédéric and Roslagsvägen. Measuring Growth: Methodological Considerations and Empirical Results[A]//R. & A. Miettinen. Entrepreneurship and SME Research: On its Way to the Next Millennium. [M]. Aldershot, England: Ashgate, 1997: 199-216.

[18] Delmar, Frédéric, P. Davidsson and W. Gartner. Arriving at the High Growth Firm [J]. Journal of Business Venturing, 2003, 18 (2): 189-216.

[19] Deschryvere, Matthias. High-growth Firms and Job Creation in Finland [R]. Keskuste-

luaiheita-Discussion Papers, 2008, No. 1144.

[20] Dosi, Giovanni. Technological Paradigms and Technological Trajectories: A Suggested Interpretation of the Determinants and Directions of Technical Change [J]. Research Policy, 1982 (11): 147-162.

[21] Fischer, Eileen, A. Rebecca Reuber, Moez Hababou, W. Johnson, S. Lee. The Role of Socially Constructed Temporal Perspectives in the Emergence of Rapid-growth Firms [J]. Entrepreneurship Theory and Practice, 1997, 22 (2): 13-30.

[22] Freeman, C., Perez, Carlota. Structural Crises of Adjustment, Business Cycles and Investment Behavior [M]. in G. Dosi, R. R. Nelson, G. Silverberg and L. L. G. Soete (Eds). Technical Change and Economic Theory, Pinter, London, 1988.

[23] Gailly, Benoît, Damien François, Mahamadou Biga Diambeidou, Michel Verleysen, Vincent Wertz. The Growth Trajectories of Startup Firms: An Exploratory Study [Z]. ESU Entrepreneurship Conference Twente (The Netherlands), 2004: 1-16.

[24] Garnsey, E., E. Stam, P. Heffernan. New Firm Growth: Exploring Processes and Paths [J]. Industry and Innovation, 2006(1): 1-20.

[25] Holzl, Werner and Klaus Friesenbichler. High-growth Firms, Innovation and the Distance to the Frontier [J]. Economics Bulletin, 2010, 30(2): 1016-1024.

[26] Hoy F., P. P. McDougall and D. E. Dsouza. Strategies and Environments of High Growth Firms [A] //in Sexton D. L., Kasarda J. D., et al. The State of the Art of Entrepreneurship[M]. Boston: PWS-Kent Publishing, 1992.

[27] Kemp, R. G. M. and W. H. J. Verhoeven. Growth Patterns of Medium-sized [R]. Fast-growing Firms, Research Report H200111, 2002.

[28] Lipsey, Richard G., Kenneth I. Carlaw and Clifford T. Bekar. Economic Transformations: General Purpose Technologies and Long Term Economic Growth [M]. New York: Oxford University Press, 2005.

[29] Mathews, John A. The Renewable Energies Technology Surge: A New Techno-economic Paradigm in the Making? [EB/OL]. Future, http: //dx. doi. org/10. 1016/j. futures, 2012-12-01.

[30] Moreno, Ana M. and José C. Casillas. High-growth Enterprises (Gazelles): An Conceptual Framework[R]. Working Paper, 2002.

[31] Moreno, Fabiana and Alex Coad. High-Growth Firms: Stylized Facts and Conflicting Results [D]. Sussex University, 2015.

[32] Perez, Carlota. Microelectronics, Long Waves and World Structural Change: New Perspectives for Developing Countries [J]. World Development, 1985, 13(3): 441-463.

[33] Perez, Carlota. Technological Revolutions and Techno-economic Paradigm [J]. Cambridge Journal of Economics, 2010(34): 185-202.

[34] Shepherd, Dean and Johan Wiklund. Are we Comparing Apples with Apples or Apples with Oranges? Appropriateness of Knowledge Accumulation Across Growth Studies [J]. Entrepreneurship Theory and Practice, 2009, 33 (1): 105-123.

[35] Schreyer, Paul. High - growth Firms and Employment [R]. Oecd Sti Working Papers, 2000.

[36] Stam, Erik, Chantal Hartog, André van Stel, Roy Thurik. Ambitious Entrepreneurship, High-growth Firms and Macroeconomic Growth [M]. in the Edited Volume: The Dynamics of Entrepreneurship: Theory and Evidence (Oxford University Press), 2010.

[37] Teruel, Mercedes and Gerrit de Wit. Determinants of High - growth Firms [J]. EIM Research Reports, 2011(7).

[38] Vanacker, Tom. Financing Unquoted High-growth Companies: From Extending Existing Finance Theory Towards and Evolutionary Theory of the Finance Process [D]. Ph. D Dissertation, Ghent University, Belgium, 2009.

中国经济增长源泉研究
——基于新的核算数据①

刘建翠

（中国社会科学院数量经济与技术经济研究所）

摘　要　全要素生产率不仅反映了经济增长的效率，还反映了经济增长的质量。随着我国经济进入新常态，提高经济增长质量势在必行，全要素生产率是恰当的指标。本文运用前沿生产函数法测度了1980—2017年的全要素生产率增长以及其对经济增长的贡献。研究结果表明：①1980—2017年，全要素生产率增长对经济增长的贡献率达到了42.22%，中国经济呈现出资本和科技双轮驱动的特征；②改革开放初期和中期，全要素生产率增长迅速，技术进步是经济增长的重要源泉，2008年以后中国经济呈现出投资驱动的特征；③2008年以后，全要素生产率的下降源于投资过快增长、投资质量下降和制度创新不足。提高投资质量、改善投资结构、提高自主创新能力、关注全要素生产率对经济增长的贡献，是目前需要重点实施的措施。

关键词　前沿生产函数；增长源泉；TFP

一、引言

中国的改革开放已经走过了40多个年头。1978年召开的党的十一届三中全会扭转了国民经济发展的航向，提出了以经济建设为中心的方针，并提出

① 基金项目：中国社会科学院哲学社会科学创新工程项目“新时代动能转换的机制与效果评价”。

作者简介：刘建翠（1971—　），山东莱芜人，中国社会科学院数量经济与技术经济研究所副研究员、硕士生导师，研究方向为技术经济分析。电子邮箱：liujc@ cass. org. cn。

实行改革开放的政策。1980 年的农村改革，调动了农民的积极性，为农业发展注入活力。1984 年的城市改革，为工业发展提供动力。在此期间，世界发达国家进入后工业化时代，中国利用产业跨国转移的机遇，积极推进技术进步和产业升级，加快经济工业化和信息化的进程，使“中国制造”的工业产品进入国际市场，提高了中国的国际声誉。1992 年党的十四大正式提出了建设社会主义市场经济的目标。2001 年中国加入 WTO，改革开放迈上了新的台阶。2005 年党中央提出建设创新型国家，国家加大科技投入力度，R&D（研究与开发）投入迅速增长，专利申请量、科技论文发表数量大幅增长，为经济增长注入新的活力。2012 年党的十八大提出创新驱动发展战略，2014 年李克强总理提出“大众创业、万众创新”，创新成为中国发展的第一要务。党的十九大提出了全面建设社会主义现代化强国的时间表、路线图，“在 2020 年全面建成小康社会、实现第一个百年奋斗目标的基础上，再奋斗 15 年，在 2035 年基本实现社会主义现代化。从 2035 年到 21 世纪中叶，在基本实现现代化的基础上，再奋斗 15 年，把中国建成富强民主文明和谐美丽的社会主义现代化强国”。

在此期间，中国经济高速增长，呈现“三上三下”的大幅度波动态势（见图 1）。中国经济增长速度从 1981 年的较低水平一路走高，到 1984 年达到了最高增长点 15. 20%，然后小幅下降，1986 年降到 8. 90%。1987 年、1988 年两年又回升到 11%以上。1990 年经济增长率下跌到 38 年中的最低点 3. 90%。两年后的 1992 年增长速度上升到第二个最高峰 14. 20%，然后缓慢下降到 1996 年的 9. 90%，其间连续四年增长速度保持在 10%以上。1996 年以后继续小幅下滑至 1999 年的 7. 70%，2000 年后又出现了第三次上升，此次经济增长延续到 2007 年，达到 21 世纪的最高点 14. 20%，并在 2003 年后进入了 21 世纪第一个增速超过 10%的新一轮高增长期，2008 年的世界金融危机使得经济增速连续两年下滑，但 4 万亿元的投资暂时拉动了中国经济增长，2010 年达到了 10. 60%，随着中国经济新常态的到来，中国经济进入中高速增长时期，2016 年和 2017 年经济增长率分别是 6. 70%和 6. 80%。

2009 年，联合国统计委员会公布了新的国民经济核算标准（SNA2008），

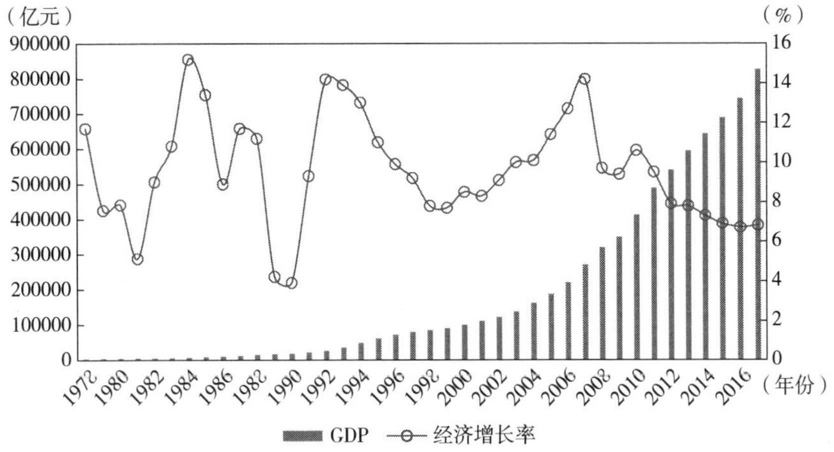

图1　1978—2017 年中国的经济增长情况

在 SNA1993 的基础上将“无形固定资产”更名为“知识产权产品”，R&D 被列入知识产权产品的子目录中，并放在固定资本形成类别下。这表明在国民经济核算中，R&D 投入将作为投资来对待，而不是中间消耗。为了与国际接轨，更准确地核算 GDP，《中国统计年鉴》（2017）中也将研发支出作为固定资本形成处理，并修订了 GDP 的历史数据。本文根据调整过的数据，重新分析了近 40 年来的中国经济增长源泉。

二、文献综述

20 世纪 80 年代我国从西方引入了全要素生产率的概念，测度其对经济增长的贡献，至今已取得大量研究成果。因为本文仅测度总量生产函数以及对经济增长的贡献，所以仅选择近年来相关的文献进行介绍。

李平等(2013)运用纯要素生产率法和索洛余值法分别测算了 1978—2010 年中国生产率变化及其对经济增长的贡献率，全要素生产率分别为 4.18%和 4.11%，相应贡献率分别是 40.81%和 40.09%，并且 2000—2010 年中国生产率增速呈下降趋势，出现了高资本投入、低生产率和经济高增长的现象。吴建宁、王选华(2013)运用索洛增长模型测算 1978—2011 年的 TFP（全要素生产率），发现 1978—2011 年，科技进步对经济增长的年均贡献率约为 25.10%；分阶段看，1990—1999 年和 2000—2009 年的科技进步贡献率分别是 47.1%和 40.23%，与王小鲁等（2009）的计算结果差距较小。董敏杰、梁泳梅（2013）的研究结果显示，1978—2010 年 TFP、劳动与资本对中国经济增长的贡献率分别约为 10.9%、3.7%和 85.4%。范志勇等（2013）采用指数核算法分析了 1981 年以来的 TFP 贡献情况，1981—1990 年、1991—2000 年、2000—2010 年 TFP 变化对经济增长的贡献率分别是 26.6%、38%和 36.9%。

张少华、蒋伟杰（2014）采用基于投入冗余的全要素生产率指数（ISP）测度中国 1985—2009 年的全要素生产率，研究结果显示，TFP 年均增长率是 3.49%，解释了中国经济增长的 35.08%来源于劳动要素，劳动是促进经济增长的主要源泉。叶宗裕（2014）采用 C-D 生产函数分析了 1978—2010 年的 TFP，研究结果显示，TFP 年均增长率是 4.1%，对经济增长的贡献率是 41.4%，高于其他文献的计算结果。

蔡跃洲、张钧南（2015）运用增长核算法得到，1977—2012 年，TFP 年均增长率为 3.57%，对中国经济增长的平均贡献率为 38.3%。曾光等（2015）采用索洛余值法计算了 1953—2013 年的 TFP，研究结果显示，科学技术进步对经济增长的贡献率达到 39.22%，1953—1978 年、1978—1992 年、1992—2000 年、2000—2008 年、2008—2013 年 TFP 对经济增长的贡献率分别是 28.4%、41.7%、52.9%、36%和 26.9%。郑世林等（2015）采取包含人力资本的索洛余值法测算了 1953—2013 年的 TFP，发现 1953—1977 年的 TFP 变化对经济增长的贡献率是负值，这与大多研究结果相同，1978—2013 年 TFP 年均增长率是 2.39%，对经济增长的贡献率是 24.46%，主要是因为 2008 年国际金融危机后，中国经济“粗放特征”明显加快。余泳泽（2015）采用超越对数生产函数，测算出 1978—2012 年 TFP 变化对经济增长的贡献率只有 10%~20%，该结果明显低于其他文献的测算结果。

蔡跃洲、付一夫（2017）认为，1978—2014 年 TFP 增长对 GDP 增长的平均贡献率是 39.4%，2000 年以前 TFP 增长贡献波动较大，2005 年以后则呈明显的下降趋势。肖宏伟、王庆华(2017)采用计量经济模型计算得到，1978—2015 年 TFP 年均增长率为 4.11%，对经济增长的贡献率是 40.52%，与蔡跃洲、付一夫(2017)的结果接近。张豪等(2017)运用随机前沿超越对数生产函数，计算得到 1978—2015 年 TFP 年均增长率是 2.6%，对经济增长的贡献率只有 19.95%，1953—2015 年的贡献率是负值，此结果低于同期的其他研究结果。

综合以上的研究结果可以看出，改革开放初期和中期的结论比较一致，后期的结论差异较大，2008 年以后的结论差异尤为突出，其差异产生的原因主要是采取系列数据不同，计算的参数不同，对概念的理解有差异，例如若资本投入数据是由投资数据利用永续盘存法得到的，那么产出与投入之间会存在一定的时间差。当年度投资总额、投资结构在不同时段变化较大时，会导致年度投资产生效益的时间存在较大差异，会对 TFP 的结果产生影响。而中国恰恰存在着年度间的投资总额、投资结构经常发生较大波动的情况。

最后，研究中国改革开放以后 TFP 增长率的趋势，对于理解中国经济存在的问题、改进中国经济增长的质量、转变经济发展方式具有很强的现实意义。全要素生产率作为一个内涵和外延模糊的概念和指标在经济理论和政策的研究中都具有很大局限性。除了产出、要素投入、技术进步外，制度变迁、政策的变化、分析期的差异等也会影响到“余值”。在像中国这样正在经历体制改革的国家，制度因素对“余值”的影响不容忽视。另外，中国的城乡差别、地区差别、收入差别也比较大，仅靠一个平均化的 TFP 指标是难以全面地描述中国经济绩效的。因而，对 TFP 指标的重要性不应过度夸大。我们在使用全要素生产率进行经济分析、政策分析时应对此有清醒的认识①。在新常态下，应该更关注其对经济增长的贡献。

① 郑玉歆. 转轨前后中国生产率的变动及其来源——17 国生产率比较研究之中国案例［R］. 世界银行报告，2005.

三、生产率测算方法和投入指标的选择

（一）生产率测算方法

本文使用乔根森等（2012）的前沿生产函数①，测算中国 TFP 和各要素的贡献率。设 v_T 是全要素生产率增长率，做如下定义：

$$v_T = \overline{V} - \overline{u}_K \overline{K} - \overline{u}_L \overline{L} \tag{1}$$

其中，$\overline{V}$ 是增加值增长率，$\overline{K}$ 是资本投入增长率，$\overline{L}$ 是劳动投入增长率，$\overline{u}_K$ 和 $\overline{u}_L$ 是资本和劳动的产出占总产出的平均比重，方程假设要素投入规模报酬不变，即 $\overline{u}_K+\overline{u}_L=1$。

增加值中资本和劳动的份额定义为：

$$u_K = P_K K/(P_K K+P_L L), \quad u_L = P_L L/(P_K K+P_L L) \tag{2}$$

两期平均份额比重定义为：

$$\overline{u}_K = 0.5\times(u_{K,t}+u_{K,t-1}), \quad \overline{u}_L = 0.5\times(u_{L,t}+u_{L,t-1}) \tag{3}$$

定义以份额为权重的资本投入和劳动投入的增长率为其对产出的贡献。

为了计算全要素生产率增长率（v_T）和分析经济增长的源泉，需要先确定系数 u_K 和 u_L。目前，确定产出弹性 u_K 和 u_L 的方法主要有三种：经验法、比值法或份额法、回归法。三种方法中第一种主观性较强，第三种没有考虑 $\overline{u}_K+\overline{u}_L=1$ 的限制条件，并且 K、L 往往高度相关，存在严重的多重共线性，会使各估计量的 t 统计量很小，甚至检验不能通过，此时弹性估计值的误差很大，甚至会出现弹性的估计值为负值的情况（叶宗裕，2014）。本文采取第二种方法来确定系数 u_K 和 u_L，并且采用白重恩、张琼（2015）的方法对 u_K 进行修订，② 1987 年、1990 年、1992 年、1995 年、1997 年、2000 年、2002 年、

① ［美］戴尔·乔根森，何民成，凯文·斯德尔．生产率：信息技术与美国经济复苏［M］．荆林波，冯永晟，译．上海：格致出版社，上海人民出版社，2012：72.

② 一般认为，劳动的产出弹性=劳动者报酬/（劳动者报酬+固定资产折旧+营业盈余）。白重恩、张琼（2015）认为在生产环节所征收的税为资本和劳动要素共同创造的收入，修订了产出弹性的计算公式，α=（固定资产折旧+营业盈余）/（劳动者报酬+固定资产折旧+营业盈余）。

2005年、2007年、2010年、2012年和2015年的数据来自相应年份的投入产出表和投入产出延长表，其余年份的数据根据历年《中国统计年鉴》地区生产总值收入法构成项目的各个地区的数据计算得到。

为了计算全要素生产率增长率和分析经济增长的源泉，需要进一步确定产出、资本和劳动。

（二）各指标的选择确定

本文投入产出数据包括三个指标，即经济总量GDP、资本存量和从业人数。

1. 总产出

本课题的产出数据采用《中国统计年鉴》（2018）最新修订的GDP数据，涵盖1980—2017年的数据，并平减为1978年价。

2. 劳动投入

1978年以来，中国经济处于快速增长期，多数行业的市场需求旺盛。由于用工制度不完善，许多行业存在加班时间，但是没有统计数据，并且在薪酬计量方面存在问题。因此劳动投入数据采用劳动力人数，而不是劳动时间或劳动报酬。劳动投入一般采用全社会就业人数，本课题采用年中就业人数。

3. 资本存量

对于资本存量的核算一般采用永续盘存法，基本计算公式如下：

$$CS_t=(1-\delta)CS_{t-1}+INV_t \tag{4}$$

其中，CS_t和CS_{t-1}为第t、第$t-1$年以基年不变价格计价的资本存量；INV_t是以不变价计价的投资流量；参数δ是折旧率。基于式(4)展开的估算工作包括四个方面的内容：对CS_0的估算、历年投资流量的选取、价格指数P的构造、折旧率δ的设定。

（1）当年投资的选择。

根据徐杰等(2017)的研究可知，全社会固定资产投资总额和固定资本形成总额是目前学者们常用的投资流量指标。

李宾(2011)在估计几个投资流量指标后，认为“固定资本形成总额与全社会固定资产投资总额在输出结果上相近，前者表现稍优，不过不能由此得出前者优于后者的结论，因为固定资本形成总额在概念上是有缺陷的”。也是因为大量基础设施的投资转化成固定资产时期长，在此情况下，固定资本形成总额优于全社会固定资产投资总额，何枫等(2003)，张军等(2004)，单豪杰(2008)，孙琳琳、任若恩(2014)均认为在 SNA 体系下，固定资本形成总额是比较合理的投资指标，OECD 也建议使用固定资本形成总额作为投资流量。当然，固定资本形成总额也有缺陷，即剔除了退役资本品的价值，低估了当年的投资流量。本文选择固定资本形成总额作为投资流量指标。

（2）固定资产投资价格指数的确定。

中国固定资产投资价格指数的公布始于 1991 年，1990 年及以前的数据在《中国统计年鉴》上无法查到，并且《中国物价年鉴》《中国固定资产投资统计年鉴》等相关年鉴也都没有这一信息。因此，多数研究者采用推算的方法来获得 1990 年以前的数据。

对于 1990 年及以前年份的固定资产投资价格指数，多数研究者构造相应的指数来平减投资。随着中国统计体系的不断完善，两次历史数据的重大补充和一次历史数据的重大调整，以及《中国国内生产总值核算历史资料1952—2004》的发布，公布了历年固定资本形成总额的当年价格数据和以不变价格计算的发展速度，可以据此相应计算出 1978—2004 年隐含的固定资本形成价格平减指数，部分学者开始用这部分数据代替 1991 年以前的价格指数，本章也采取这种方法，作者还发现用这种方法计算的价格指数与龚飞鸿等(2008)拟合的价格指数相差无几。

（3）折旧率的确定。

目前中国折旧率的测算方法主要有以下几种：①利用官方的折旧额和折旧率进行估算；②自行设定折旧率或忽略折旧；③利用各类资本品的残值率和寿命期推算折旧率。为了更接近实际情况，对于 1987—2015 年的折旧率，借鉴薛俊波、王铮(2007)，徐杰等(2010)的方法，利用投入产出表提供的固定资产折旧数据推算出折旧率，对于1980—1986年的折旧率，采取官方数据，2016年和2017年的折旧率则参考2015年的数据。

（4）基期资本存量的确定。

在永续盘存法下，选择的基期越早，基期资本存量估计的误差对后续年份的影响就会越小。李宾、曾志雄(2009)按照不同的资本产出比估算1952年的资本存量，发现不同资本产出比之间的估算结果之间差距较大，但到1978年后差距极小，到1992年以后更是相差无几，这表明基期资本存量的估算结果对长时间序列的影响较小，无关紧要。

本文核算的时期是1980—2017年，资本存量从1978年开始核算，故选用的基期是1978年。对初始资本存量的取值，目前学者们常用的是增长率法。增长率法假设在经济增长稳态情形下，经济增长与资本存量增长是相等的，由此可以估算基期的资本存量：

$$CS_0 = INV_0/(g+\delta) \tag{5}$$

其中，INV_0为初始年的投资，δ表示折旧率，g表示在初始年份之前的平均经济增长率。张军等(2004)直接以0.11代替式(5)中的分母$(g+\delta)$计算得出1952年的固定资本存量。

Reinsdorf和Cover(2005)在研究中美洲国家资本存量时，将式(5)修正为：

$$CS_0 = INV_0(g+1)/(g+\delta) \tag{6}$$

式(6)中的字母含义与式(5)中相同。

也有部分学者采用资本产出比法，即假设某年的资本与产出的比例，已知产出的数值从而推算出资本的数值。张军扩(1991)，何枫等(2003)，李宾、曾志雄(2009)等均采用此法估计1952年的资本存量。张军、章元(2003)利用上海固定资产原值、工业固定资产净值和农业资本存量的数据，推算1952年的全国资本存量。黄勇峰等(2002)，孙琳琳、任若恩(2005)利用PIM法估计资本存量。

基于新的核算数据，根据GDP的增长情况，用1977—1981年的GDP平均经济增长率作为g，1978年的折旧率作为δ，计算得到1978年的资本存量是5958.75亿元，黄勇峰等(2002)测算的资本存量合计是5821.66亿元(1978

年价），叶宗裕（2010）估算的资本存量是 6090.28 亿元（1978 年价），这些数值都非常接近。

鉴于得到的资本存量是年终数值，本研究采用与劳动投入相同的年中数，即使用年初数和年终数之和的 1/2 作为资本投入。

（三）测算周期说明

因为经济增长是波动的，若计算每年的 TFP 以及各因素对经济增长的贡献率，如果在投入保持均衡增长的情况下，在经济快速增长的年份，TFP 的贡献率将较高，在经济增长较慢的情况下，TFP 的贡献率会较低，但并非技术进步慢的原因。因此在计算科技进步的贡献时，一般选择多年的平均值，从而减弱经济增长波动带来的影响，以便能更准确地反映科技进步的贡献情况。为了能准确地反映科技进步的贡献情况，一般根据经济增长情况来选择周期的长短，比如从一个周期的谷底到另一个周期的谷底，或从一个周期的峰顶到另一个周期的峰顶，或者是从一个周期的中间部分到另一个周期的中间部分，或者直接按照国家五年计划来划分周期（龚飞鸿等，2008）。本文按照图 1 所示的 1978—2017 年中国的经济增长情况，将 1980—2017 年划分为四个周期，第一个周期是 1980—1984 年、第二个周期是 1985—1992 年、第三个周期是 1993—2007 年、第四个周期是 2008 年至今（尚未完成）。鉴于中国的经济周期与宏观经济调控政策有较大的关联，因此按经济周期划分测算的 TFP 变化率及其贡献率，也包含了政策因素的影响（李平等，2013）。

四、中国生产率的测算

本文将继续核算中国 1980—2017 年的全要素生产率，分析其波动情况，并对中国改革开放以来的经济增长源泉进行分析研究。

根据以上分析得到的投入数据，运用式（1）计算每年的 TFP 和各周期的 TFP 变化，以及各项投入对经济增长的贡献，见表 1、表 2 和图 2。

表 1　1980—2017 年中国要素投入和贡献情况　　（%）

年份	增长率				贡献率		
	GDP	资本	劳动	TFP	资本	劳动	TFP
1980	7.84	11.08	3.26	1.41	57.29	24.71	18.00
1981	5.10	9.98	3.22	-0.89	80.21	37.25	-17.46
1982	9.00	9.32	3.59	3.14	41.03	24.09	34.88
1983	10.80	9.21	2.52	5.66	33.37	14.19	52.44
1984	15.20	9.41	3.79	9.21	24.19	15.20	60.61
1985	13.40	10.04	3.48	7.32	29.66	15.68	54.66
1986	8.90	9.79	2.83	3.27	44.24	18.98	36.78
1987	11.70	8.11	2.93	6.66	28.22	14.83	56.95
1988	11.20	7.44	2.94	6.40	27.48	15.39	57.14
1989	4.20	5.89	1.83	0.68	58.43	25.45	16.13
1990	3.90	3.66	17.03	-7.72	37.98	260.07	-198.04
1991	9.30	4.02	1.15	7.01	17.24	7.41	75.35
1992	14.20	6.17	1.01	11.03	18.19	4.13	77.68
1993	13.90	9.15	0.99	9.52	27.31	4.17	68.52
1994	13.00	11.03	0.97	8.06	33.49	4.51	62.00
1995	11.00	11.40	0.90	6.14	39.49	4.73	55.78
1996	9.90	11.32	1.30	5.01	41.59	7.78	50.63
1997	9.20	10.83	1.26	4.55	41.80	8.77	49.43
1998	7.80	10.10	1.17	3.50	45.40	9.67	44.93
1999	7.70	9.39	1.07	3.74	42.41	9.08	48.51
2000	8.50	9.10	0.97	4.66	37.83	7.30	54.87
2001	8.30	9.50	0.99	4.30	40.64	7.61	51.75
2002	9.10	10.27	0.66	5.02	40.37	4.41	55.22
2003	10.00	12.64	0.62	4.94	46.95	3.68	49.36
2004	10.10	14.50	0.72	3.76	58.57	4.20	37.23
2005	11.40	14.47	0.52	4.44	58.69	2.38	38.93
2006	12.70	14.29	0.44	5.37	56.02	1.71	42.27
2007	14.20	14.37	0.46	6.62	51.80	1.57	46.62
2008	9.70	15.28	0.32	1.96	78.14	1.68	20.18
2009	9.40	16.88	0.35	1.55	81.45	2.03	16.52

续表

年份	增长率				贡献率		
	GDP	资本	劳动	TFP	资本	劳动	TFP
2010	10. 60	17. 34	0. 37	2. 76	72. 03	1. 94	26. 04
2011	9. 50	16. 42	0. 41	1. 90	77. 63	2. 41	19. 96
2012	7. 90	15. 31	0. 37	0. 86	86. 52	2. 63	10. 85
2013	7. 80	14. 41	0. 36	1. 26	81. 25	2. 59	16. 17
2014	7. 30	13. 37	0. 36	1. 29	79. 58	2. 78	17. 64
2015	6. 90	12. 19	0. 26	1. 55	75. 34	2. 13	22. 53
2016	6. 70	11. 22	0. 20	1. 82	71. 22	1. 68	27. 10
2017	6. 80	10. 22	0. 05	2. 38	64. 58	0. 40	35. 02

资料来源：作者计算。

表 2　中国要素投入和贡献情况　（%）

年份	增长率				贡献率		
	GDP	资本	劳动	TFP	资本	劳动	TFP
1980—1984	9. 54	7. 51	3. 12	4. 67	31. 41	19. 64	48. 95
1985—1992	9. 54	6. 87	4. 21	4. 25	29. 31	26. 18	44. 51
1993—2007	10. 19	11. 47	0. 89	5. 13	44. 48	5. 15	50. 37
2008—2017	7. 25	14. 24	0. 32	0. 75	87. 18	2. 49	10. 33
1980—2017	9. 55	10. 98	1. 72	4. 03	47. 26	10. 53	42. 22

资料来源：作者计算。

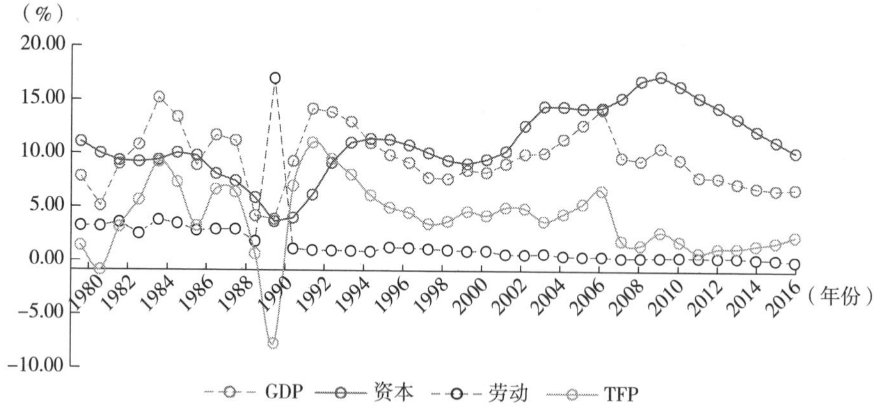

图 2　1980—2016 年中国各项要素和 TFP 增长情况

（一）全周期要素投入变化和经济增长源泉分析

首先，从经济增长情况看，1980—2017年中国经济年均增长率是9.55%，但是年度之间波动较大，增长率的波动区间是［3.9%，15.2%］，相差11.3个百分点。在38年中，中国经历了农村改革（1980年）、城市改革（1984年）、政治事件（1989年）、确立社会主义市场经济体制（1992年）、亚洲金融危机（1997年）、加入世界贸易组织（2001年）、世界金融危机（2008年），其中既有促进中国经济增长的改革，也有迫使中国经济增长速度降低的事件，中国经济呈现出“三上三下”的态势。随着经济新常态的到来，中国工业产能出现严重过剩，2010年以后中国经济增速开始迅速下降，2017年经济增长率只有6.80%，为了保持经济中高速发展，中国需要继续加深供给侧结构性改革，大力发展新动能、新产业、新业态等新经济。

其次，中国经济呈现出资本驱动的特征。38年中只有7年的资本存量对经济增长的贡献率低于33%，资本对经济增长的贡献率居高不下。2008年受国际金融危机影响，国际需求减弱，出口减少，国内企业订单大幅减少，产能利用效率低下，经济增长开始下滑（刘建翠、郑世林，2017）。为了保持经济稳定增长，政府采取经济刺激计划使得投资迅速增长，资本对经济增长的贡献率也超过了70%，在2012年高达86.52%。1980—2017年，资本的年均增长率是10.98%，对经济增长的贡献率是47.26%，这充分证明了经济增长是资本驱动型的。

再次，劳动投入“红利”萎缩，对经济增长贡献普遍较低。1980—2017年，除了特殊的1990年，劳动投入增长率在0.05%~3.79%，对经济增长的贡献率在0.40%~37.25%，劳动投入增长率呈下降态势，“人口红利”正逐步消失。改革开放初期，劳动投入对经济增长的贡献率在两位数，最高的是1981年的37.25%，1991年以后，对经济增长的贡献率均在10%以下，2017年只有0.40%。20世纪80年代中国实施独生子女政策的直接后果是劳动人口增长率迅速下降，根据《中国统计年鉴》（2018）的数据，中国人口自然增长率从1987年开始下降，1987年是16.61‰，2000年是7.58‰，2017年是

5. 32‰，下降幅度较大；1990—2000 年、2001—2010 年 15～64 岁人口年均增长率分别是 1. 54%、1. 18%，呈快速下降趋势，从 2014 年开始 15～64 岁人口数下降，2017 年数量低于 2010 年数量；就业人员增长率也迅速下降，1990—2000 年、2001—2010 年、2011—2017 年就业人员增长率分别是 1. 08%、0. 54%、0. 29%，在未来较长一段时间内劳动人口对经济增长的贡献空间将越来越小。

最后，1980—2017 年，TFP 有 2 年是负值，说明这些年份投入的综合增长大于产出的增长，经济效益较差。从生产率对经济增长的贡献情况来看，生产率的贡献大于资本的贡献是在改革开放初期的 1983—1985 年，1987—1988 年，以及改革第二阶段的 1991—1997 年，这些阶段都是经济高速增长阶段，体现了改革开放以来，通过引进技术和我国生产部门的改进与创新，生产手段、工艺、产品等方面的技术进步以及管理科学、政策、决策等不可度量的要素对经济增长产生了良性影响（李京文等，1996）。

纵观整个经济周期，1980—2017 年的生产率年均增长率是 4. 03%，对经济增长的贡献率是 42. 22%，劳动年均增长率是 1. 72%，对经济增长的贡献率是 10. 53%，资本年均增长率是 10. 98%，贡献率是 47. 26%，中国经济呈现出科技与资本双轮驱动的特征。

（二）子周期要素投入变化和经济增长源泉分析

在不同的子周期内，经济、各要素投入增长率存在明显的不同，对经济增长的贡献存在较大差距（见表 2）。

第一个子周期，1980—1984 年，在改革开放初期，中国经济开始出现第一个增长期。中国农村家庭联产承包责任制和统分结合的双重经营体制改革，激活了农村的潜力，调动了农民的积极性，经济开始焕发生机，1984 年达到第一个增速最高点。全社会固定资产投资迅速增长，年均增长率达到 19. 10%，在此期间 GDP 年均增长率是 9. 54%；资本的年均增长率是 7. 51%，对经济增长的贡献率是 31. 41%；劳动年均增长率是 3. 12%，对经济增长的贡献率是 19. 64%；生产率增长率是 4. 67%，对经济增长的贡献率是 48. 95%。

可见，中国经济是技术进步驱动型的。

第二个子周期，1985—1992 年，1985 年城市经济体制改革全面展开，扩大企业自主权，转换企业经营机制和转变政府职能的改革措施开始实施，企业活力开始增强，个体经济、私营经济、外资经济开始蓬勃发展，这些制度的创新调动了群众的积极性，提高了资源的配置效率和技术效率，促进了生产率的提高，是生产率提高最快的时期。在此期间，GDP 年均增长率是 9.54%；资本年均增长率是 6.87%，对经济增长的贡献率是 29.31%；劳动年均增长率是 4.21%，对经济增长的贡献率是 26.18%，是所有子周期中最高的子周期；生产率增长率是 4.25%，对经济增长的贡献率是 44.51%。由此可见，中国经济是技术进步驱动型的。

第三个子周期，1993—2007 年，中国改革初见成效，市场机制开始发挥作用。1992 年党的十四大确定了建立社会主义市场经济体制，国有企业改革步伐加速，竞争性行业完全实现市场开放，垄断性行业也进行了大规模的市场化改革，这些改革使得企业技术进步和效率得到较大提升（李平等，2013）。2001 年，中国加入世界贸易组织，对外开放水平加速提升，大量国外先进技术成果被引进，大量外资公司和外资进入中国，国内企业的管理水平和技术水平不断提高，生产率继续提高。在此期间，GDP 年均增长率是 10.19%，是四个子周期内增长最高的子周期；资本年均增长率是 11.47%，对经济增长的贡献率是 44.48%；劳动年均增长率是 0.89%，对经济增长的贡献率是 5.15%；生产率增长率是 5.13%，对经济增长的贡献率是 50.37%。中国经济呈现出科技与资本的双轮驱动特征。

第四个子周期，2008—2017 年，因世界金融危机，中国政府为了保持经济增长，实施了刺激经济的“4 万亿”计划，导致投资迅速增长，但生产能力不能得到有效利用，直接的后果是生产率增长率迅速下降。虽然投资能够使经济快速走出谷底，但难免出现重复建设、盲目建设等现象，还需要通过需求结构、产业结构、所有制结构等结构性调整来解决这些问题。否则，难以保证经济运行的质量和效益。在此期间，GDP 年均增长率是 7.25%，是最低的一个子周期；资本年均增长率是 14.24%，是最高的一个子周期，对经济增长的贡献率是 87.18%；劳动年均增长率是 0.32%，对经济增长的贡献率只有 2.49%，是所有子周期中最低的子周期，劳动对经济增长的贡献空间日益变小；因为投资迅速增长，生产率增长率迅速降低，只有 0.75%，对经济增长的贡献率只有 10.33%。中国经济呈现出投资驱动型的特征。

五、结论

根据以上分析，我们可以得出以下结论：

第一，改革开放以来，中国生产率变化与经济增长变化趋势一致，技术进步是经济增长的重要源泉之一。1980—2017 年，中国生产率增长对经济增长的贡献率达到了 42.22%，美国 1947—1985 年生产率增长对经济增长的贡献率是 21.60%，日本 1960—1985 年生产率增长对经济增长的贡献率是 28.65%，中国高于美国和日本。在美国经济“黄金时期”的 1960—1966 年，生产率增长对经济增长的贡献率是 37.9%，在日本经济高增长的 1980—1985 年，生产率增长对经济增长的贡献率是 51.15%，中国 1993—2007 年生产率增长对经济增长的贡献率是 50.37%，高于美国“黄金时期”，接近日本经济高速增长时期。①

第二，21 世纪以来中国生产率的下降主要是投资过快导致的。改革开放初期资金短缺，为了满足市场需求，许多行业投资热情高涨，固定资产投资增长率居高不下，1982 年和 1984 年的投资增长率分别是 25.55% 和 24.75%，高投资为经济发展积累了大量资本。随着开放政策的进一步实施，中国劳动密集型的加工贸易发展迅速，经过 10 余年的发展，中国的资本市场资金不再是稀缺资源。但是，进入 21 世纪以来，中国仍然处于高投资状态，一方面是因为大环境使然，世界金融危机迫使中国政府实施经济刺激计划，促使经济走出低谷；另一方面大部分中国的企业家缺乏对市场的充分了解，缺乏长远的眼光，满足于现状，导致重复建设、技术含量低的加工厂大量存在，降低

① 李京文，[美]D. 乔根森，郑友敬，[日]黑田昌裕，等. 生产率与中美日经济增长研究［M］. 北京：中国社会科学出版社，1993：235，389.

了经济增长的质量。

第三，生产率下降源于制度创新不足。中国作为转轨国家，社会稳定、制度变迁、结构调整都会影响经济的增长。目前，随着改革的深入，制度改革难度加大，农村制度改革、金融制度改革等没有可借鉴的经验，也没有范例可循，缺乏深入、有效的措施解决深层次的问题，影响了技术效率的提高，进而影响了经济的增长率，阻碍了生产率的提高。

当前，我国经济发展已由过去的高速增长阶段向高质量发展阶段迈进，提高经济增长质量是经济发展的必由之路，对此应该做到如下几点：第一，持续推进体制机制改革，充分发挥市场在资源配置中的作用，推动生产要素的重新配置，提高企业的经济效益。第二，提高投资质量，改善投资结构，加强产业指导，减少和避免重复建设，发挥市场机制的调节作用。第三，提高研发投入，重视基础研究和应用研究，提高自主创新能力。中美贸易摩擦、华为事件，更是体现了自主创新的重要性。要鼓励企业的创新活动，为企业的创新活动提供必要的财税优惠政策。在经济新常态下，更加应该关注全要素生产率对经济增长的贡献。

参考文献

[1] [美] 戴尔·乔根森，何民成，凯文·斯德尔．生产率：信息技术与美国经济复苏 [M]．荆林波，冯永晟，译．上海：格致出版社，上海人民出版社，2012.

[2] 白重恩，张琼．中国生产率估计及其波动分解 [J]．世界经济，2015(12).

[3] 蔡跃洲，付一夫．全要素生产率增长中的技术效应与结构效应——基于中国宏观和产业数据的测算及分解 [J]．经济研究，2017(1).

[4] 蔡跃洲，张钧南．信息通信技术对中国经济增长的替代效应与渗透效应——基于乔根森增长核算框架的测算与分析 [J]．经济研究，2015(12).

[5] 曾光，王玲玲，王选华．中国科技进步贡献率测度：1953—2013 年 [J]．中国科技论坛，2015(7).

[6] 单豪杰．中国资本存量 K 的再估算：1952—2006 年 [J]．数量经济技术经济研究，2008(10).

[7] 董敏杰，梁泳梅 . 1978—2010 年的中国经济增长来源：一个非参数分解框架 [J]. 经济研究，2013(5).

[8] 龚飞鸿，刘满强，陈平，等 . 中国经济增长与生产率 [A] //汪同三，郑玉歆 . 社会科学院数量经济与技术经济研究所发展报告 2008 [M] . 北京：社会科学文献出版社，2008.

[9] 何枫，陈荣，何林 . 中国资本存量的估算及其相关分析 [J]. 经济学家，2003(5).

[10] 黄勇峰，任若恩，刘晓生 . 中国制造业资本存量永续盘存法估计 [J]. 经济学（季刊），2002，1(2).

[11] 李宾，曾志雄 . 中国全要素生产率变动的再测算：1978—2007 年 [J]. 数量经济技术经济研究，2009(3).

[12] 李宾 . 中国资本存量估算的比较分析 [J]. 数量经济技术经济研究，2011(12).

[13] 李京文，龚飞鸿，明安书 . 生产率与中国经济增长 [J]. 数量经济技术经济研究，1996(12).

[14] 李平，钟学义，王宏伟，等 . 中国生产率变化与经济增长源泉：1978—2010 年 [J]. 数量经济技术经济研究，2013(1).

[15] 刘建翠，郑世林 . 中国城市生产率变化和经济增长源泉：2001—2014 年 [J]. 城市与环境研究，2017(3).

[16] 孙琳琳，任若恩 . 中国资本投入和全要素生产率的估算 [J]. 世界经济，2005(12).

[17] 孙琳琳，任若恩 . 转轨时期中国行业层面资本积累的研究——资本存量和资本流量的测算 [J]. 经济学（季刊），2014，13(3).

[18] 吴建宁，王选华 . 中国科技进步贡献率测度：一种新的视角 [J]. 科学学与科学技术管理，2013(8).

[19] 肖宏伟，王庆华 . 我国全要素生产率驱动因素及提升对策 [J]. 宏观经济管理，2017(3).

[20] 徐杰，段万春，杨建龙 . 中国资本存量的重估 [J]. 统计研究，2010，27(12).

[21] 徐杰，王宏伟，李平 . 中国资本存量测量述评 [J]. 华东经济管理，2017(6).

[22] 薛俊波，王铮 . 中国 17 部门资本存量的核算研究 [J]. 统计研究，2007(7).

[23] 叶宗裕 . 全国及区域全要素生产率变动分析——兼对 C-D 生产函数模型的探讨 [J]. 经济经纬，2014(1).

[24] 叶宗裕 . 中国资本存量再估算：1952—2008 [J]. 统计与信息论坛，2010，25(7).

[25] 余泳泽. 改革开放以来中国经济增长动力转换的时空特征 [J]. 数量经济技术经济研究, 2015(2).

[26] 张豪, 张建华, 谭静. 中国经济增长的源泉与动能转换: 1952—2015 [J]. 经济问题探索, 2017(9).

[27] 张军, 吴桂英, 张吉鹏. 中国省际物质资本存量估算: 1952—2000 [J]. 经济研究, 2004(10).

[28] 张军, 章元. 对中国资本存量 K 的再估计 [J]. 经济研究, 2003(7).

[29] 张军扩. "七五" 期间经济效益的综合分析——各要素对经济增长贡献率的测算 [J]. 经济研究, 1991(4).

[30] 张少华, 蒋伟杰. 中国全要素生产率的再测度与分解 [J]. 统计研究, 2014, 31(3).

[31] 郑世林, 张宇, 曹晓. 中国经济增长源泉再估计: 1953—2013 [J]. 人文杂志, 2015(11).

[32] 郑玉歆. 转轨前后中国生产率的变动及其来源——17 国生产率比较研究之中国案例 [R]. 世界银行报告, 2005.

[33] Reinsdorf, M. and Cover, M. Measurement of Capital Stocks, Consumption of Fixed Capital, and Capital Services: Report on a Presentation to the Central American Ad Hoc Group on National Accounts [R]. Santo Domingo, Dominican Republic. https://unstats.un.org/unsd/nationalaccount/AEG/papers/m3Views15.pdf. 2005.

异质性债务、信息披露与企业创新[①]

庄芹芹

（中国社会科学院数量经济与技术经济研究所）

摘　要　企业创新普遍面临着融资约束，基于当前我国仍以间接融资为主导的金融体系实际，探讨债务融资如何服务于企业创新这个课题极具现实意义。传统研究认为债务融资不适于作为研发资金，本文基于交易费用理论，从债务异质性角度研究发现，相对于交易型债务融资，关系型债务融资具有科层治理优势；并利用上市公司数据实证研究发现，关系型债务融资能通过缓解信息不对称问题，为企业创新活动提供有效支持，对高技术企业的创新激励作用相对较弱。在此基础上，本文就如何改革创新融资制度，让金融活水真正流向企业创新，提出针对性的政策建议。

关键词　异质性债务融资；研发投入；信息不对称

一、引言

研发投入是企业增强竞争优势的基础。研发投入活动本质上是投资者与融资者（发明者）就资金进行的交易活动，不同融资结构对应不同契约与治理特征。相对于一般投资活动，研发投资活动的交易风险较高，需要强有力的公司治理机制作为保障。根据交易费用经济学理论，债务和股权在保护资产方面具有不同的治理结构，适用于不同的投资类型（Williamson，1989）。对于研发投资活动，由于其产生的无形资产并非优质的质押品，债权人一般不愿意为这种投资提供资金；债务合同的僵化会削弱追求持续 R&D（研发）投资

---

① 作者简介：庄芹芹（1991—　），中国社会科学院数量经济与技术经济研究所助理研究员、副研究员，经济学博士，从事技术创新、公司金融等研究。电子邮箱：zhuangqinqincass@163.com。

项目所需的财务灵活性。因此，已有研究的结论是，债权融资难以为研发投入提供适当的治理机制作为交易保障。

但现实情况是，债务融资仍是大多数企业的重要资金来源，占所有新增外部融资的90%以上。相对于早期普遍认为债务融资不适于作为创新资金的观点，近年来，随着对创新融资问题的研究更加细化，越来越多的学者开始关注债权融资对创新活动的积极作用(李科、徐龙炳，2011)。相反地，实证研究逐渐发现，股票市场有其自身的代理成本，短期压力导致的管理性近视(Stein，1988)可能会扼杀创新，企业全要素生产率(TFP)在IPO之后反而下降(孔东民等，2015)。对银行与创新活动的关系，Mann(2014)指出债务融资是创新型企业的重要融资方式，并且研究专利往往被用作质押品。美国专利和商标局(USPTO)专利总量中有16%已被质押担保。他证明了信贷额度能够直接为研发提供资金，经常是银行作为信贷资金提供者。银行能够在创新活动融资与监督中发挥作用，成为重要而且被低估的研究领域。因此，研究债务融资对研发投入活动的治理机制，对于管理者为战略投资做出最优融资决策具有重大现实意义。本节在交易费用理论的框架下，考虑债务融资异质性特征，重新研究债务融资对研发投入活动的作用。本文相对于已有研究的创新与贡献主要体现在以下几点：尝试引入交易费用理论，分析债务融资异质性。在关系型贷款研究中，已有研究以中小企业研究关系为主体，本文将研究拓展至上市公司。探讨了信息披露机制对关系型债务融资与研发投入间关系的调节作用。

二、文献综述

债务融资是企业重要的外部融资来源，能够为研发活动提供大量资金。国内外学者针对企业债务融资对研发投入的影响进行了大量研究。

国外学者对于债务融资对企业R&D投资影响这一问题持不同的观点，并且对不同金融体系(金融市场主导与银行主导)国家的实证结果截然相反。反对者认为，高负债会使企业面临较大的盈利压力，为了获得较高的当期收益，经营者必须规避一定的风险，因而不会选择风险较高的 R&D 项目。Opler 和 Titman（1994）认为债务融资具有还本付息的财务压力，这与研发需要持续的资金投入存在冲突，因此高资产负债率会导致经营绩效变差。Aghion 等（2005）研究英国上市企业发现，虽然企业债务率与研发呈现非线性相关关系，但在有研发活动的企业中，债务融资比例与 R&D 强度负相关。Singh 和 Faircloth（2005）研究发现美国企业的负债水平和研发投资负相关。Aivazian 等（2005）发现控制总杠杆率水平后，长期债务占总债务的比例较高，会显著降低具有高增长机会的公司投资。

而相反地，支持者认为在金融体系以银行为主导的国家，企业如果能够与银行建立长期关系，将为其研发活动提供较为充足的外部融资支持，激发企业研发创新能力。日本就是较为典型的金融体系以银行为主导的国家，Hoshi 等（1991）研究日本企业关系型融资，考察了与银行关系紧密程度不同的日本企业在投资行为上的差异。实证研究发现与日本大银行有良好关系的企业，信息不对称问题较少，并能获得银行外源融资支持；与银行关系较弱的企业融资压力较大，投资表现出更高的现金流敏感性。因此，信息与激励对企业投资有重要影响，而金融中介在企业投资中发挥着重要作用。Bhagat 和 Welch（1995）通过对美国、日本等 OECD 国家的研究发现，美国的企业负债率与 R&D 投资负相关；但在日本截然相反，日本企业高负债会促进 R&D 投资。同样地，意大利的金融体系也是以银行为主导的，其资本市场作用有限。Benfratello（2008）把创新分为风险较高的产品创新（product innovation）与低风险的过程创新（proess innovation），结果表明意大利银行业的发展能够缓解企业融资约束，提高企业进行过程创新的可能性，尤其是对高技术企业、小企业等更需要外源融资的企业作用更为显著；但同时金融发展对企业产品创新的作用并不显著，这可能是由于其风险较高，并缺乏抵押物等。

之后，学者拓展了债务融资的类型，并与企业治理等其他领域结合，更深入地研究了债务融资对创新的作用。Houston 和 James（2001）基于美国上市公司数据，进行债务结构分类研究发现，相比于以私募作为公司主要债务来源的公司，以银行借款作为主要债务来源的公司所面临的融资约束更小。

David 等(2008)借鉴了金融中介理论的异质性债务研究，考察了企业创新行为。通过对日本企业的研究，分析了不同负债类型与企业 R&D 投资的关系。研究发现交易型债务(比如二级市场上的债务合约、债券)与企业 R&D 投资负相关，而关系型债务与企业 R&D 投资正相关，这是由于贷款机构与企业存在长期合作互动关系(比如银行贷款)。Czarnitzki 和 Kraft(2009)以企业专利数作为创新衡量指标，实证研究发现企业债务融资不能单独支持创新，但是与股权结构分散变量交互后，对创新有显著促进作用。这是因为债权人能够对企业管理者产生制约，一定程度上降低了代理成本。

基于中国特殊的金融制度条件，企业面临独具特色的外部融资环境。近年来学者探讨了很多债务融资对企业创新的影响。郭蓉蓉(2006)研究发现负债水平和投资支出显著负相关。陈海声、卢丹(2010)发现高负债水平与 R&D 投入强度存在显著的负相关关系，也就是说，高财务杠杆会对 R&D 投资产生抑制作用。文芳(2010)研究债务约束下的企业 R&D 投资行为，发现总负债与 R&D 投资负相关，债务融资难以成为研发的资金来源，债务约束是 R&D 投资不足的重要原因，通过考察不同类型的负债来源，发现商业信用相对于银行贷款对高风险 R&D 投资的支持作用更弱，私有产权企业相对于国有产权面临的债务融资约束更强，创新融资是制约私有企业自主创新的瓶颈之一。温军等(2011)基于 R&D 投资的资产专用性、高不确定性以及排他性等特点，研究了异质债务结构与企业研发的投入关系，发现相对于企业债券等交易型债务，银行贷款作为关系型债务具有治理机制，并且企业规模对债务结构与 R&D 投入之间的关系具有调节作用。肖晶、粟勤(2016)研究发现银行业市场集中度下降、中小银行市场份额上升，有助于缓解中小企业融资约束，并且对小规模企业的作用更明显，其中，城商行更适用于小微企业，而股份商业银行对中型企业融资约束缓解作用更大。

综上可知，已有文献对于外源融资中的债务融资作用尚存在较大分歧，对于关系型债务融资的研究多集中于中小企业或者产权异质性视角，鲜有研究分析高技术企业所面临的特殊创新融资约束问题，在深入剖析关系型债务融资发挥作用的机制方面还很欠缺。

三、理论分析与研究假说

随着债务融资研究的深化，债务融资从同质性发展到异质性。本文结合交易费用理论分析异质性债务融资对企业创新的影响。

1. 研发投入风险与科层治理

企业从投资者获得资金（融资）之后进行研发投资，过程中涉及一系列的交易风险。在保护资金安全与投资收益方面，债务和权益资本在研发投入活动中，分别可以视为市场治理和科层治理的代表。具体来说，为了解决争议，债务融资中，贷款人依靠法院判决（即企业破产法）强制性严格遵守指定利率、偿还条款和流动性契约。而股东依靠董事会进行管理，利用禁止性条款解决与经理人的纠纷。至于适应性，债务为管理者提供了相当大的自主权，依靠破产威胁的高度激励机制，规范管理者的合规行为。而股权所有者依靠董事会对管理者行使行政权力，指导其主动适应与遵守合约。最后，通过客观数据验证债务是否符合付款和契约条款，避免采取严格的监督机制。相比之下，为了保护自己的投资，股东使用精心制定的监督机制（例如董事会），其中包含大量的主观信息。

研发活动具有资产专用性、不确定性以及收益独占性的特点，需要强治理机制予以保护。具体来说，研发投入活动可能面临的风险，以及债权融资与股权融资的治理作用如下：①资产专用性。R&D 投资创造的是依赖于知识的无形资产，这些无形资产在与企业互补资产一起使用时，才能实现最大价值（Helfat，1994）。如果企业陷入破产危机，导致这些资产被强制性重新部署，这些资产将失去相当大的价值。因此，对于债务融资，这些资产难以成为贷款人良好的抵押品。此外，债务的偿付要求会降低企业财务的灵活性，而突发的流动性问题会导致管理人员被迫削减研发项目，打破知识积累和吸收必要的研发投资连续性。②不确定性。由于投资与收益之间存在相当长的时间间隔，并且最终收益可能受到诸多外部因素和事件影响，因此评估 R&D 投资效果很困难，评价的标准也纷繁复杂，包括成功的可能性、与现有技术的一致性、间接溢出效益等。不确定性会导致事前的逆向选择，即借款人最可能成为信用风险最高的人。它也会导致事后的道德风险，即借款人获得融资后，可能出现机会主义行为，将风险转移到债权方。为克服逆向选择和道德风险，保障资产安全，需要详细而主观的内部信息。而股东选举产生的董事会正是这种监督的有力执行者，贷款人确实只是企业的外部合作者，只能获得相对简单的客观信息。③收益独占性。公司研发计划的信息泄露可能导致竞争对手模仿（Teece，1986），因此 R&D 投资回报率不高。由于竞争对手往往能够进行模仿式的工程设计，专利等法律保障措施往往作用有限。股权人可以通过董事会监督 R&D 投资，董事会通常被委以保护企业关键的战略信息免于泄露的重任。然而，债权融资中，企业研发进行的投资项目或者专利，常被作为贷款担保，企业不得不公布关于研发项目的详细数据，会导致企业无法独占研发成果，这也削弱了管理者进行研发投资的积极性（Bhattacharya and Chiesa，1994）。

综上所述，结合研发投入活动特点和可能面临的交易风险，尽管与债务相关的激励机制和监督管理成本较低，但债务融资对应的市场治理机制难以为研发投资提供足够的安全防范。相反地，股权融资代表的科层治理，则能够有效避免相关交易风险。经验证据也表明，研发投入强度大的企业会避免使用债权融资而倾向于使用股权融资。

2. 异质性债务的治理机制

债务融资本质上是异质性的，取决于借款人与贷款人之间签订的契约。按照契约理论，债务契约可以分为：交易型债务（transactional debt）与关系型债务（relational debt）。前者具有固定时间期限与相对简单的业绩考核标准；后者具有可展期的期限和相对复杂的评价维度。具体而言，交易型债务和关系型债务分别对应着市场治理与科层治理机制。交易型债务带来的是市场治理机制，依赖于刚性合同条款、破产威胁的高强度激励以及通过监控客观数据来验证一致性。这些特征基本上是一般性债务的特征。而关系型债务利用科层治理机制，与一般性债务有很大不同。贷款人会采取宽容的解决方式、采用行政控制方式和监测主观绩效标准，并且三个特征相互强化：对主观信息的详细监控为行政控制创造条件，而通过行政控制又能够获取更多附加信息；正式拥有了主观信息来评估公司的长期前景和影响投资模式所必需的行政控制，关系型借贷双方才可能采取宽容的策略（唐玮等，2017）。相对于交易型贷款人，关系型贷款人代表的科层治理机制更为复杂、成本更高，并取决于与投资合同面临的具体风险（李毅，2011）。尽管一些研究探讨了关系型债务和交易型债务之间的差异，但这种治理机制的差异对研发投资的影响并未得到广泛研究。结合治理机制的三个属性，可以发现交易型债务具有市场治理特征，而关系型债务具有科层治理特征（见表 1）。

表 1　异质性债务融资特征对比

债务契约治理特征	交易型债务	关系型债务
治理机制	市场治理	科层治理
争端解决	强制、刚性	宽松、软性
适应	强激励；破产威胁	实际控制权；重新谈判
监督	弱监管	高强度监管
信息质量	客观、公共信息	主观、私人专用信息
贷款人	众多、分散	较少、集中
与借款人关系	单一债务关系	多元业务联系
代表方式	债券、商业票据	银行贷款

资料来源：作者绘制。

两种异质性债务的治理机制具体表现为：①争议解决。关系型贷款人能够从借款人那里获得多重收入且无明显限期性，有动力通过重新谈判或放宽贷款条件和增加额外资金来帮助企业度过财务危机。这样的宽容性行为也有助于银行通过提高银行声誉来吸引新客户。此外，债务重新谈判对于关系型贷款人是可行的，如通过董事会组织谈判，因为它需要相对较少数量的集中投资者达成一致（Gorton and Kahn，2000）。相比之下，交易型贷款人只考虑债务的直接收益，严格遵守合同法，在发生违约时对借款人进行清算。既没有动机（他们缺乏与借款企业的多重业务关系），也没有能力（重新谈判不可行，因为交易型债权人通常是分散的）对借款人进行软性处理。经验证据也表明依赖关系型债务的企业，在面对金融困境时更有可能继续进行战略投资，并成功重组和避免破产。②适应机制。关系型贷款人通常采用温和的解决问题方式，采用管理机制让借款企业适应性地调整，而非依靠高强度的激励（例如破产威胁）诱发借款人适应。获得行政管理控制权的方式：可以通过董事会，或者将严格的契约和选择性实施相结合，以获得事实控制权。关系型债务合约比交易型债务合约更严格，通过有选择性地执行违约，贷款人可以强制重新谈判。违规行为之后的重新谈判允许银行主动干预公司的运营，有效获得行政控制措施，如清算某些具体项目和重新确定战略投资方向（Gorton and Kahn，2000）。③监督控制。宽容的政策与行政控制实施需要获得详细的主观信息。监测需要收集有关客户的具体信息。银行通过与客户跨产品、长时间的多元互动积累了企业的专有信息，并通过在企业董事会上获得席位，加强了获取专有信息的机会。因此，关系型贷款人能够得到企业详细和主观信息，更好地评估企业正在进行的项目及其实际财务状况，并且可以在更长的时间范围和多种业务关系上分摊这些沉没成本。相反地，交易型债务是被分散持有的，贷款人无法进行详尽的监督，缺乏规模经济效应，"搭便车"才是理性选择。因此，交易型贷款人仅能依靠监测客观数据检验与债务条款一致的客观标准。

3. 关系型债务融资对企业创新影响

由于关系型债务对应着科层治理机制，因此能够高效地处理与研发投资相关的交易风险（见表 2），包括资产专用性、不确定性、收益独占性等，而交易型债务并不合适。

表 2　异质性债务融资与研发投入风险

研发投入风险/债务结构	调整成本（资产专用性）	不确定性	信息泄露（收益独占性）
交易型债务	高	高	高
关系型债务	低	低	低

第一，关系型债务有利于保持研发投入的连续性，避免资产专用性带来的高调整成本问题。研发资产的专用性抑制了贷款机构为研发融资与管理者进行 R&D 活动的倾向，因为流向该投资的倾向性和投资于研发的管理激励机

制有关。关系型债务更适合于管理研发投资，因为与交易型债务不同，它允许贷款人在企业经历意外或者陷入财务困境时，帮助企业渡过难关，以高容忍的方式应对意外的干扰，并在困难的情况下帮助企业维持工作的开展。关系型贷款者可以帮助企业缓解流动性问题，保护研发投资的价值，因此资产专用性导致的 R&D 投资低清算价值问题并不严重。对管理层而言，关系型债务对应的高容忍度有利于保护管理者的积极性，保持研发项目的连续性。这对于企业从研发项目中获益是至关重要的。第二，关系型债务可以有效缓解信息不对称，减少研发投入活动的不确定性带来的交易风险。由于关系型贷方例如银行与企业有多种业务关系，因此期限性也相对不明显。银行对借款人的监督包括发放贷款之前、贷款进行中以及贷款偿还后的整个过程，有利于缓解逆向选择和道德风险问题。此外，关系型贷方通过对客户公司的深度了解，获得了事实行政控制权，能够及时应对道德风险问题，在不可预见的突发事件中，能够及时干预或者引导战略投资。第三，关系型债务信息披露要求低，更有利于保护研发投资的独占性。关系型债务是企业与贷款人之间的私人交易，不需要公开信息披露，有助于保护研发的专用信息不被泄露，为研发投资收益的独占性提供了更强保障。此外，股权投资者通过董事会对 R&D 活动进行监督，该信息也并不容易泄露。相反地，由于交易型债务是在公开资本市场购买和交易的，为保护投资者利益和资产安全，需要公开而详细地披露信息，信息泄露风险更高。

综上所述，相对于交易型债务，关系型债务对应的科层治理机制在研发投入活动中能够有效控制交易风险，促进研发活动，提升企业价值。关系型贷款人较为宽松的治理机制，能够帮助违约借款者解决流动性问题，避免研发资产专用性导致的高调整成本。而交易型债务的财务刚性会强制企业进入破产流程，扰乱研发活动的持续性。关系型借款人能够密切监督企业，并积极介入企业治理，获得及时有效的主观详细信息，进而克服研发活动中的信息不对称问题，控制不确定性引发的逆向选择与道德风险。此外，关系型债务是私人性质的，不需要公共信息披露，有利于防止竞争者对研发活动的模仿，保护研发收益的独占性。因此，债务结构要与研发投入相适应，二者不匹配会造成激励机制扭曲，损害企业利益，给企业造成额外成本。研发强度低的企业，适合采用交易型债务，其相对较弱的监督机制能够避免给企业带来不必要的管理成本。而研发密集型企业，面临的交易风险较高，需要关系型债务提供强有力的保障机制。

但对于高技术企业而言，由于存续期相对较短，并且以专利等无形资产为主，盈利尚未完全稳定，难以提供有效的资产作为贷款担保，因此银行等金融机构可能对其存在歧视。此外，由于高技术企业的控股股东是其发起人，为了技术隐蔽性会倾向于集中管理权，对于银行等外部人参与董事会管理存在疑虑，导致关系型贷款难以获取主观专用信息，对企业进行有效监督，加剧了信息不对称问题。由于缺乏抵押品、技术隐蔽性较高等，因此高技术企业难以获得足额的关系型融资用以支持研发投入活动。相反地，交易型债务以企业自身信用作为保证，不需要抵押品，并且对企业战略投资等活动基本不会干涉，可能更适于作为研发资金。因此，提出假设：考虑债权异质性，企业关系型债务对研发投入强度有正向影响，但在高技术企业中该影响并不明显。

基于上文分析，信息不对称在债务结构的治理机制中是一个关键性问题。关系型债务在研发投入活动的风险防范中，一项很重要的作用即为缓解信息不对称问题。通过参与董事会管理，开展多元化业务，采集大量主观详细的企业内部信息，关系型债务有效避免了逆向选择风险和机会主义行为，从而促进研发投入活动。因此，在信息不对称程度较高的企业中，关系型债务缓解信息不对称的治理作用越大，对于研发投入活动的促进作用越强。相反地，在信息披露较为充分的企业，关系型债务的信息优势会被削弱。因此信息披露会导致关系型债务的优势难以发挥，对于研发活动的促进作用不明显，甚至可能抑制研发活动。因此，可以推论：信息披露对关系型债务与研发投入强度间关系有负向调节作用。

在交易费用经济学分析框架下，为使交易成本最小化，融资结构对应的治理机制要与研发投入活动相适应。但企业融资结构的确定（这里主要指债务结构的选择）还会受到内部企业特征、外部环境等因素影响。如果债务结构自由选择受制于实际金融制度或者法律规定，企业就不能自主选择适当的治理机制。只有在金融体系相对完善、法律法规允许的前提下，公司才能真正自由选择债务结构。因此，在分析实际问题时，要联系特定的实际条件，才能得到更可靠的结论。

四、数据与模型设定

1. 变量与回归模型

本文研究的数据窗口选择 2007—2015 年，9 年的年度数据。选择 2007 年作为研究的开始，是因为 2007 年开始采用新会计准则。新准则对上市公司 R&D 投入数据的披露做出了全新规定，并且在这之后上市公司对研发活动的信息披露才开始增多。经筛选，最终获得 1673 家企业、7532 个观测值的非平衡面板数据。本文实证研究采用的数据主要来源于国泰安（CSMAR）数据库、Wind 数据库、巨潮网披露的上市公司年报等，主要涉及公司研究系列数据中的财务报表以及财务报表附注、上市公司研发创新等子库。本文使用的计量分析软件为 Stata15. 0。

根据前文对交易费用理论的分析，债务契约可分为交易型债务（transactional debt）与关系型债务（relational debt）。对应现实的债务融资方式，银行贷款是典型的关系型债务，债券与商业票据则被认为是交易型债务。根据企业资产负债表中的负债明细科目，对关系型债务与交易型债务的定义见表 3。*INF* 代表内源融资，*EXF* 代表外源融资。加入同期销售收入 *SALE* 控制企业需求因素，避免销售收入与内源融资（内部现金流）之间的相关性对估计的遗漏变量造成偏误。同样，所有变量都除以期初总资产，控制企业规模的影响。

表 3　变量定义

类型	名称	符号	含义与说明
被解释变量	研发投入强度	*R&D*	总研发投入/企业总资产
解释变量	关系型债务	*Reldebt*	Δ（长期借款+短期借款）
	交易型债务	*Transdebt*	Δ（应付债券+应付票据+应付账款+预收款项）

续表

类型	名称	符号	含义与说明
调节变量	信息披露	*info*	被分析师关注度 *analyst*=ln(1+*Ana Attention*) 被研报关注度 *report*=ln(1+*Report Attention*)
其他变量	内源融资	*INF*	净利润+固定资产折旧+无形资产摊销+长期待摊费用-分配股利、利润和偿付利息支付的现金
	外源融资	*EXF*	筹资活动产生的现金流量净额
	销售收入	*SALE*	年末主营业务收入
	年份	*year*	2007—2015年
	行业	*industry*	高技术企业与非高技术产业

注：融资类解释变量均除以期初总资产控制企业规模因素影响。

借鉴Brown等(2009)的研究，将基于欧拉方程的投资模型应用到融资结构对研发投入的影响的研究中。为研究企业债务融资对研发投入的影响，在一般融资方程基础上，加入交易型债务(*Transdebt*)与关系型债务(*Reldebt*)变量，得到回归方程。

$$R\&D_{it}=\alpha_0+\alpha_1 R\&D_{i,t-1}+\alpha_2 R\&D^2_{i,t-1}+\alpha_3 INF_{it}+\alpha_4 INF_{i,t-1}+\alpha_5 STK_{it}+\alpha_6 STK_{i,t-1}+ \\ \alpha_7 Reldebt_{it}+\alpha_8 Reldebt_{i,t-1}+\alpha_9 Transdebt_{it}+\alpha_{10} Transdebt_{i,t-1}+ \\ \sigma_{11} SALE_{it}+\alpha_{12} SALE_{i,t-1}+u_i+\lambda_t+\varepsilon_{it}$$

回归方程用于对本文假设进行检验。回归时，所有变量均除以期初总资产，控制企业规模。回归方程中*Reldebt*的系数α_7、*Transdebt*的系数α_9是本文研究对象，分别表示关系型债务融资与交易型债务融资对企业研发投入强度的影响。

2. 拓展分析

信息披露程度(*info*)，不同企业的信息披露程度不同，常用衡量指标是企业被分析师或者研报的关注程度。财务分析师能够承担信息披露功能，会跟踪企业研发活动，打开R&D活动“黑箱”（徐欣、唐清泉，2010）。企业被分析师关注的程度越高，信息披露越充分。具体指标包括：被分析师关注度(*Ana Attention*)，即在一年内有多少个分析师(团队)对该公司进行过跟踪分析，一个团队数量为1，不单独列出其成员计算数量。被研报关注度(*Report*

Attention），即在一年内有多少份研报对该公司进行过跟踪分析。相应地，信息披露程度用被分析师（研报）关注度加 1 的自然对数表示。这里采用被分析师关注度作为信息披露衡量变量，被研报关注度用于稳健性检验。

企业行业类型（*industry*）。按照所属行业技术密集程度，将企业分为高技术企业与非高技术企业。这里通过对比证监会行业分类（2012 年）与高技术产业（制造业）分类（2013 年），将样本中的制造业企业分为高技术企业与非高技术企业。根据高技术产业（制造业）分类（2013 年），高技术制造业有六大类。而证监会行业分类（2012 年）参照《国民经济行业分类》，将上市公司经济活动分为门类、大类两级。制造业门类代码为 C，大类代码为两位阿拉伯数字。因此，在证监会行业分类中的制造业大类中，对照高技术制造业的 6 个大类，最终筛选出 9 个大类属于高技术行业。按照该标准将上市制造业企业分为高技术企业与非高技术企业两类。经分类，最终得到高技术企业 940 家，非高技术企业 549 家（见表 4）。

表 4　高技术行业大类筛选

高技术产业（制造业）分类（2013 年）	证监会行业分类（2012 年）
一、医药制造	C27
二、航空、航天器及设备制造	C37、C43
三、电子及通信设备制造	C35、C38、C39
四、计算机及办公设备制造	C39、C34
五、医疗仪器设备及仪器仪表制造	C35、C40
六、信息化学品制造	C26

五、实证结果

1. 基本结果

实证结果见表 5。关系型债务与交易型债务融资系数均在 0.1%水平上显著为正，但系数上，关系型债务融资大于交易型债务融资（0.02>0.012），这说明企业关系型债务融资对研发投入强度的促进作用更大。这是由于相对于交易型债务融资，关系型债务融资具有科层治理机制，能有效控制研发投入中的交易风险，促进企业研发投入活动。

表 5　异质性债务融资对研发投入强度的影响

指标	全样本	高技术企业	非高技术企业	信息披露
$R\&D_{t-1}$	1.002*** (0.015)	1.148*** (0.012)	0.881*** (0.004)	0.977*** (0.016)
$R\&D^2_{t-1}$	-1.616*** (0.025)	-2.597*** (0.026)	-1.313*** (0.006)	-1.568*** (0.026)
INF_t	0.048*** (0.003)	0.042*** (0.002)	0.027*** (0.002)	0.055*** (0.003)
STK_t	0.019*** (0.001)	0.023*** (0.001)	0.007*** (0.001)	0.023*** (0.001)
$Reldebt$	0.020*** (0.002)	0.006** (0.002)	0.015*** (0.001)	0.071*** (0.006)
$Transdebt$	0.012*** (0.003)	0.023*** (0.003)	-0.002 (0.001)	0.018*** (0.003)
$SALE_t$	0.006*** (0.002)	0.012*** (0.001)	0.008*** (0.000)	-0.003* (0.001)
INF_{t-1}	0.025*** (0.004)	0.041*** (0.003)	-0.006*** (0.001)	0.019*** (0.005)
STK_{t-1}	-0.000 (0.000)	-0.002*** (0.000)	-0.001*** (0.000)	-0.001* (0.000)
$Reldebt_{t-1}$	-0.001 (0.001)	0.001* (0.001)	0.001 (0.000)	-0.001 (0.001)
$Transdebt_{t-1}$	0.001 (0.001)	-0.001+ (0.000)	0.001+ (0.001)	0.001+ (0.001)
$SALE_{t-1}$	-0.006** (0.002)	-0.022*** (0.002)	-0.005*** (0.000)	0.004* (0.002)
$analyst \times Reldebt$				-0.021*** (0.002)
$analyst$				-0.001*** (0.000)

续表

指标	全样本	高技术企业	非高技术企业	信息披露
_cons	−0.003*** (0.000)	−0.001 (0.001)	0.003*** (0.000)	0.000 (0.000)
N	3956	2579	1377	3166

注：***、**、*和+分别表示系数在 0.1%、1%、5%和 10%水平上显著。括号内是各估计参数的标准差。

2. 高技术行业

将样本分为高技术企业与非高技术企业两组。实证结果显示，异质性债务融资作用在两类企业中完全相反。非高技术企业中，关系型债务融资大于交易型债务融资。关系型债务在 0.1%水平上显著为正，交易型债务系数不显著，仍支持关系型债务融资具有促进研发投入作用的结论，与全样本结果一致。高技术企业中，关系型债务融资小于交易型债务融资。虽然关系型债务融资与交易型债务融资系数均在 1%水平上显著为正，但交易型债务融资系数 0.023 大于关系型债务融资系数 0.006，与全样本实证结果相反。基于前文分析，这是由于高技术企业的技术隐蔽性高、控制权一般较为集中，抑制了关系型债务融资的创新效应发挥。同时，由于企业缺乏抵押品等，贷款等关系型债务融资可获得性较差，因此关系型债务融资的创新效应有限。综上，企业关系型债务融资有利于促进研发投入强度，但该促进作用在高技术企业中被削弱，交易型债务融资对高技术企业的促进作用更强，从而验证了假设。

3. 信息披露机制

在关系型债务融资发挥的创新效应作用中，加入信息披露与关系型债务融资变量的交互项 *analyst*×*Reldebt*，以及信息披露变量 *analyst*。交互项系数反映了信息披露机制对关系型债务融资与研发投入间关系的调节作用。实证结果见表 5(最右)。结果显示，信息披露变量与关系型债务融资变量的交互项系数在 0.1%水平上显著为负，信息披露变量 *analyst* 系数也在 0.1%水平上显著为负。这说明随着企业信息披露程度的提高，关系型债务融资对研发投入活动的促进作用减弱，从而验证了推论。这也间接说明关系型债务在影响企业研发投入活动中，很重要的机制是通过提供融资、结算等服务深入企业内部，全方位收集企业信息，缓解了信息不对称，减小了交易风险，从而促进企业研发投入活动。信息披露越充分，关系型债务融资的缓解信息不对称作用被削弱程度越高，支持企业研发投入作用越小。

4. 模型有效性及稳健性

为保证估计结果的有效性，继续进行随机误差项序列自相关性检验。对于全部样本回归，残差自相关 AR(1)值为-1.33，P 值为 0.184；AR(2)值为-1.31，P 值为 0.189。自相关检验值均不能拒绝原假设，自相关检验通过，不存在二阶自相关，工具变量能够有效识别。Sargan test 值为 116.97，P 值为 0.999，不能拒绝工具变量联合有效的原假设，工具变量能够有效识别。系统 GMM 估计结果有效。分组估计结果也如此，在此不再赘述。

上述估计采用系统 GMM、固定效应 FE 与混合 OLS 三种估计方式，并进行分组研究，可以认为是对研究结果的稳健性检验。本文进一步通过替换异质性债务融资变量的方式进行稳健性检验。将关系型债务与交易型债务计算替换为现金流量表法，作为稳健性检验。交易型债务用“发行债券收到的现金”表示；关系型债务用“取得借款收到的现金”表示。经检验发现结果稳健，在此不再赘述。

综上所述，相对于交易型债务融资，关系型债务融资能够发挥科层治理机制，控制研发交易风险，促进企业研发投入。由于高技术企业技术隐蔽性高、控制权较为集中，关系型债务融资创新作用有限，对应假设得以验证。进一步来看，加入信息披露与关系型债务融资变量交互项后，发现随着信息披露程度的提高，关系型债务融资对研发投入活动的促进作用减弱。证明了缓解信息不对称是影响关系型债务融资发挥作用的重要机制。

六、结论与政策建议

1. 研究结论

理论上，本文重新审视了异质性债务融资的作用，发现关系型债务融资获取的资金适于作为研发资金。以往研究认为债务融资不是获取研发资金的合适渠道，本文从交易费用视角，重新审视了债务融资对企业创新的影响。研发本质上是一种交易活动，相对于一般投资活动，研发活动的交易风险较高，需要强有力的公司治理机制作为保障。债务契约按照治理机制可以分为交易型债务与关系型债务，分别对应市场治理与科层治理两种治理机制。具有科层治理机制的关系型债务，与企业具有更广泛的业务联系，能够保持研发投入的连续性，避免资产专用性带来的高调整成本；更强的信息收集与监督能力，能够控制不确定性的交易风险；较低的公开信息披露要求，有利于研发投资。因此，关系型债务融资是较为理想的债务类融资方式。实证上，检验了异质性债务融资对研发投入的影响，发现关系型债务融资更有利于研发投入活动，并受到企业行业以及信息披露的影响。企业关系型债务与研发投入强度显著正相关，说明关系型债务的科层治理机制能够有效控制研发活动风险。进一步而言，高技术企业中关系型债务融资对研发投入的促进作用不明显。这是由于高技术企业技术隐蔽性高、控制权较为集中，抑制了关系型债务融资的创新效应。加入信息披露与关系型债务融资的交互项后，发现信息披露程度提高，关系型债务融资的促进作用减弱。因此，缓解信息不对称是关系型债务融资促进创新的重要机制。

2. 政策建议

未来如何发挥间接融资对企业创新活动的积极作用，是具有现实意义的重要命题。在中国以间接融资为主导的金融体系中，债务融资仍对企业创新具有重要意义。尤其是银行贷款等关系型债务，具有良好的创新治理机制。但当前国有银行与国企间政治关联仍普遍存在，降低了信贷资金配置效率。对此，要进一步厘清金融资源配置，让市场在信贷资源配置中发挥决定性作用，使创新资源流向最优质、最有前景的创新领域。同时，要改变上市公司过度股权融资偏好，开发企业创新债券、研发投入相关优先股、创新项目信贷等新型融资方式，多渠道拓展企业创新融资方式。

要提升间接融资体系服务创新的能力与效率。宏观调控层面，鼓励央行灵活运用多种货币政策工具，引导金融机构加大对企业创新活动的信贷支持，向高技术创新型企业定向释放流动性。从供给端入手，优化银行业产业组织结构，有序破除银行业垄断。当前，金融发展总量水平作用有限，金融改革重点在于优化金融结构，发挥中小银行等金融机构作用，缓解中小企业融资约束。应鼓励银行与风险投资、私募股权投资等股权融资机构积极互动，开展投贷联动等金融创新服务。相对于传统融资模式，投贷联动能够提高融资效率，给企业带来最优的资本结构，提高研发效率，分散创新风险。推动银行等金融机构开展信贷服务模式创新，开展知识产权质押、专利权质押等贷款业务，提高企业创新融资的可获得性。优化法治环境，弱化金融机构信贷配给行为，探索构建政策性信用担保体系、创新风险分担补偿机制，全方位优化企业间接创新融资体系。

参考文献

[1] Aghion, P., Howitt, P. and Mayerfoulkes, D. The Effect of Financial Development on Convergence: Theory and Evidence [J]. Quaterly Journal of Economics, 2005, 120(1): 173-222.

[2] Aivazian, V. A., Ge, Y. and Qiu, J. Can Corporatization Improve the Performance of State-Owned Enterprises Even without Privatization? [J]. Journal of Corporate Finance, 2005, 11(5): 791-808.

[3] Benfratello, L., Schiantarelli, F. and Sembenelli, A. Banks and Innovation: Microeconometric Evidence on Italian Firms [J]. Journal of Financial Economics, 2008, 90(2): 197-217.

[4] Bhagat, S. and Welch, I. Corporate Research & Development Investments International Comparisons [J]. Journal of Accounting and Economics, 1995, 19(2-3): 443-470.

[5] Bhattacharya, S. and Chiesa, G. Proprietary Information, Financial Intermediation, and Research Incentives [J]. Journal of Financial Intermediation, 1994, 4(4): 328-357.

[6] Brown, J. R., Fazzari, S. M. and Petersen, B. C. Financing Innovation and Growth: Cash Flow, External Equity, and the 1990s R&D Boom [J]. Journal of Finance, 2009, 64(1): 151-185.

[7] Brown, J. R., Martinsson, G. and Petersen, B. C. Do Financing Constraints Matter for R&D? [J]. European Economic Review, 2012, 56(8): 1512-1529.

[8] Czarnitzki, D. and Kraft, K. Capital Control, Debt Financing and Innovative Activity [J]. Journal of Economic Behavior & Organization, 2009, 71(2): 372-383.

[9] David, P., O' Brien, J. P. and Yoshikawa, T. The Implications of Debt Heterogeneity for R&D Investment and Firm Performance [J]. Academy of Management Journal, 2008, 51(1): 165-181.

[10] Gorton, G. and Kahn, J. The Design of Bank Loan Contracts [J]. Review of Financial Studies, 2000, 13(2): 331-364.

[11] Helfat, C. E. Evolutionary Trajectories in Petroleum Firm R&D [J]. Management Science, 1994, 40(12): 1720-1747.

[12] Hoshi, T., Kashyap, A. and Scharfstein, D. Corporate Structure, Liquidity, and Investment: Evidence from Japanese Industrial Groups [J]. Quarterly Journal of Economics, 1991, 106(1): 33-60.

[13] Houston, J. F. and James, C. M. Do Relationships Have Limits? Banking Relationships, Financial Constraints, and Investment [J]. Journal of Business, 2001, 74(3): 347-374.

[14] Mann, W. Creditor Rights and Innovation: Evidence from Patent Collateral [J]. Ssrn Electronic Journal, 2014.

[15] Opler, T. C. and Titman, S. Financial Distress and Corporate Performance [J]. Journal of Finance, 1994, 49(3): 1015-1040.

[16] Singh, M. and Faircloth, S. The Impact of Corporate Debt on Long Term Investment and Firm Performance [J]. Applied Economics, 2005, 37(8): 875-883.

[17] Stein, J. C. Takeover Threats and Managerial Myopia [J]. Journal of Political Economy, 1998, 96(1): 61-80.

[18] Teece, D. J. Transactions Cost Economics and the Multinational Enterprise an Assessment [J]. Journal of Economic Behavior & Organization, 1986, 7(1): 21-45.

[19] Williamson, O. E. Transaction Cost Economics [J]. Handbook of Industrial Organization, 1989, 1(1): 41-65.

[20] 陈海声，卢丹. 股权性质、资本结构、现金流量与研发强度 [J]. 科技管理研究，2010 (21).

[21] 郭蓉蓉. 负债融资与投资支出关系的实证研究：以制造业上市企业为例 [D]. 杭州：浙江大学，2006.

[22] 孔东民，王亚男，代昀昊. 为何企业上市降低了生产效率？——基于制度激励视角的研究［J］. 金融研究，2015（7）.
[23] 李毅. 中小企业融资困境与新型信贷关系研究［J］. 管理评论，2011（11）.
[24] 刘渝琳，贾继能. 投贷联动、资本结构与研发效率——基于科技创新型中小企业视角［J］. 国际金融研究，2018（1）.
[25] 唐玮，崔也光，齐英. 长期融资性负债、银企关系与 R&D 投资——来自制造业上市公司的经验证据［J］. 数理统计与管理，2017（1）.
[26] 温军，冯根福，刘志勇. 异质债务、企业规模与 R&D 投入［J］. 金融研究，2011（1）.
[27] 肖晶，粟勤. 破除银行业垄断能够缓解中小企业融资约束吗？［J］. 南开经济研究，2016（5）.
[28] 徐欣，唐清泉. R&D 活动、创新专利对企业价值的影响——来自中国上市公司的研究［J］. 研究与发展管理，2010（4）.
[29] 李科，徐龙炳. 融资约束、债务能力与公司业绩［J］. 经济研究，2011（5）.
[30] 文芳. 产权性质、债务来源与企业 R&D 投资——来自中国上市公司的经验证据［J］. 财经论丛，2010（3）.

财政分权何以促进区域创新？
——基于地方政府效率视角下的非线性门槛效应研究①

吴　非[1]　李凤娇[2]　任　玎[1]
（1. 暨南大学经济学院　2. 厦门大学经济学院）

摘　要　本文利用1999—2016年中国30个省份的面板数据，检验财政分权对区域创新活动的影响。通过构建非线性门槛模型，厘清财政分权与地区创新之间的非线性关系，并将政府行为函数纳入研究框架之中，以深入探讨财政分权的创新支持绩效。实证结果表明，地方的财政分权是影响区域创新活动的重要因素，较高强度的财政分权水平更能促进地区高端创新活动的开展。进一步而言，地方财政资源支持创新活动的有效程度受到政府的运作效率影响，将政府运作效率保持在合理区间，是财政分权促进地区创新的前提条件。值得强调的是，调整地方财政力量的支持导向，是促进区域创新驱动发展的重要路径。在此基础上，构建一个适配创新活动产出转化成为切实经济、社会福利的基础条件，是当前创新驱动发展应当重点关注的内容。因此，地方政府的财政资源应更专项化、集中化地用以支持高端技术创新活动。

关键词　财政分权；区域创新；政府效率；门槛检验；中介效应检验

一、引言

创新是引领发展的第一动力。在中国经济步入结构转型的阵痛期，传统

① 基金项目：国家社会科学基金一般项目（16BJY172）；广东省哲学社会科学——“十三五”规划一般项目（GD16CYJ09）；广东区域金融政策研究中心项目（2017-JDXM-01）。感谢区域金融政策研究中心资助。

作者简介：吴非（1989—　），男，暨南大学经济学院博士研究生，区域金融政策研究中心特约研究员，研究方向为金融结构与制度变迁，电子邮箱：wufei@ m. scnu. edu. cn；李凤娇（1990—　），女，厦门大学经济学院博士研究生，研究方向为财税理论与政策；任玎（1984—　），女，暨南大学经济学院博士研究生，研究方向为资本市场。

粗放型发展方式已无法应对经济下行压力带来的结构性矛盾，并造成了资源短缺、环境破坏和产能过剩等问题，使我国陷入了贫困化增长的困境之中，亟须创造性破坏（Creative Destruction）来重塑经济发展模式（李扬、张晓晶，2015）。党的十九大报告指出，要加快建设创新型国家，强化战略科技力量，并将在2020年到2035年跻身创新型国家前列。2018年中央经济工作会议同样强调，要大力培育新动能，强化技术创新，推动重大技术创新取得新进展，促进大众创业、万众创新上水平。然而，目前中国距离成为创新型国家的目标仍有较大差距，创新环境不完善、制度供给不足、人才短缺、创新资源分布不均等问题已成为影响中国创新驱动转型的重大难题。

何以推动地区创新？这离不开大学—产业—政府的三股螺旋机制（Etzkowitz and Leydesdorff，2000）的旋进式推动。在这之中，单纯的市场经济个体难以有效克服创新活动的高成本、高风险和正外部性扰动，由此而产生的市场失灵显著降低了创新供给水平。上述问题，需要政府力量的介入和校正（Martin and Scott，2000）。政府作为地区创新的重要驱动，不仅能为其提供良好的外部环境，还能给予积极的政策引导和财政支持，甚至在构建适配当地创新驱动的基础条件上也多有建树。值得强调的是，无论是直接的财政科技投入，抑或是间接的基础设施构建，甚至是科技金融体系覆盖（张林，2016），均需要政府财政的力量作为支撑。财政分权（Fiscal Decentralization）作为刻画地方政府财政力量的重要指标（林毅夫、刘志强，2000；张晏、龚六堂，2005），正逐步为学界所重视。中国在20世纪所推行的财政分权体系，深刻变革了中央—地方的财政激励结构，地方政府参与辖区经济活动的方式也从根源上发生了蜕变（王文剑、仉建涛、覃成林，2007）。一个符合经济直觉的猜想是：地方财政分权对于区域创新而言同样有着重要作用。但综观现有研究发现：其一，文献多集中在财政分权—经济增长的探讨上（林毅夫、刘志强，2000；张晏、龚六堂，2005；刘冲、乔坤元、周黎安，2014），虽然本文并不否认上述研究为深刻理解财政分权提供了相当丰富的经验素材，但在中国当前创新驱动转向的大背景下，探讨财政分权—区域创新的新范式可能更契合新时代需求；其二，现有文献偏好简单刻画财政分权与特定经济变量之间的关系，暂不论这种研究方式难以揭示变量间的作用机制，仅就政府属性来看，财政分权必然会受到政府运作效率的影响，脱离政府资源的运作效率而探讨自身财政资源（创新支持）的有效度显然是失之偏颇的，甚至还会造成严重的变量遗漏偏误；其三，在探索财政分权与特定经济变量之间的关系上，殷德生（2004）认为，未来中国财政制度的挑战在于如何划定适宜的财政分权水平区间，这对变量间可能存在的非线性关系提出了更高的判别要求，而现有文献多采用二次项来进行估计（郑磊，2008；邓明、王劲波，2014），这种相对粗糙的技术处理手段容易导致实证结果的偏误①。

综上所述，本文可能的创新之处在于：第一，在内容上，将原有的财政分权—经济增长的研究范式提升为财政分权—地区创新的新框架，并在这个基础上嵌入政府运作的效率因素，从政府制度层面的角度来探讨财政分权与地区创新之间的关系；第二，在技术上，采用了 Hansen（2000）的门槛回归模型来捕捉数据的结构性突变引致的非线性信息，还采用温忠麟等（2004）的中介检验模型，以进一步厘清地方政府效率影响下的财政分权是如何影响到地区创新的。基于此的实证演绎能够更好地解读财政分权作用于地方创新的路径机制，为政学业三界提供有丰富经验支撑的政策建议。

二、理论文献梳理与述评

随着中国经济进入结构性减速的新常态，创新驱动战略对经济发展的重要作用得到了诸多文献的肯定，与创新相关的文献相对较多。然而，鲜有文献探讨财政分权对创新的影响。相关的讨论可归类为两类线索：第一，财政分权对经济增长的影响。地方政府财权的扩大使得政府能够给予当地经济发展更多支持引导，给国民经济增长带来正向激励（刘小勇，2008；刘冲、乔坤元、周黎安，2014）。第二，地方政府财权的扩大有利于实现有效的公共物品

① 需要补充说明的是，经济变量间的关系并非仅框限在倒“U（N）”形抑或是“U（N）”形等特征上。在更普遍的情况下，自变量 X 对因变量 Y 的影响，在保持影响正负方向一致的情况下，在不同经济阶段中极有可能展现出影响速率的分化。譬如，X 对 Y 的影响持续为正，但在 A 区间中的斜率系数较之 B 区间中的斜率系数更大（或相反）。这种情况显然无法通过引入的平方项或立方项加以解决，这需要新的计量技术加以分析检验。

供给(Oates and Schwab，1988；Faguet，2004)，从而提升了当地的社会福利水平。但也有学者得出了与此相反的结论，如殷德生(2004)研究认为，地方财政分权既未提增地区经济动能，又加剧了地区间差异分化，甚至还恶化了当地的环境状况(郑洁、付才辉、张彩虹，2018)，其可能的原因在于，财政分权程度较大的地方政府，体制灵活度不足，较大程度的财政分权反而为寻租提供了空间(傅勇，2010)。

不难发现，已有文献尚未达成一致的理论框架，对于财政分权与创新之间的探讨更是鲜见。事实上，财政分权能够促使当地经济快速增长(沈坤荣、付文林，2005)，这种经济增长的良好态势理应能为区域创新提供合理的基础条件支撑。此外，基于财政分权下的地方政府掌握了更多资源，政府可以通过直接的财政补贴对企业创新活动进行引导(安同良、周绍东、皮建才，2009)，亦可以助力财政科技投入(周克清、刘海二、吴碧英，2011)。然而需要注意的是，财政分权具有明显的短期性特征，地方政府在晋升锦标赛氛围的长期浸染下，有动机扩大财政规模，追求自身利益，极易走入唯 GDP 论的误区(周黎安，2007)。为了提增地区经济总量、吸引投资抑或是扩大税收规模，地方政府难免会减弱对创新活动的关注，以至于许多文献观察到，地方财政分权的扩大对科研创新等间接有益的公共支出展现出了明显的抑制效果(周亚虹、宗庆庆、陈曦明，2013；Jia et al.，2014；Zhang et al.，2016)，甚至那些直接助力地区创新的财政科技投入也面临着类似的困境(白俊红、戴玮，2017)。在这种为了实现经济快速增长而竞争的导向下，地方政府难以确保财政使用的高效率(平新乔、白洁，2006)，想要以此提升地区创新活跃度还存在很大难度。当然，自“九五”计划提出转变经济增长方式以来，“绿色”增长的概念越来越受到政府重视(韩晶、张新闻，2016)，这种发展观念的转变可能使得政府更加重视长期性的创新能力的培育，最终促进当地创新发展。可以预见，为创新而竞争的新导向可能会影响地方财政分权作用于地区创新的机制路径乃至最终效果。但遗憾的是，目前并未有相关文献对此进行详细阐述。

目前与财政分权—地区创新这一框架直接对接的文献较为匮乏，本文只能从相关的文献中提取侧面信息。不难发现，从已有文献推演得到的结论多有冲突，难以达成令人信服的理论框架。本文认为，在中国的财政分权体制下，影响地方政府公共供给（创新）效果的因素不外乎两类：第一类是地方政府的公共服务支出不足；第二类是公共服务供给过程中有着低效乃至无效的症结。诸多文献探讨了第一类原因，即财政分权体制下的支出存在强烈偏差（平新乔、白洁，2006；Jia et al.，2014），以至于产生了目标偏移效果。但现有文献对第二类原因的探讨并不多见（陈诗一、张军，2008），将政府效率与财政分权相结合，以探讨对创新活动的支持作用的文献更是罕见。在地方政府普遍面临财政预算边界的现实约束下，如何提高政府效率，以优化等量投入的创新产出效果，对于实现国家的创新驱动目标导向而言，有着举足轻重的作用。特别是，随着地方财政投入的绝对量不断增加，政府对资源的运作效率的轻微变动，也能够对创新驱动的既定目标产生极大的影响（刘振亚、唐滔、杨武，2009）。鉴于此，本文拟在财政分权—地区创新的分析范式中考量地方政府的财政效率问题，这也是理解地方政府财政分权影响地区创新活动的重要线索和逻辑路径。

客观来看，政府运作效率极大地影响地方政府促进地区（创新）经济活动的积极性和有效性（杨晓兰、周业安，2017）。运作效率较高的地方政府，更有可能克服地方发展中的短视行为，从而加大对长期发展有益的创新等发展的财政倾斜，支出结构更加科学合理，资金利用更加有效。特别是，高效率的政府在完善当地基础设施建设、提升教育科研水平方面也将发挥重要作用，可能会对当地创新发展产生正向影响。然而，政府追求的以经济发展为主要目标的政策导向使得政府更偏爱经济增长迅速的短期绩效，支出结构具有生产性偏差，在扭曲的发展偏差得不到校正的情况下，政府效率提高只能导致现有的财政资源以更快速的方式流向短期发展项目之中，反而不利于经济质量的提升（姜琪，2016）。从另一个角度来看，低效的政府极易发生财政支出结构扭曲，缺乏动力支持公共基础设施建设（李永友，2011）。同时，政府的低效率使得自身在监管资金运作方面能力不足，如对财政科研支出的监管发生缺位（尚虎平、叶杰、赵盼盼，2012），对创新发展也很难产生正面影响。当然，上述理论仅停留在理论推测上，在财政分权—地区创新的研究范式中纳入地方政府效率后，其影响方向究竟如何，仍需要翔实的实证检验来佐证。

三、研究设计

（一）数据来源

各省份的银行业存贷余额、GDP、财政、产业结构等数据来源于各地区的历年统计年鉴，地区人口数据来源于中经网统计数据库，地区的财政科技支出来自前瞻网数据库和《全国科技经费投入统计公报》，相关的创新专利数据、地区税收数据来自中华人民共和国国家统计局网站。考虑到数据可获性和口径差异，本文截取 1999—2016 年中国大陆 30 个省份的平衡面板数据（不含西藏）作为研究载体。

（二）变量设定

（1）被解释变量。

区域创新变量组（*Pat*）。本文拟以中国各省专利产出数据来测度区域创新能力。在专利数据的甄别上，有两套数据体系，一为专利申请数；二为专利授权数。本文认为，在中国专利申请参差不齐甚至存在大量冗余的现状下，采用专利授权数更能剔除创新数据中的噪声。值得强调的是，现有的文献中大多仅是为了降低异方差的扰动而对专利数据进行对数化处理，而忽略了支撑这些专利数据的经济基础条件。为此，本文将专利申请授权数同地区 GDP 的比值作为地区技术创新能力（创新密度）的测算指标（吴非等，2018），得到了 *InvenGDP*（发明专利数/*GDP*）、*UtiGDP*（实用新型专利数/*GDP*）和 *DesGDP*（外观设计专利数/*GDP*）三个创新能动性递减的数据体系。

（2）核心解释变量。

财政分权（*FD*）。财政分权实质上是纵向政府间的财力转移，此类指标多用于测算地方政府财政力量的相对富足程度（张晏、龚六堂，2005）。综观国内外的研究文献，主要从财政收入和财政支出两条路线进行刻画，即通过地方政府财政收入(支出)与中央级别的财政收入(支出)的比值来计算财政分权程度(Jin and Zou，2002)。本文并不否认上述做法的有效性，但值得注意的是，在中国情境中，中央政府会对特定地方给予大量的财政转移支付，这已成为分税制改革后平衡地区间财力失衡的重要手段，如果简单通过财政支出占比来进行测度，则极有可能会高估地方政府的有效财力。鉴于此，本文拟从财政收入的视角对其进行测度。财政分权程度(*FD*)越大，意味着地方政府的相对财力越富足，则更具备能力来推动当地的创新发展，二者理应呈现正向关系(蒋文华、周钰玲、谭建立，2017)。

(3) 门槛变量。

政府效率(*TFP*)。关于政府效率的估计，目前主要有参数分析与非参数估计(如数据包络分析 DEA 等)，考虑到数据包络分析方法对生产函数设定较少等优势，本文采用数据包络分析方法测算地方政府效率。借鉴以往文献做法(解垩，2007；陈诗一、张军，2008)，本文选取三个层面的产出指标：一是教育水平，其中包括普通高等学校教职工总数以及普通高等学校在校学生数两个子指标；二是基础设施水平，包括公路里程、发电量以及有效灌溉面积三个指标；三是卫生水平，包括卫生技术人员数和医疗卫生机构床位数。同时，将地方财政一般预算支出作为地方政府投入指标，进而估算出政府一般性的运行效率(*TFPG*)。另外，针对本文研究主题，对各地创新效率也采用 DEA 进行估算。其中将三种维度创新指标(国内发明专利申请授权量、国内实用新型专利申请授权量、国内外观设计专利申请授权量)作为创新产出，将财政科技投入作为创新投入进行测算，从而测算出了政府支持创新活动的效率水平(*TFPI*)。表 1 对数据包络分析使用数据进行了汇总。进行数据包络分析之前，本文对数据进行了简单处理。具体而言，如对教育水平，先用普通高等学校教职工数和在校学生数分别除以当年均值，然后将正规化后的子指标简单平均，其余相关指标处理方法类同。

表 1　中国地方政府运营效率的指标测度体系：DEA 非参数测算法

变量	投入产出分类指标	职能指标	数据说明
政府一般性活动效率（*TFPG*）	产出指标	教育	普通高等学校教职工总数/万人
			普通高等学校在校学生数/万人
		基础设施建设	公路里程/万公里
			发电量/亿千瓦小时
			有效灌溉面积/千公顷
		卫生	卫生技术人员数/万人
			医疗卫生机构床位数/万张
	投入指标	财政支出	地方财政一般预算支出/亿元
政府创新性活动效率（*TFPI*）	产出指标	创新活动	国内发明专利申请授权量/项
			国内实用新型专利申请授权量/项
			国内外观设计专利申请授权量/项

（4）控制变量组。

借鉴既有文献，本文加入了一系列能影响地区创新的变量。如外商投资企业投资总额（*FDI*）、地方基础设施建设水平（*Infrastructure*，以地方公路里程数表征地区基础设施建设水平）、技术市场成交额（*TMT*）、地方人均 GDP（*P_GDP*）、地方税负水平［*TAX_Burden*，（增值税+营业税+企业所得税+个人所得税）/地方 *GDP*］、财政科技投入强度（*TFI*，财政科技投入/*GDP*）、高等学校在校生数（*HEP*）等。详细的描述性统计见表 2。

表 2　描述性统计

变量	Obs	Mean	Std. Dev.	Min	Max
InvenGDP	540	0.1321573	0.1692814	0.0093352	1.581746
UtiGDP	540	0.5394336	0.4201732	0.0625782	2.902195
DesGDP	540	0.3229116	0.4119507	0.0336353	3.251274
FD	540	0.0323152	0.0263618	0.001862	0.143581
TFPG	540	0.9992481	0.1161695	0.672	3.005
TFPI	540	1.065902	0.3368327	0.121	2.478
TMT	540	121.2667	353.7949	0	3940.98
HEP	540	0.0139142	0.0074517	0.0015229	0.0356502

续表

变量	Obs	Mean	Std. Dev.	Min	Max
Infrastructure	540	10. 36372	7. 095459	0. 42	32. 41
FDI	540	8. 466332	1. 392408	4. 430817	11. 69265
P_GDP	540	28023. 69		2545	
TAX_Burden	540	0. 0276801	22810. 44	0. 0131232	118198
TFI	540	24. 94214	0. 0145395	3. 130299	0. 1257847

（三）实证策略与模型设定

为了分析地方财政影响区域创新能力的特异机制，本文首先设定模型（1），以考察财政分权水平对区域创新能力异质性的影响。

$$Pat_{it}=\alpha+\beta_1 FD_{it-1}+\sum \Phi CV+\varepsilon_{it} \tag{1}$$

其中，专利状况 Pat_{it} 为被解释变量，包含了三个层次的创新专利（$InvenGDP_{it}$、$UtiGDP_{it}$ 和 $DesGDP_{it}$），核心解释变量 FD_{it-1} 为地方财政分权水平。在控制变量组 CV 中，包含了外商投资企业投资总额（FDI_{it}）、地方基础设施建设水平（$Infrastructure_{it}$）、技术市场成交额（TMT_{it}）、地方人均 GDP（P_GDP_{it}）、地方税负水平（TAX_Burden_{it}）、财政科技投入强度（TFI_{it}）、高等学校在校生数（HEP_{it}）等。ε_{it} 为模型随机误差项。考虑到专利创新产出的时效问题，且为了尽可能地降低反向因果的干扰，本文对核心解释变量（FD）进行滞后一期处理。在基准回归中：第一，采用了最小二乘估计（OLS）方法，并控制了地区和时间的固定效应；第二，采用 Driscoll-Kraay 的 SCC 模型校正技术，这种方法将 White-Newey 的估计扩展到面板情形，考虑到了异方差、组内自相关和组间截面相关存在的情况，又能保证固定效应实施效果，对本文的短面板数据结构尤为适用。

根据 Hansen（2000）的经典研究，通过非线性面板门槛进行回归检验，能够对样本的数据进行有效识别，其捕捉经济系统中的结构性突变能力尤为显著，且还具有一般面板数据模型中的良好特性，亦可以在数据处理中考虑到相关的固定效应问题，能够较好地处理经济变量变化中由结构性突变引致的非线性因素①。由此，为实证解读财政分权水平与区域创新能力关系中的非线性门槛效应，本文进一步建构以财政分权指标为门槛变量的门槛面板模型，而在无法决定具体门槛数量的条件下，本文设定了多门槛面板模型(2)进行检验。根据 Hansen(2000)的门槛回归模型，采用了 Bootstrap 自抽样的方法来模拟 F 统计量的渐进分布，进而得到相伴概率 P 值和置信区间。

$$Pat_{it}=\alpha+\beta_1 FD_{it-1}I\ (FD\leqslant\gamma_1)\ +\beta_2 FD_{it-1}I\ (\gamma_1<FD_{it-1}\leqslant\gamma_2)$$
$$+\cdots+\beta_n FD_{it-1}I\ (\gamma_{n-1}<FD_{it-1}\leqslant\gamma_n)\ +\beta_{n+1}FD_{it-1}I\ (FD_{it-1}>\gamma_n)\ +\varepsilon_{it}\quad (2)$$

其中，$I(\cdot)$为指示函数，FD_{t-1}为门槛变量，γ 为变量的 N 重门槛值组，其余同上。

如上文所述，政府的运行效率在很大程度上决定了地方财政分权的有效程度。为此，本文拟通过门槛模型来捕捉政府运行效率框架下的财政分权水平是否会影响到区域创新变化[见模型(3)]。

$$Pat_{it}=\alpha+\beta_1 FD_{it-1}I\ (TFP_{it-1}\leqslant\theta_1)\ +\beta_2 FD_{it-1}I\ (\theta_1<TFP_{it-1}\leqslant\theta_2)$$
$$+\cdots+\beta_n FD_{it-1}I\ (\theta_{n-1}<TFP_{it-1}\leqslant\theta_n)\ +\beta_{n+1}FD_{it-1}I\ (TFP_{it-1}>\theta_n)\ +\varepsilon_{it}\quad (3)$$

其中，门槛变量组为 TFP_{it-1}，包含两组地方政府运行效率的变量：一是以地方政府支持创新活动为基准的效率值 $TFPI_{it-1}$；二是以地方政府一般性公共物品活动为基准的效率值 $TFPG_{it-1}$，θ 为相应的 N 重门槛值组，其余同上。

四、实证结果及经济解释

(一) 基准回归

以财政分权水平作为门槛变量的实证结果及显著性情况见表 3 和图 1~图 3 。如表 3 所示，以三组不同的创新测量维度(*InvenGDP*、*UtiGDP* 及

① 在解决数据回归的非线性问题上，过往研究有两种惯用手法：其一，加入核心解释变量的平方项。但该方法的一个重大局限是无法避免变量自身与平方项间的高度共线性。其二，引入与核心解释变量交互的虚拟变量。但该方法的一个重大困难是无法准确估算结构突变值(即在何区间时虚拟变量取 1)，以至于只能通过主观判断抑或是缺乏科学基础的常规手法(均值、中位数等)来界分，极容易导致回归误差。有鉴于此，本文拟不采用这两类方法进行研究。

DesGDP）进行检验，财政分权的单重门槛检验通过，而双重乃至三重门槛检验无法通过，由此财政分权与地区创新活动之间的单重门槛效应得到验证。图 1~图 3 分别汇报了以财政分权作为门槛变量对三个因变量分别进行门槛检验的 LR 值情况。可以看到，上述三个模型的 LR 值都通过了置信检验，相关门槛值估计均真实有效。

表 3　门槛存在性检验：FD_{it-1}

模型	因变量	F 值	P 值	临界值		
				10%	5%	1%
单重门槛	$InvenGDP_{it}$	118.26***	0.0000	23.4086	28.0477	40.4113
	$UtiGDP_{it}$	47.96*	0.0400	41.7857	53.1067	62.1417
	$DesGDP_{it}$	85.42**	0.0200	39.9318	46.7698	91.2870
双重门槛	检验未通过，不存在双重门槛					
三重门槛	检验未通过，不存在三重门槛					

注：***、** 和 * 分别表示在 1%、5%和 10%水平上显著。

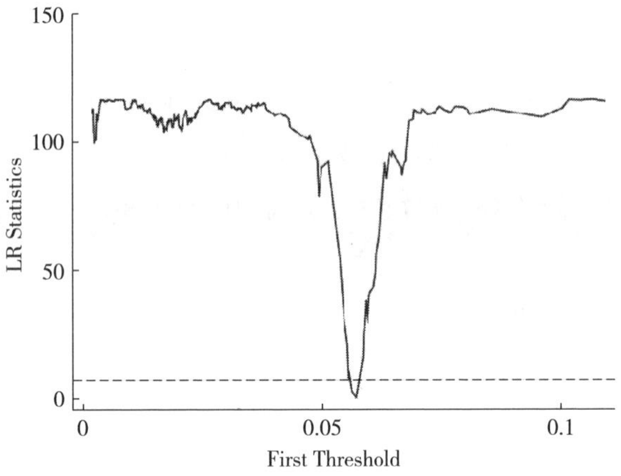

图 1　门槛值与置信区间（因变量 *InvenGDP*）

于此，本文正式进行财政分权与区域创新的基准回归。由表 4 可知，财政分权（*FD*）对全部层次的区域创新活动都呈现出显著的促进作用（至少都通过了 5%的显著性检验）。本文认为，在财政分权水平较高的地区，地方政府拥有更高的财政自主权，能够获得更多的地方财政收入，因而有足够的能力

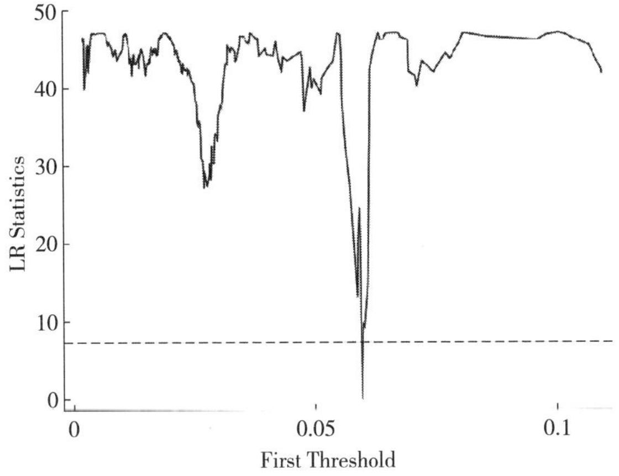

图 2　门槛值与置信区间（因变量 *UtiGDP*）

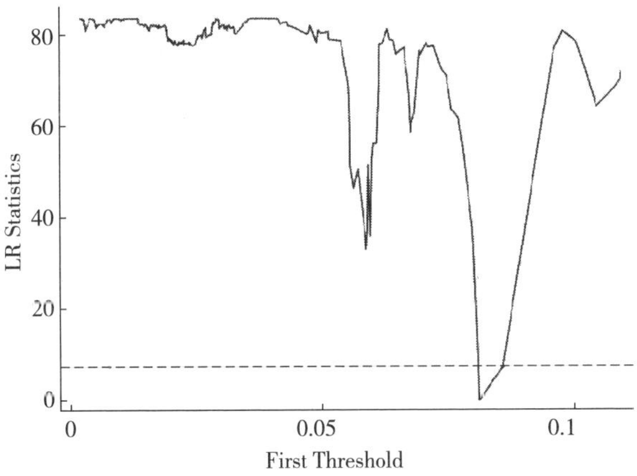

图 3　门槛值与置信区间（因变量 *DesGDP*）

为地区创新活动提供财政支持，比如提升有利于创新活动的要素供给能力、改善适配地区创新活动的基础条件、为技术研发创新活动提供财税支持等。这说明，在当前中国区域发展进程中，地方政府的财政分权有着十分重要的作用，特别是在当前创新驱动转型的大背景下，只有那些财政力量富足（抑或说财政分权程度较大）的地方政府才能有效供给那些适配创新且具有明显正外部性的公共物品。上述结论，在经过 Pooled-OLS 和 SCC-FE 检验后，都保持了较强的稳健性。

表 4　财政分权与区域创新：基准回归

	M(1) $InvenGDP_t$	M(2) $UtiGDP_t$	M(3) $DesGDP_t$	M(4) $InvenGDP_t$	M(5) $UtiGDP_t$	M(6) $DesGDP_t$	M(7) $InvenGDP_t$	M(8) $UtiGDP_t$	M(9) $DesGDP_t$
FD_{t-1}	2. 200** (2. 53)	10. 694*** (4. 49)	19. 930*** (4. 44)	2. 200** (2. 49)	10. 694*** (4. 83)	19. 930*** (3. 69)			
TMT_t	0. 024*** (3. 69)	-0. 004 (-0. 19)	0. 016 (0. 92)	0. 024*** (4. 45)	-0. 004 (-0. 30)	0. 016 (1. 25)	0. 036*** (6. 46)	0. 059 (1. 65)	0. 025 (0. 93)
HEP_t	0. 550 (0. 20)	15. 952*** (3. 22)	4. 742 (0. 91)	0. 550 (0. 17)	15. 952* (2. 17)	4. 742 (1. 59)	1. 554 (0. 94)	-9. 023 (-0. 77)	0. 910 (0. 16)
$Infrastructure_t$	0. 021 (0. 95)	0. 345*** (5. 19)	0. 298*** (4. 42)	0. 021 (0. 89)	0. 345*** (3. 95)	0. 298*** (4. 10)	-0. 062*** (-3. 63)	-0. 058 (-0. 82)	0. 142* (1. 96)
FDI_t	-0. 001 (-0. 07)	-0. 026 (-0. 72)	-0. 045 (-1. 15)	-0. 001 (-0. 09)	-0. 026 (-0. 66)	-0. 045 (-0. 88)	-0. 005 (-0. 45)	-0. 033 (-0. 62)	0. 038 (1. 21)
P_GDP_t	-0. 220*** (-7. 16)	-0. 666*** (-5. 88)	-0. 481*** (-3. 89)	-0. 220*** (-7. 99)	-0. 666*** (-4. 80)	-0. 481*** (-3. 32)	0. 021 (1. 23)	0. 113 (0. 86)	-0. 114 (-1. 70)
TAX_Burden_t	5. 162*** (3. 10)	0. 537 (0. 21)	-7. 690*** (-3. 28)	5. 162*** (3. 81)	0. 537 (0. 19)	-7. 690** (-2. 43)	4. 615*** (8. 08)	0. 519 (0. 15)	-7. 759* (-2. 01)
TFI_t	0. 002*** (3. 53)	0. 008*** (6. 12)	0. 002** (2. 16)	0. 002** (3. 08)	0. 008*** (4. 48)	0. 002** (2. 48)	0. 002*** (8. 14)	0. 007*** (3. 05)	0. 003 (1. 62)
FD_{t-1} ($FD_{t-1} \leq \gamma$)							-1. 924*** (-3. 18)	8. 924 (1. 54)	3. 976 (0. 90)

续表

	M(1) $InvenGDP_t$	M(2) $UtiGDP_t$	M(3) $DesGDP_t$	M(4) $InvenGDP_t$	M(5) $UtiGDP_t$	M(6) $DesGDP_t$	M(7) $InvenGDP_t$	M(8) $UtiGDP_t$	M(9) $DesGDP_t$
FD_{t-1} ($FD_{t-1}>\gamma$)							2.659*** (4.85)	15.492*** (3.55)	13.941*** (5.81)
_cons	2.129*** (6.89)	6.357*** (5.27)	4.407*** (3.55)	2.146*** (6.58)	6.403*** (5.25)	4.472*** (3.14)	-0.224* (-1.79)	-0.809 (-0.90)	0.673 (1.37)
时间虚拟变量	Yes	Yes	Yes	Yes	Yes	Yes	No	No	No
地区虚拟变量	Yes	Yes	Yes	No	No	No	No	No	No
模型选择	Pooled-OLS 模型			SCC-FE 模型			Threshold-FE 模型门槛变量：FD_{t-1}		
Prob>F(chi2)	0.0000	0.0000	0.0000	0.0000	0.0000	0.0000	0.0000	0.0000	0.0000
N	510	510	510	510	510	510	510	510	510
R^2/Within-R^2	0.892	0.806	0.765	0.748	0.644	0.291	0.724	0.565	0.336

注：***、**和*分别表示在1%、5%和10%水平上显著；括号中的t统计量经过了Robust调整。下文同。

不难发现，表 4 中的财政分权对创新的促进效应有着典型的结构性差异。具体而言，尽管较高程度的财政分权对三种维度的创新活动均呈现出显著的正向影响，然而这种影响的大小是不同的：对较高质量的发明专利的影响量级较小，对实用新型以及外观设计专利的促进作用较大。出现这种现象可能是因为地方政府的财政分权具有一定的短期性特质，对于周期较短、风险较低的中低端创新活动有较强偏好，而对高质量创新活动的偏好则有所减弱。值得强调的是，这种现象不必然是地方政府对高质量创新活动存有偏见的结果。本文认为，创新研发活动的难度层级和所需要的（财政）支持呈显著的正相关关系，等量的支持力度引致的创新活动产出弹性，理应随着创新活动难度的提升而呈现递减规律，该解释更能契合当前中国创新活动的现实逻辑。

进一步而言，本文考虑财政分权对创新的门槛效应［M（7）~M（9）］。研究结果表明，较低程度的财政分权无法带来地区创新能力的有效提升（对实用新型以及外观设计创新活动的影响为正但不显著），甚至对高质量创新活动还有着显著的抑制作用。这可能是因为，较低水平的财政分权下，地方政府的财政力量较弱，在面临一般性经济、社会事务时常会陷入财政资源捉襟见肘的困局（张晏、龚六堂，2005），更不用说调动财政资源以支持技术创新活动了。尤其是高质量创新活动（发明专利创新）的投入和风险更高，地方政府的有限支持难以带来有效的创新产出。因此，从该类活动中抽离出相应的财政资源则大多成为当地政府的理性之选。然而，当地方政府的财政分权水平跨越过门槛值时（财政分权较大），则展现出了较为积极的作用。FD_{t-1}对三种不同层次的创新活动的促进作用都通过了 1%显著性水平的检验。这表明，当地方财政分权程度较高时，政府更有能力引导当地创新活动，能够进一步为地方创新活动提供适宜的基础设施条件，从而对创新产出全面提升起到了促进作用。

（二）基于地方政府效率的“财政分权—区域创新”门槛效应分析

财政分权与政府对资源的运作效率息息相关。简言之，地方政府财政分权对创新活动的支持必然受到当地政府效率的影响。为了避免遗漏变量导致的研究偏误，本文引入了地方政府效率变量作为门槛变量，以清晰刻画在地方政府运作效率的影响下，财政分权如何对区域创新产生影响。

表 5 将三种层次的创新指标作为因变量，检验了地方政府效率［创新效率（*TFPI*）、运营效率（*TFPG*）］的门槛数量以及对应的门槛值。结果显示，方程通过了单重和双重门槛检验，但并不支持三重门槛的存在。通过对比门槛参数估计值的似然比检验统计量 LR 发现，门槛估计值处在真实值接受域的范围内①。综上可以判断，在政府运作效率的影响下，财政分权与区域创新能力之间存在着显著的非线性（二重）门槛效应。

表 5 门槛存在性检验：$TFPI_{it\ 1}$和 $TFPG_{it-1}$

模型	因变量	门槛变量	F 值	P 值	临界值		
					10%	5%	1%
单重门槛	$InvenGDP_{it}$	$TFPI_{it-1}$	10.44*	0.1000	10.3619	11.5986	28.6171
		$TFPG_{it-1}$	16.35***	0.0000	7.3475	9.2701	11.6882
	$UtiGDP_{it}$	$TFPI_{it-1}$	10.65**	0.0200	7.4133	8.3012	11.1127
		$TFPG_{it-1}$	8.35*	0.0800	7.5886	14.096	19.7517
	$DesGDP_{it}$	$TFPI_{it-1}$	21.31**	0.0400	9.1581	19.6409	30.439
		$TFPG_{it-1}$	12.6***	0.0000	8.3227	11.2578	12.4899
双重门槛	$InvenGDP_{it}$	$TFPI_{it-1}$	19.25**	0.0200	11.5948	14.2745	26.3991
		$TFPG_{it-1}$	7.88*	0.1000	7.6818	15.4504	16.4712
	$UtiGDP_{it}$	$TFPI_{it-1}$	10.68**	0.0400	6.6734	10.6285	13.9704
		$TFPG_{it-1}$	18.56***	0.0000	9.6627	11.2479	11.983
	$DesGDP_{it}$	$TFPI_{it-1}$	37.58***	0.0000	10.9869	15.1798	23.6088
		$TFPG_{it-1}$	14.03**	0.0200	10.0194	12.2909	34.1517
三重门槛	检验未通过，不存在三重门槛						

① 鉴于篇幅原因，本文并未报告 LR 值对比图，有兴趣的读者可向作者索取。

从表 6 的回归结果可以发现，无论是以地方政府的创新效率（*TFPI*）还是以地方政府的一般性效率（*TFPG*）作为门槛变量，其实证结果都具有高度的一致性特征①。具体来看，地方政府（创新）运作效率确实在财政分权—区域创新中扮演了重要的角色。在地方政府（创新）运作效率较低的区间中，地方政府的财政分权仅能促进中低端技术创新活动，而对高端技术创新活动并没有展现出显著的促进功效。确实，中低端创新活动技术层次低、所需的资源相对较少，在一定强度的财政支持下，即便政府的效率不尽如人意，也能够带来相对可观的创新产出；而高端创新活动对经济资源、创新环境等要求较高，在仅有财政资源支持而政府效率不足的情境中，也不足以展现出显著的产出增益。在此经济逻辑下，可以预见的是，在维系一定财政分权强度的条件下，若地方政府（创新）运作效率提升，则会对高端技术创新活动产生明显的促进作用。事实确实如此，随着政府（创新）运作效率提升至第二区间，政府在推动创新特别是推动高水平创新活动上更加游刃有余，财政分权的促进作用得以展现（系数为正且都通过了 5%的显著检验）。上述实证经验和经济逻辑一致性地指出，政府的（创新）运作效率提升，有助于提高辖域内财政分权支持创新的层次。然而值得深思的是，政府的（创新）运作效率越高越好吗？在表 6 中，在政府（创新）运作效率的高强度区间中，财政分权对区域创新的系数依旧为正，但相应的 t 统计量偏小，无法通过任何惯常水平下的显著性检验。这说明，在政府高效率的条件下，财政分权并不必然对创新产生积极作用。其可能的原因在于，当地方政府创新效率达到较高水平时，此时财权扩大对创新活动的增益存在边际递减的影响，当创新效率过高时，区域创新可能已经处于较高水准，政府对高水平创新活动的激励空间缩小，此时政府想要进一步推动高端创新的难度增大，因而显著性水平降低。当然，如若地方政府的工具理性心态过于强烈，即更重视短期的经济、创新绩效，则过高的运作效率并不一定促成高端创新的增益效果。这是因为，在短期性行为的扰动下，

① 尽管表征的实证逻辑是一致的，但二者又有着微妙的不同。具体来看，在地方政府的创新效率（*TFPI*）组别中的系数较之于一般性效率（*TFPG*）而言更大，说明地方政府利用科技资源的效率在影响区域创新活动上确实更为重要。

高效率的运作体制会进一步加快财政资源流向那些多快好省的经济、创新项目，从而导致了对高端创新活动的挤出效果。

表 6　财政分权、地方政府效率与区域创新：非线性门槛检验

	M(1) $InvenGDP_t$	M(2) $UtiGDP_t$	M(3) $DesGDP_t$	M(4) $InvenGDP_t$	M(5) $UtiGDP_t$	M(6) $DesGDP_t$
FD_{t-1} ($TFPI_{t-1} \leq \alpha_1$)	1.232 (0.80)	14.651*** (3.64)	15.211** (2.60)			
FD_{t-1} ($\alpha_1 < TFPI_{t-1} \leq \alpha_2$)	3.450** (2.16)	10.738*** (3.90)	26.769*** (3.62)			
FD_{t-1} ($TFPI_{t-1} > \alpha_2$)	1.580 (1.10)	17.289*** (4.18)	15.124** (2.72)			
FD_{t-1} ($TFPG_{t-1} \leq \beta_1$)				0.159 (0.24)	16.773*** (3.87)	18.563*** (2.97)
FD_{t-1} ($\beta_1 < TFPG_{t-1} \leq \beta_2$)				1.256** (2.13)	9.671** (2.26)	11.132** (2.10)
FD_{t-1} ($TFPG_{t-1} > \beta_2$)				0.681 (1.10)	14.082*** (3.49)	14.864** (2.62)
门槛变量	地方政府 $TFPI_{t-1}$(创新效率)			地方政府 $TFPG_{t-1}$(运营效率)		
控制变量	Yes	Yes	Yes	Yes	Yes	Yes
Prob>chi2	0.0000	0.0000	0.0000	0.0000	0.0000	0.0000
N	510	510	510	510	510	510
Within-R^2	0.665	0.551	0.302	0.667	0.561	0.263

(三) 基于地方政府效率的“财政分权—区域创新”机制传导路径分析

前文的实证检验对财政分权—政府效率—区域创新的经济进行了详尽的探讨。但必须承认的是，前文并没有针对其中的发生机制进行解读。鉴于此，本文借鉴温忠麟等(2004)的中介效应模型，结合本文研究背景建立如下模型检验中介发生机制效应，以探讨在高效率政府运作的情景下，财政分权是如何促进地区创新的①。

① 考虑到研究结论的一般性，本文选取了地方政府的一般性运作效率指标(*TFPG*)同财政分权(*FD*)进行交互处理。当然，为了最大化本项研究，本文亦采用了地方政府的创新效率指标(*TFPI*)，相关的研究结论保持稳健，相关结果存留备索。

$$Pat_{it+1}=\varphi_0+\varphi_1\ (FD_{it-1}\times TFIG_{it-1})\ +\sum \Phi CV+\omega_{it} \tag{4}$$

$$Mediator_{it}=\theta_0+\theta_1\ (FD_{it-1}\times TFIG_{it-1})\ +\sum \Phi CV+\tau_{it-1} \tag{5}$$

$$Pat_{it+1}=\varphi_0'+\varphi_1'(FD_{it-1}\times TFIG_{it-1})\ +\varphi_2' Mediator_{it}+\sum \Phi CV+\zeta_{it} \tag{6}$$

其中，$Mediator_{it}$代表中介变量，本文选取了同财政分权密切相关且能对区域创新活动产生重要影响的因素进行检验，甄选了地区生产总值（*GDP*）、国有固定资产投资（*SOI*）、地区基础设施建设（*Infrastructure*）、财政科技投入（*TFI*）、一般性预算支出（*GOV-Expenditure*）①。考虑到传导机制发挥作用存在明显的滞后性，且为了进一步克服反向因果的干扰，本文对地区创新变量 *Pat* 进行前置一期处理，中介变量组 *Mediator* 仍保持当期数值，财政分权选取滞后一期，并按照模型（4）~模型（6）进行实证分析，结果见表 7。

在以地区生产总值为中介变量的回归中［M（1）~M（3）］，θ_1 为正且通过了 1%水平的显著性检验，这意味着在高效率政府支撑下的财政分权对地区经济增长产生了显著正面的影响。具备高效率的地方政府，在财政资源的使用上更具效力，能够为地区经济增长提供适宜的基础设施等条件，由此展现出促进效果并不意外。然而，这种经济的快速增长对于区域创新的发展而言裨益不多，甚至有着强烈的抑制作用（φ_2'系数为负且都至少通过了 5%的显著性检验），经济增长（短期性）与创新活动（长期性）之间的错构现象十分明显。这说明，地方政府如若将过多精力放在经济增长上，则有可能挤出对创新活动的支持，从而展现出财政分权→（促进）经济增长→（抑制）区域创新的负向机制路径。

在经济转轨进程中，地方政府正逐步调整自身财政资源的流向，使其更加契合市场需求，而不是简单地将其注入国有经济之中。一方面，这是为了让有限的财政资源充分涌流，以达到经济效益最大化；另一方面，这也是为了符合当前市场化改革的政策导向。确实，国有经济及其投资活动的经济效率低迷长期得不到改观（吴延兵，2011；董梅生、洪功翔，2017），在区域的创新活动上亦多呈现出事倍功半的效果［M（4）~M（6）］，国有固定资产投资对高中端的创新活动的负面作用也十分强烈。由此，在经济（创新）发展高要

① 对于中介变量组中的非比值型变量，本文统一进行了对数化处理，以尽可能地消除模型中存在的异方差问题。

表 7　财政分权、地方政府效率与区域创新：中介效应模型

因变量	M(1) $InvenGDP_{it+1}$	M(2) $UtiGDP_{it+1}$	M(3) $DesGDP_{it+1}$	M(4) $InvenGDP_{it+1}$	M(5) $UtiGDP_{it+1}$	M(6) $DesGDP_{it+1}$	M(7) $InvenGDP_{it+1}$	M(8) $UtiGDP_{it+1}$	M(9) $DesGDP_{it+1}$
φ_1	2. 552*** (3. 09)	10. 738*** (4. 84)	17. 928*** (8. 20)	2. 552*** (3. 09)	10. 738*** (4. 84)	17. 928*** (8. 20)	2. 552*** (3. 09)	10. 738*** (4. 84)	17. 928*** (8. 20)
θ_1	5. 419*** (7. 13)	5. 419*** (7. 13)	5. 419*** (7. 13)	-1. 040** (-2. 39)	-1. 040** (-2. 39)	-1. 040** (-2. 39)	3. 105** (2. 07)	3. 105** (2. 07)	3. 105** (2. 07)
φ_2'	-0. 410*** (-8. 50)	-0. 873*** (-6. 52)	-0. 291** (-2. 11)	-0. 694*** (-8. 19)	-1. 094*** (-4. 58)	-0. 126 (-0. 52)	-0. 140*** (-5. 48)	-0. 048 (-0. 68)	0. 191*** (2. 74)
φ_1'	4. 776*** (5. 91)	15. 468*** (6. 90)	19. 503*** (8. 47)	1. 830** (2. 37)	9. 600*** (4. 40)	17. 796*** (8. 08)	2. 987*** (3. 72)	10. 888*** (4. 88)	17. 336*** (7. 95)
时间/地区虚拟变量	Yes	Yes	Yes	Yes	Yes	Yes	Yes	Yes	Yes
Mediator	地区生产总值：$\ln GDP_{it}$			国有固定资产投资：SOI_{it}			地区基础设施建设：$Infrastructure_{it}$		
SobelTest	-5. 461***	-4. 812***	-2. 028**	2. 291**	2. 116**	0. 512	-1. 938*	-0. 6462	1. 653*
传导机制	机制有效 负向传导	机制有效 负向传导	机制有效 负向传导	机制有效 正向传导	机制有效 正向传导	机制无效	机制有效 负向传导	机制无效	机制有效 正向传导

因变量	M(10) $InvenGDP_{it+1}$	M(11) $UtiGDP_{it+1}$	M(12) $DesGDP_{it+1}$	M(13) $InvenGDP_{it+1}$	M(14) $UtiGDP_{it+1}$	M(15) $DesGDP_{it+1}$
φ_1	2. 552*** (3. 09)	10. 738*** (4. 84)	17. 928*** (8. 20)	2. 552*** (3. 09)	10. 738*** (4. 84)	17. 928*** (8. 20)

续表

因变量	M(10) $InvenGDP_{it+1}$	M(11) $UtiGDP_{it+1}$	M(12) $DesGDP_{it+1}$	M(13) $InvenGDP_{it+1}$	M(14) $UtiGDP_{it+1}$	M(15) $DesGDP_{it+1}$
θ_1	343. 722*** (3. 14)	343. 722*** (3. 14)	343. 722*** (3. 14)	5. 736*** (5. 96)	5. 736*** (5. 96)	5. 736*** (5. 96)
φ_2'	0. 005*** (17. 41)	0. 008*** (9. 37)	−0. 000 (−0. 30)	−0. 382*** (−10. 38)	−0. 609*** (−5. 70)	−0. 132 (−1. 21)
φ_1'	0. 888 (1. 39)	7. 874*** (3. 84)	18. 028*** (8. 15)	4. 745*** (6. 17)	14. 229*** (6. 38)	18. 685*** (8. 22)
时间/地区虚拟变量	Yes	Yes	Yes	Yes	Yes	Yes
Mediator	财政科技投入：TFI_{it}			一般性预算支出：$GOV\text{-}Expenditure_{it}$		
SobelTest	3. 092***	2. 979***	−0. 3019	−5. 165***	−4. 118***	−1. 188
传导机制	机制有效 正向传导	机制有效 正向传导	机制无效	机制有效 负向传导	机制有效 负向传导	机制无效

求的驱动下，高效率的地方政府，将有限财政资源从这类投资活动中抽离出来也就不难理解了。由此，地方政府的财政分权，对那些不利于区域创新活动的国有固定资产投资起到了显著的抑制作用，从而进一步打开了区域创新活动的上升空间。客观来看，当高效的地方政府具备充足的财政力量后，将财政资源注入地方基础设施建设之中成为地方政府的必由选项之一（θ_1 系数为 3.105，t 值为 2.07）。但值得进一步探讨的是，以地方财政力量支撑起的基础设施建设，能否为地区创新活动提供有效助力？答案似乎并不乐观。从 M(7) 来看，地方基础设施建设水平同区域的高端创新活动呈现出强烈的负相关，而对低端创新活动（外观设计创新）而言，却有着显著的促进功效。本文认为，以发明专利为代表的高端创新活动，更依赖于市场环境、创新氛围、人员素质等软条件，对基础设施等硬条件的依赖程度十分有限。在财政资源存在边界约束的情况下，地方政府的财政力量更多地支持基础设施建设，必然是以减少支持高端创新活动为代价的，其结果是，高端创新活动被显著挤出。尽管基础设施建设水平的提高有利于低端创新活动，但提升这类创新活动的水平并非当前提高国家（区域）创新能力的当务之急。因此，高效地方政府下的财政资源富足所带来的基础设施建设繁荣，在当前创新驱动转型的大背景下有着较大的调整空间。

地方政府的运作效率提高，加之财政力量的扩大，会自然而然地促进政府（财政科技）支出规模扩张，这也与我们的经济认知相吻合，这点从 M(10)～M(15) 中，θ_1 的系数都为正值且高度显著得以证明。但值得注意的是，地方政府的一般性支出同财政科技支出对创新的驱动作用展现出了极为明显的差异：财政科技投入（*TFI*）对区域的高、中端创新活动有着显著的促进作用，而政府一般性支出（*GOV-Expenditure*）却对这类创新有着显著的抑制效果。这说明，政府的一般性预算支出内涵十分丰富，不仅包括一般性经济、社会公共服务，还包括国防等诸多支出，难以对区域创新活动给予更多的关注，更无法为创新活动创造适宜的软硬件条件。这种一般性支出过多，甚至会进一步挤出支持创新活动的财政资源，由此对高中端的创新活动产生抑制作用。与之形成鲜明对比的是，财政科技投入的技术专项性特征十分明显，包括但不限于科技管理事务、基础研究、应用研究、试验发展、科技条件与服务、社会科学、科学技术普及、科技交流与合作等支出范畴。不难发现，政府的财政科技投入对地区的创新能力塑成有着不可替代的影响，区域内财政科技投入的增多，对较高层次的创新活动起着十分显著的助力作用。综上所述，高效政府下的财政分权对财政科技支出的增益分化为两条差异明显的路径，分别为：财政分权→(促进)财政科技投入→(促进)区域创新的正向传导机制和财政分权(促进)一般性支出→(抑制)区域创新的负向传导机制。由此可见，财政分权支持下的政府支出，只有具备了高度的创新支持专项性，才会形成显著的创新产出效果。

(四)拓展性研究：地区创新活动的有效性分析

本文并不否认，研究如何提高地区的创新产出是十分重要的，但过于强调如何推进区域创新进程，又容易将学术导向转移成促进创新活动的盲目扩张，极有可能落入原有的比拼创新数量的“GDP 主义”的窠臼之中。如何将这种创新真正转变成为为人民所用、为人民造福的工具，才是当前经济社会发展的核心要义，这也是政策制定者应关注的重点内容。对此，本文借鉴了张杰、高德步、夏胤磊(2016)等的文献，在测度区域技术创新的经济效果时，采用了产业结构优化程度(第三产业产值/第二产业产值)、人均 GDP 增长率和社会福利指数(*DLI*)进行衡量①，详细的实证结果见表 8。

从表 8 的实证检验中不难发现，地区的发明专利创新活动有效地促进了当前产业结构调整，实现了产业结构由第二产业向第三产业迭代的优化升级，而中低端专利创新活动的作用则不甚明显。这说明，在当前经济降速换挡和供给侧结构性改革的大背景下，低质量的以及较低产业运用价值的专利活动并无助于产业结构的优化调整，简单的专利总量增长而非质量的提高，只能

① 民生发展指数(*DLI*)源自中国统计学会和国家统计局统计科学研究所编制的数据，主要测度中国的发展和民生状况，包括经济发展、民生改善、社会进步、生态文明、科技创新、公众评价等指标。其设计思路中着重强调民生发展质量与政府服务、管理相结合，强调政府公共服务与社会管理相结合，突出政府职能的不同层面，本文将其作为中国各省份的社会福利水平替代性指标。毫无疑问，将区域创新和社会福利纳入一个回归分析框架中，具有饱满的学理价值。此外，本文原有的数据年限为 1999—2016 年，但在本小节的检验中，地区发展与民生指数(*DLI*)仅有 2000—2013 年的数据。为了匹配数据，本文将原有的面板数据进行了截取，以符合 *DLI* 的时间结构特征。

表 8　地区创新活动与经济(社会)福利：FE 模型+时间固定效应

	M(1) $Struc32_t$	M(2) $Struc32_t$	M(3) $Struc32_t$	M(4) $PD\text{-}GDP_t$	M(5) $PD\text{-}GDP_t$	M(6) $PD\text{-}GDP_t$	M(7) $\ln DLI_t$	M(8) $\ln DLI_t$	M(9) $\ln DLI_t$
$InvenGDP_{t-1}$	1.070*** (6.14)			0.004* (1.74)			0.110** (2.22)		
$UtiGDP_{t-1}$		0.014 (0.17)			0.003** (1.96)			0.032 (1.56)	
$DesGDP_{t-1}$			0.048 (1.16)			-0.000 (-0.23)			0.010 (0.90)
数据起止年限	1999—2016 年						2000—2013 年		
控制变量	Yes	Yes	Yes	Yes	Yes	Yes	Yes	Yes	Yes
时间虚拟变量	Yes	Yes	Yes	Yes	Yes	Yes	Yes	Yes	Yes
Prob>chi2	0.0000	0.0000	0.0000	0.0000	0.0000	0.0000	0.0000	0.0000	0.0000
N	510	510	510	510	510	510	390	390	390
Within-R^2	0.6091	0.5551	0.5520	0.7244	0.7329	0.7231	0.9009	0.9035	0.9038

导致专利泡沫激增。上述结论在以人均 GDP 增长率为因变量的回归中得到了确证。在 M(4) ~ M(6) 中，只有高中端的创新活动才能有效提升地区人均 GDP 增长率，而低端创新活动的促进作用微乎其微。然而，提升地区人均 GDP 增长率并非人民福祉的有效增加。在 M(7) ~ M(9) 中，本文进一步发现，只有高端创新活动才能改善人民福利水平。表 8 的实证结果一致性地表明，中国(区域)发展的确需要创新活动的有效支撑，这种有效支撑离不开高水平的创新活动，简单的有量无质的创新泡沫，无法改善当前中国(区域)发展的状况，甚至还会造成过多的资源损漏，这一问题值得关注。

五、结论与启示

本文利用 1999—2016 年中国 30 个省份的面板数据，借助非线性门槛面板模型，探讨了财政分权—政府效率—区域创新之间的关系，为地区创新动能提供了合乎实践与逻辑的实证与经济解读，得到如下结论：

第一，财政分权对中国区域创新活动有着重要的影响。高水平的财政分权是地方政府有效财力的重要保障，能够为地区创新活动提供合适的基础条件，并供给适配创新活动特质的公共物品；而低水平的财政分权不仅无法提升地区创新活跃程度，还会对高端创新活动产生抑制作用。究其原因，当地方政府财政资源不足时，为了确保有效资源的经济效益最大化，地方政府会倾向牺牲高风险、长周期的创新活动以维系自身财力。

第二，地方政府的(创新)运营效率是财政资源有效利用的重要条件，亦是财政分权作用于区域创新的重要变量。低水平的政府(创新)运营效率，无法对财政资源进行合理科学的调配，仅能支持辖域内低水平的创新活动；而具备了一定效率强度的财政分权，才能有效提升区域的高端创新活动(发明专利创新)。尽管如此，当地方政府的(创新)运营效率跨越至高位时，又容易面临边际效益递减规律的制约，甚至在不科学的创新支持导向下(如比拼创新数量)，高效运营的政府会将财政资源更快地投入到那些多快好省的创新项目中，从而减弱高端创新活动的增益效果。

第三，地方政府财政资源的导向对于激发区域创新活动至关重要。如若简单地将有限的财政资源注入经济发展的领域中，则会挤出对创新活动的关注。因此，有较大财政分权比例的地方政府，不应再简单关注短期性的经济项目(如基础设施建设等)，应该让有限的财政资源在市场层面充分循环，不再将国有经济及其投资活动作为地方政府的重点支持对象，应当找准底线、放开空间，将财政资源匹配至那些真正有利于创新的项目之中。为此，财政资源的使用应当具备一定的专用性特征。地方政府想要通过财政支出来促进创新，则更应关注对财政科技投入的支持，避免将有限财政资源过多注入一般性支出中，从而对区域创新活动产生挤出效应。

第四，核心技术创新活动是中国(区域)发展的重要支撑。在当前中国经济发展转型特征明显的条件下，只有那些高端创新活动才能促进中国的产业结构优化调整，进而改善人民的经济(社会)福利水平，而大量的低质量创新活动推动经济增长的效果则不甚明显，从而进一步确证了当前中国创新驱动转型过程中，地方政府的财政分权应当更加偏向发明专利创新活动等高质量创新这一结论。

基于以上主要结论，本文的启示主要包括如下几点:

首先，确保地方政府拥有足够的财政资源是推动区域创新活动的重要条件。维系地方有效财力，并在此基础上建立一个长期的创新活动支持机制，是中国创新驱动转型发展的应有之义。应建立起相对平衡的财权—事权制度体系，避免因地方财政力量的不足而减弱对地方创新活动的支持。尤其是不能对所有的创新活动进行“一刀切”处理，更不能追求对所有创新活动大一统式的财政资源覆盖，而是应有针对性地对高端创新活动进行支持。同时，发挥财政分权对创新的促进作用要注意合理安排政府财政支出结构，考虑到非专项性的财政支出对创新活动存在抑制作用，因而可以适当加大于创新有益的专项性财政支出，如对高水平创新活动的财政补贴支出等。

其次，进一步完善政府效能，提高政府效率。进一步推动政府资源运作效能的提升，并倾注更多精力在地区创新能力的培育上，不再简单通过加大基础设施投资等方式来促进地区创新水平提升，而是采取更加合理有效的方式规划区域创新发展。此外，还应制定创新能力等体现绿色、创新增长理念的发展指标理念代替以往唯 GDP 论的晋升考核指标，避免沉溺于财政分权所带来的经济增长效应而忽略了经济的长期(创新)发展问题，这对于那些有着过度偏好经济总量的理性且运行高效的政府有一定的校正作用，以免财政资源被过快引流至非创新经济活动之中。

最后，营造适配创新转化成为经济、社会福利的基础条件。从某种程度上来看，地区专利创新活动仅是中间效果，而非辖域内居民的经济、社会福利优化的最终结果。地方政府应当更加注重专利创新活动的转化效果，而不能简单停留在创新活动的专利产出上。地方政府应当更加注重培育社会组织和相关企业，作为有效承接专利创新的社会(经济)主体，并积极引导这类主体对专利创新的有效运用，使之真正转化成为民所需、为民所用的创新果实。

参考文献

[1] 李扬，张晓晶. 新常态：经济发展的逻辑与前景 [J]. 经济研究，2015(5)：4-19.

[2] Etzkowitz H，Leydesdorff L. The dynamics of innovation：From national systems and mode 2 to a triple helix of university-industry-government relations [J]. Research Policy，2000，29(2)：109-123.

[3] Martin S，Scott J T. The nature of innovation market failure and the design of public support for private innovation [J]. Research Policy，2000，29(4-5)：437-447.

[4] 张林. 金融发展、科技创新与实体经济增长——基于空间计量的实证研究 [J]. 金融经济学研究，2016(1)：14-25.

[5] 林毅夫，刘志强. 中国的财政分权与经济增长 [J]. 北京大学学报(哲学社会科学版)，2000(4)：5-17.

[6] 张晏，龚六堂. 分税制改革、财政分权与中国经济增长 [J]. 经济学(季刊)，2005(1)：75-108.

[7] 王文剑，仉建涛，覃成林. 财政分权，地方政府竞争与 FDI 的增长效应 [J]. 管理世界，2007(3)：13-22.

[8] 刘冲，乔坤元，周黎安. 行政分权与财政分权的不同效应：来自中国县域的经验证据

[J]. 世界经济，2014(10)：123-144.

[9] 殷德生. 最优财政分权与经济增长 [J]. 世界经济，2004(11)：62-71.

[10] 郑磊. 财政分权、政府竞争与公共支出结构——政府教育支出比重的影响因素分析 [J]. 经济科学，2008(1)：28-40.

[11] 邓明，王劲波. 财政分权与中国的地区经济增长效率 [J]. 厦门大学学报(哲学社会科学版)，2014(6)：26-36.

[12] Hansen B E. Sample splitting and threshold estimation [J]. Econometrica，2000，68(3)：575-603.

[13] 温忠麟，张雷，侯杰泰，等. 中介效应检验程序及其应用 [J]. 心理学报，2004(5)：614-620.

[14] Oates W and Schwab R. Economic competition among jurisdictions：Efficiency enhancing or distortion inducing? [J]. Journal of Public Economics，1988，35(3)：333-354.

[15] Faguet J P. Does decentralization increase government responsiveness to local needs?：Evidence from Bolivia [J]. Journal of Public Economics，2004，88(3-4)：867-893.

[16] 殷德生. 最优财政分权与经济增长 [J]. 世界经济，2004(11)：62-71.

[17] 郑洁，付才辉，张彩虹. 财政分权与环境污染——基于新结构经济学视角 [J]. 财政研究，2018(3)：57-70.

[18] 傅勇. 财政分权、政府治理与非经济性公共物品供给 [J]. 经济研究，2010(8)：4-15.

[19] 沈坤荣，付文林. 中国的财政分权制度与地区经济增长 [J]. 管理世界，2005(1)：31-39.

[20] 安同良，周绍东，皮建才. R&D 补贴对中国企业自主创新的激励效应 [J]. 经济研究，2009(10)：87-120.

[21] 周克清，刘海二，吴碧英. 财政分权对地方科技投入的影响研究 [J]. 财贸经济，2011(10)：31-37.

[22] 周黎安. 中国官员的晋升锦标赛模式研究 [J]. 经济研究，2007(7)：36-50.

[23] 周亚虹，宗庆庆，陈曦明. 财政分权体制下地市级政府教育支出的标尺竞争 [J]. 经济研究，2013(11)：127-139.

[24] Jia J，Guo Q，Zhang J. Fiscal decentralization and local expenditure policy in China [J]. China Economic Review，2014(28)：107-122.

[25] Zhang P，Zhu C，Hou Y. Fiscal decentralization，flat administrative structure，and local

government size: Evidence and lessons from China [J]. Public Administration and Development, 2016, 36(3): 198-214.

[26] 白俊红，戴玮. 财政分权对地方科技投入的影响 [J]. 统计研究，2017(3)：97-106.

[27] 平新乔，白洁. 中国财政分权与地方公共品的供给 [J]. 财贸经济，2006(2)：49-55+97.

[28] 韩晶，张新闻. 绿色增长是影响官员晋升的主要因素吗？——基于 2003—2014 年省际面板数据的经验研究 [J]. 经济社会体制比较，2016(5)：12-24.

[29] 陈诗一，张军. 中国地方政府财政支出效率研究：1978—2005 [J]. 中国社会科学，2008(4)：65-78.

[30] 刘振亚，唐滔，杨武. 省级财政支出效率的 DEA 评价 [J]. 经济理论与经济管理，2009(7)：50-56.

[31] 杨晓兰，周业安. 政府效率、社会决策机制和再分配偏好——基于中国被试的实验经济学研究 [J]. 管理世界，2017(6)：51-62.

[32] 姜琪. 政府质量、文化资本与地区经济发展——基于数量和质量双重视角的考察 [J]. 经济评论，2016(2)：58-73.

[33] 李永友. 公共服务型政府建设与财政支出结构效率 [J]. 经济社会体制比较，2011(1)：67-78.

[34] 尚虎平，叶杰，赵盼盼. 我国科学研究中的公共财政效率：低效与浪费——来自国家自然科学基金、社会科学基金项目产出的证据 [J]. 科学学研究，2012(10)：1476-1487.

[35] 吴非，杨贤宏，龙晓旋，等. 地方税收真的会抑制区域创新吗？——基于政府行为视角下的非线性门槛效应研究 [J]. 经济评论，2018(3)：3-22.

[36] Jin J, Zou H F. How does fiscal decentralization affect aggregate, national, and subnational government size? [J]. Journal of Urban Economics, 2002, 52(2): 270-293.

[37] 蒋文华，周钰玲，谭建立. 地方政府财政能力对省际创新的影响——基于门限面板和空间面板模型的实证分析 [J]. 云南财经大学学报，2017，33(3)：89-98.

[38] 解垩. 政府效率的空间溢出效应研究 [J]. 财经研究，2007(6)：101-110.

[39] 吴延兵. 企业产权结构和隶属层级对生产率的影响 [J]. 南方经济，2011(4)：16-29.

[40] 董梅生，洪功翔. 发展混合所有制经济的内在机制研究——基于产权改革视角 [J]. 云南财经大学学报，2017，33(2)：12-25.

[41] 张杰，高德步，夏胤磊. 专利能否促进中国经济增长——基于中国专利资助政策视角的一个解释 [J]. 中国工业经济，2016(1)：83-98.

加权主成分距离聚类分析法及其在区域经济评价中的应用①

吕岩威[1,2]　楼贤骏[1]　李　平[2]

［1. 山东大学（威海）商学院　2. 中国社会科学院数量经济与技术经济研究所］

摘　要　吕岩威、李平（2016）提出了一种全新的改进的主成分聚类分析方法——加权主成分距离聚类分析法，并运用数学推理证明了该方法的科学合理性。本文进一步运用该方法对中国各省份经济发展质量进行分类，从可解释性与统计检验两个层面检验该方法在实践应用中的分类效果。研究结论表明，与已有聚类分析方法相比，加权主成分距离聚类分析法的分类结果可解释性最强，F 检验值最高，分类效果明显优于其他聚类分析方法。本文最后以加权主成分距离聚类分析法所得分类结果为基准，对各类别省份经济发展质量进行主成分评价，并指出其发展的侧重点，为各地区经济发展提供参考和借鉴。

关键词　主成分分析；聚类分析；加权主成分距离聚类分析法；区域经济评价

一、引言

作为数据挖掘领域的重要分支，聚类分析技术近年来得到了蓬勃发展。聚类分析是通过数学方法研究样本数据在内在特征上的相似性与差异性，将

---

① 本文获国家社会科学基金项目（批准号：20BJL032）“要素市场扭曲影响经济高质量发展的机理、效应与对策研究”、山东省自然科学基金项目（批准号：ZR2021MG020）“要素市场扭曲对山东省经济高质量发展的影响机制及政策治理”、山东省重点研发计划（软科学项目）重点项目（批准号：2020RZE27025）“推进创新要素市场改革　助力山东新旧动能转换”。

作者简介：吕岩威（1983—　），男，山东荣成人，经济学博士，山东大学（威海）商学院副教授、博士生导师，中国社会科学院数量经济与技术经济研究所博士后，研究领域是技术经济学；楼贤骏（1992—　），男，浙江绍兴人，山东大学（威海）商学院产业经济学专业硕士研究生，研究领域是产业经济学；李平（1959—　），男，河南洛阳人，经济学博士，中国社会科学院数量经济与技术经济研究所所长、研究员、博士生导师，研究领域是技术创新与产业经济。

样本划分成若干个不同的类型，从而发现样本数据的分布规律和数据属性之间相互关系的多元统计方法。作为一种无监督学习方法，如何在没有任何先验信息指导的情况下，实现样本数据高效率、高质量的分类是学者们关注的重点。目前学术界已从不同角度提出了多种聚类分析方法，在众多聚类分析方法中，传统聚类分析方法假设条件较多，要求样本指标之间权重相同并且相互独立，在实际应用中存在诸多局限。于是许多学者关注于对传统聚类分析方法的改进研究，刘瑞元（2002）定义了加权欧氏距离并讨论了它的性质，然后对 2000 年悉尼奥运会金牌榜前 10 名的国家进行了加权聚类分析，该方法考虑了指标间权重的差异，但忽略了指标间相关性对分类结果的影响。武洁等（1998）运用一般主成分聚类分析方法分析了我国各地区的人口素质状况，该方法先将指标降维成若干相互独立的主成分因子，再对主成分因子进行聚类，解决了指标间的相关性问题，但未考虑不同主成分因子对分类重要性的客观差异。王德青等（2012）提出了加权主成分聚类分析法，该方法先按方差贡献率对主成分因子赋权，再对赋权的主成分因子进行聚类，考虑了主成分因子的权重差异，但放大了第一主成分因子对分类的重要性。吕岩威、李平（2016）提出了加权主成分距离聚类分析法，从理论层面解决了上述聚类分析方法存在的问题，但尚未将该方法应用于实践检验。鉴于此，本文拟进一步运用该方法对 2014 年中国各省份经济发展质量进行分类评价，从可解释性与统计检验两个层面检验该方法在实践应用中的分类效果，最后以该方法所得的分类结果为基准，对各类别省份经济发展质量进行主成分评价，指出其发展的侧重点，为各地区经济发展提供参考和借鉴。

二、研究方法

（一）已有主成分聚类分析方法的不足

传统聚类分析方法无法解决样本指标之间的高度相关性，评价结果的信度和效度难以把握。因此许多学者采用一般主成分聚类分析方法，即通过主成分分析将原始多指标降维成少数主成分因子，以等权的主成分因子代替原始指标对研究样本进行聚类分析。一般主成分聚类分析方法克服了指标之间高度相关性对分类结果的影响，但却忽略了不同主成分因子对分类重要性的客观差异，进而影响到方法的适用性和分类的准确性。

设 F_1，F_2，…，$F_s(s\leqslant p)$为 p 维指标向量 $X=(x_1, x_2, \cdots, x_p)$提取的主成分因子列向量，$I_1$，$I_2$，…，$I_n$为提取主成分因子后所对应的样本行向量，$F_{ij}$表示第 i 个样本的第 j 个主成分因子($i=1, 2, \cdots, n$；$j=1, 2, \cdots, s$)，则 n 个样本在 s 维空间所构成的数据矩阵为：

$$F=(F_1, F_2, \cdots, F_s)=\begin{pmatrix} I_1 \\ I_2 \\ \vdots \\ I_n \end{pmatrix}=\begin{pmatrix} F_{11} & F_{12} & \cdots & F_{1s} \\ F_{21} & F_{22} & \cdots & F_{2s} \\ \vdots & \vdots & \ddots & \vdots \\ F_{n1} & F_{n2} & \cdots & F_{ns} \end{pmatrix} \tag{1}$$

假设所提取主成分因子 F_1，F_2，…，F_s对应的特征值分别为 λ_1，λ_2，…，λ_s，且 $\lambda_1\geqslant\lambda_2\geqslant\cdots\geqslant\lambda_s$，$\beta_k=\lambda_k\Big/\sum_{k=1}^{s}\lambda_k(k=1, 2, \cdots, s)$为主成分因子 F_k所对应的特征权重，于是有 $\beta_1\geqslant\beta_2\geqslant\cdots\geqslant\beta_s$，$\sum_{k=1}^{s}\beta_k=1$。采用一般主成分聚类分析方法所定义的样本 I_i与 I_j之间的距离为：

$$d_{ij}(q)=\left(\sum_{k=1}^{s}|F_{ik}-F_{jk}|^{q}\right)^{1/q} \tag{2}$$

其中，$d_{ij}(q)$表示样本 I_i与 I_j之间的距离，$d_{ij}(q)$越小表示两样本接近程度越大，$d_{ij}(q)$越大表示两样本接近程度越小。不难发现，该距离定义直接将主成分因子代替原始指标聚类，在实际运用时存在一个前提假设，即 s 个主成分因子对分类的重要性均相等，即主成分因子的特征权重 $\beta_1=\beta_2=\cdots=\beta_s$。然而，由于提取主成分因子时已假设 $\beta_1\geqslant\beta_2\geqslant\cdots\geqslant\beta_s$，因此，式(2)样本距离定义的前提假设与主成分因子提取的前提假设相违背，采用等权的主成分因子代替原始指标直接进行聚类分析，削弱了特征权重较大的第一主成分因子的重要性，放大了特征权重较小的其他主成分因子的重要性，从而导致一般主成分聚类分析方法所得到的分类结果失真。

为解决这一问题，文献［4］提出了基于方差贡献率的加权主成分聚类分析方法，其所定义的样本 I_i 与 I_j 之间的距离为：

$$d_{ij}(q)=\left[\sum_{k=1}^{s}(\beta_k|F_{ik}-F_{jk}|)^q\right]^{1/q} \tag{3}$$

不难发现，在式(2)的基础上，式(3)进一步考虑了不同主成分因子对分类重要性的客观差异，因而其在各主成分因子前乘以相应的特征权重 β_k，先按特征权重对主成分因子赋权，再对赋权的主成分因子聚类，这种方法在一定程度上弥补了一般主成分聚类分析方法在各主成分因子特征权重存在较大差异时的失真问题。在该距离定义中，主成分因子 $F_k(k=1, 2, \cdots, s)$ 对距离 $(d_{lj})^q$ 的权重实际上可理解为 $\beta_k^*=(\beta_k)^q\Big/\sum_{k=1}^{s}(\beta_k)^q$，当 $q=1$ 时，有 $\beta_k=\beta_k^*$；但当 $q>1$ 时，有 $\beta_1\leqslant\beta_1^*$，并且 $\beta_1^*(q)$ 为 q 的单调上升函数。即随着 q 增大，第一主成分因子 F_1 对距离 $(d_{lj})^q$ 的权重 β_1^* 亦增加，而其他主成分因子对距离 $(d_{lj})^q$ 的权重之和 $\sum_{k=2}^{s}\beta_k^*$ 则降低。因此，在 $q>1$ 且第一主成分因子的权重高于其他主成分因子时，式(3)放大了第一主成分因子对分类的重要性，而削弱了其他主成分因子对分类的重要性。下面我们进一步运用数学方法，对此论点进行推理证明。

已知：$\beta_1, \beta_2, \cdots, \beta_s, \beta_i>0, \sum_{i=1}^{s}\beta_i=1, \beta_1\geqslant\beta_2\geqslant\cdots\geqslant\beta_s>0,$

$$\beta_i^*=\frac{\beta_i^q}{\sum_{i=1}^{s}\beta_i^q},\quad \beta_1^*=\frac{\beta_1^q}{\sum_{i=1}^{s}\beta_i^q}$$

求证：(1) 当 $q>1$ 时，$\beta_1\leqslant\beta_1^*$。

(2) $\beta_1^*(q)$ 为 q 的单调上升函数。

证明(1)：由 $\beta_1\geqslant\beta_2\geqslant\cdots\geqslant\beta_s>0\quad q>1$

$\beta_1^{q-1}\geqslant\beta_i^{q-1}\quad i=2, \cdots, s$

$\beta_i\beta_1^{q-1}-\beta_i^q\geqslant0(\beta_i>0)$

$\Rightarrow\sum_{i=2}^{s}(\beta_i\beta_1^{q-1}-\beta_i^q)\geqslant0$

$$\beta_1^{q-1}\sum_{i=2}^{s}\beta_i \geqslant \sum_{i=2}^{s}\beta_i^q$$

$$\because \sum_{i=1}^{s}\beta_i = 1,\ 1-\beta_1 = \sum_{i=2}^{s}\beta_i$$

$$\therefore \beta_1^{q-1}(1-\beta_1) \geqslant \sum_{i=2}^{s}\beta_i^q$$

$$\therefore \beta_1^{q-1} - \beta_1^q \geqslant \sum_{i=2}^{s}\beta_i^q$$

$$\therefore \beta_1^{q-1} \geqslant \sum_{i=1}^{s}\beta_i^q$$

$$\therefore \frac{\beta_1^{q-1}}{\sum_{i=1}^{s}\beta_i^q} \geqslant 1\ \frac{\beta_1^q}{\sum_{i=1}^{s}\beta_i^q} \geqslant \beta_1$$

$$\Rightarrow \beta_1 \leqslant \frac{\beta_1^q}{\sum_{i=1}^{s}\beta_i^q} = \beta_1^*$$

证明(2)：将β_1^*看作q的函数$\beta_1^*(q)$

$$\frac{d\beta_1^*(q)}{dq} = \frac{\beta_1^q \ln\beta_1 \sum_{i=1}^{s}\beta_i^q - \beta_1^q\sum_{i=1}^{s}\beta_i^q\ln\beta_i}{\left(\sum_{i=1}^{s}\beta_i^q\right)^2}$$

$$= \frac{\beta_1^q\sum_{i=1}^{s}\beta_i^q(\ln\beta_1 - \ln\beta_i)}{\left(\sum_{i=1}^{s}\beta_i^q\right)^2}\ (\ln\beta_1 \geqslant \ln\beta_i\quad i=1,\ 2,\ \cdots,\ s) \geqslant 0$$

$\therefore \beta_1^*(q)$为q的单调上升函数。

（二）加权主成分距离聚类分析方法的提出

针对上述方法在特定情形下的失真问题，文献［1］进一步提出了加权主成分距离聚类分析法。设F_1，F_2，…，$F_s(s\leqslant p)$为由p维指标向量$X=(x_1,x_2,\cdots,x_p)$提取的主成分因子列向量，I_1，I_2，…，I_n为提取主成分因子后所对应的样本行向量，F_{ij}表示第i个样本的第j个主成分因子($i=1$，2，…，n；

$j=1, 2, \cdots, s$)，则加权主成分距离的聚类分析方法所定义的样本 I_i 与 I_j 之间的距离为：

$$d_{ij}(q) = \left[\sum_{k=1}^{s} \beta_k \left| F_{ik} - F_{jk} \right|^q\right]^{1/q} \tag{4}$$

式(4)中的 $\beta_k(k=1, 2, \cdots, s)$ 为主成分因子 F_k 所对应的特征权重，且 $\beta_1 \geqslant \beta_2 \geqslant \cdots \geqslant \beta_s$，$\sum_{k=1}^{s} \beta_k = 1$。与式(3)不同的是，式(4)并非直接对主成分因子赋权，而是按照各主成分因子所对应的特征权重，对不同主成分因子下的样本距离进行自适应赋权，由此构成的加权主成分距离矩阵为：

$$D=\begin{pmatrix} d_{11} & d_{12} & \cdots & d_{1n} \\ d_{21} & d_{22} & \cdots & d_{2n} \\ \vdots & \vdots & \ddots & \vdots \\ d_{n1} & d_{n2} & \cdots & d_{nn} \end{pmatrix} \tag{5}$$

其中，$d_{11}=d_{22}=\cdots=d_{nn}=0$，$D$ 是实对称矩阵，所以只需计算上三角形部分（或下三角形部分）。不难发现，本文所定义的加权主成分距离符合下列条件：①非负性：$d_{ij}(q) \geqslant 0$，且 $d_{ij}(q)=0 \Leftrightarrow I_i=I_j$；②对称性：$d_{ij}(q)=d_{ji}(q)$；③三角不等式：对任意 I_i，I_j，I_l，有 $d_{ij}(q) \leqslant d_{il}(q)+d_{lj}(q)$。同时还满足下列性质：

性质 1：设样本 I_i，I_j，I_l 在 s 维空间的坐标分别为 $(F_{i1}, F_{i2}, \cdots, F_{is})$，$(F_{j1}, F_{j2}, \cdots, F_{js})$，$(F_{l1}, F_{l2}, \cdots, F_{ls})=(F_{i1}+r, F_{i2}, \cdots, F_{is})$，则 $(d_{lj})^q-(d_{ij})^q=\beta_1(\left|F_{i1}-F_{j1}+r\right|^q-\left|F_{i1}-F_{j1}\right|^q)$。

证明：由式(4)有：

$$(d_{ij})^q=\beta_1\left|F_{i1}-F_{j1}\right|^q+\beta_2\left|F_{i2}-F_{j2}\right|^q+\cdots+\beta_s\left|F_{is}-F_{js}\right|^q$$

$$(d_{lj})^q=\beta_1\left|F_{i1}-F_{j1}+r\right|^q+\beta_2\left|F_{i2}-F_{j2}\right|^q+\cdots+\beta_s\left|F_{is}-F_{js}\right|^q$$

于是：

$$(d_{lj})^q-(d_{ij})^q=\beta_1(\left|F_{i1}-F_{j1}+r\right|^q-\left|F_{i1}-F_{j1}\right|^q)$$

证毕。

性质 2：设样本 I_i，I_j 在 s 维空间的坐标分别为 $(F_{i1}, F_{i2}, \cdots, F_{is})$，$(F_{j1}$，

F_{j2}，…，F_{js}），$I_{l(1)}$，$I_{l(2)}$，…，$I_{l(s)}$ 在 s 维空间的坐标分别为（$F_{i1}+r_1$，F_{i2}，…，F_{is}），（F_{i1}，$F_{i2}+r_2$，…，F_{is}），…，（F_{i1}，F_{i2}，…，$F_{is}+r_s$），则 $|(d_{l(1)j})^q-(d_{ij})^q|:|(d_{l(2)j})^q-(d_{ij})^q|:\cdots:|(d_{l(s)j})^q-(d_{ij})^q|=\beta_1(|F_{i1}-F_{j1}+r_1|^q-|F_{i1}-F_{j1}|^q):\beta_2(|F_{i2}-F_{j2}+r_2|^q-|F_{i2}-F_{j2}|^q):\cdots:\beta_s(|F_{is}-F_{js}+r_s|^q-|F_{is}-F_{js}|^q)$。

证明：由性质 1 得：

$$(d_{l(1)j})^q-(d_{ij})^q=\beta_1(|F_{i1}-F_{j1}+r_1|^q-|F_{i1}-F_{j1}|^q)$$

$$(d_{l(2)j})^q-(d_{ij})^q=\beta_2(|F_{i2}-F_{j2}+r_2|^q-|F_{i2}-F_{j2}|^q)$$

$$\vdots$$

$$(d_{l(s)j})^q-(d_{ij})^q=\beta_s(|F_{is}-F_{js}+r_s|^q-|F_{is}-F_{js}|^q)$$

于是：

$$|(d_{l(1)j})^q-(d_{ij})^q|:|(d_{l(2)j})^q-(d_{ij})^q|:\cdots:$$
$$|(d_{l(s)j})^q-(d_{ij})^q|=\beta_1(|F_{i1}-F_{j1}+r_1|^q-|F_{i1}-F_{j1}|^q):$$
$$\beta_2(|F_{i2}-F_{j2}+r_2|^q-|F_{i2}-F_{j2}|^q):\cdots:\beta_s(|F_{is}-F_{js}+r_s|^q-|F_{is}-F_{js}|^q)$$

证毕。

由此可见，式(4)按照主成分因子 F_k 所对应的特征权重 β_k，对各主成分因子下的样本距离自适应赋权，并未改变各主成分因子对分类重要性的比例关系，因此运用本文所定义的加权主成分距离进行聚类分析是科学合理的。加权主成分距离的聚类分析方法的操作步骤如下：

步骤 1：比较原始指标数据数量级和离散程度的差异，以判断对数据的进一步分析是采用标准化处理后的无量纲数据还是采用非标准化的原始数据。

步骤 2：计算指标的相关系数矩阵、KMO 检验与 Bartlett's 球形检验值及显著性水平，以判断样本数据是否适宜进行主成分分析，如适宜则进入步骤 3。

步骤 3：进行主成分分析，计算相关系数矩阵或协方差矩阵的特征值和特征向量，以及各主成分因子的贡献率和累计贡献率，提取主成分因子，并结合因子载荷矩阵对所提取的主成分因子进行命名。

步骤 4：将所提取的主成分因子代替原始指标，采用本文所定义的式(4)

加权主成分距离为分类统计量进行聚类，并结合实际情况确定样本的所属类别。

步骤 5：计算各类别的主成分因子得分及主成分综合得分，进而计算样本的所属类别的主成分因子得分均值及主成分综合得分均值。

三、指标体系构建与主成分因子选取

（一）指标体系构建

对经济发展质量的评估是一个动态的过程，唯有以经济发展的阶段性特征为基础，选择科学的评价指标和评价方法，才能有针对性地对我国各省份经济发展质量进行科学评价。当前，中国经济发展正步入以“中高速、优结构、新动力、多挑战”为特征的新常态，结合经济新常态的基本特征，本文分别从经济水平、产业结构、需求结构、城乡区域结构、创新效率、可持续发展六大方面着手，构建中国各省份经济发展质量评价指标体系①，该指标体系中的一级指标和二级指标如表 1 所示。

表 1　中国各省份经济发展质量评价指标体系

	一级指标	二级指标	单位
经济发展质量评价指数	经济水平	人均 GDP(*X*1)	元
	产业结构	第一产业增加值占 GDP 比重(*X*2)	%
		第三产业增加值占 GDP 比重(*X*3)	%
	需求结构	居民消费占 GDP 比重(*X*4)	%
	城乡区域结构	城市化率(*X*5)	%
		农村与城镇人均收入比(*X*6)	%
	创新效率	R&D 经费投入占 GDP 比重(*X*7)	%
		单位资本产出(*X*8)	倍
		千人专利申请量(*X*9)	件
	可持续发展	单位二氧化硫排放产值(*X*10)	万元/吨
		万元 GDP 能耗降低率(*X*11)	%

① 指标体系中各二级指标数据均来源于 2015 年《中国统计年鉴》《中国科技统计年鉴》和《中国环境统计年鉴》。

对表 1 中各级指标的具体说明如下：

经济水平：采用人均 GDP 指标衡量。人均 GDP 是衡量一国(地区)经济水平的基本指标，人均 GDP 处于不同阶段的地区，其经济发展驱动力也存在显著差异。

产业结构：根据配第—克拉克定律，随着经济的发展，劳动力将呈现出先由第一产业向第二产业转移，再向第三产业转移的演进趋势。因此以第一产业增加值占 GDP 比重、第三产业增加值占 GDP 比重反映产业结构指标。

需求结构：当前中国经济结构存在的一个重要问题就是消费需求不足，经济增长过于依赖投资需求。因此以居民消费占 GDP 的比重反映需求结构的组成状况。

城乡区域结构：城乡区域协调发展是实现经济发展方式转变的内在要求和重要内容，因此以农村与城镇人均收入比和城市化率反映各地区城乡区域结构。

创新效率：促进经济发展应由主要依靠增加物质资源消耗向主要依靠科技进步、劳动者素质提高、管理创新转变。因此以 R&D（研发）经费投入占 GDP 比重、单位资本产出与千人专利申请量反映科技投入与产出状况。

可持续发展：实现可持续发展必须降低资源消耗，全面促进资源节约和环境保护。因此以单位二氧化硫排放产值、万元 GDP 能耗降低率反映可持续发展指标。

（二）主成分因子选取

考虑到指标之间量纲不同且数量级相差较大，首先对原始数据进行标准化处理，并进行 KMO 检验和 Bartlett’s 球形检验，结果计算出 Bartlett’s 球形检验统计量为 282.449，相应的概率值接近 0，可认为相关系数矩阵与单位矩阵有显著差异。同时，KMO 值为 0.701，表明指标之间确实存在高度相关性，适合进行主成分分析。应用主成分分析法提取主成分因子，特征值大于 1 的主成分因子共有 3 个，其累计方差贡献率达到 80.356%，说明 3 个主成分因子能够解释原指标变量的绝大多数信息。所提取主成分因子的特征值、方差贡献率、特征权重和因子载荷矩阵见表 2。

表 2　主成分因子分析结果

		第一主成分因子	第二主成分因子	第三主成分因子
特征值		5.708	1.627	1.504
方差贡献率/%		51.892	14.788	13.676
特征权重		0.646	0.184	0.170
因子载荷	*X*1	0.916	0.116	−0.226
	*X*2	0.063	−0.447	0.842
	*X*3	0.800	0.037	−0.109
	*X*4	0.678	0.518	0.430
	*X*5	0.897	−0.049	−0.058
	*X*6	0.582	−0.178	−0.578
	*X*7	0.805	−0.358	−0.190
	*X*8	0.751	−0.240	0.336
	*X*9	0.912	0.089	0.070
	*X*10	0.547	0.733	0.210
	*X*11	−0.528	0.615	−0.112
因子命名		综合因子	可持续发展因子	需求结构因子

表 2 结果显示，第一主成分因子在人均 GDP、居民消费占 GDP 比重、第三产业增加值占 GDP 比重、城市化率、农村与城镇人均收入比、R&D 经费投入占 GDP 比重、单位资本产出、千人专利申请量等 8 个指标上的载荷值都很大，这些指标主要反映了经济水平、产业结构、城乡区域结构和创新效率状况，因此将其命名为综合因子。第二主成分因子在单位二氧化硫排放产值、万元 GDP 能耗降低率上的载荷值很大，主要反映了资源节约与环境保护状况，因此将其命名为可持续发展因子。第三主成分因子在第一产业增加值占 GDP 比重指标上的载荷值很大，主要反映了消费状况，因此将其命名为需求结构因子。就 3 个主成分因子所含信息量来看，第一主成分因子的方差贡献率为 51.892%，是第二、第三主成分因子方差贡献率的 3 倍以上，说明第一主成分因子与第二、第三主成分因子对分类重要性的差异较大，如果不考虑各主成分因子对分类重要性的客观差异，将会导致分类结果精确度降低。

四、分类结果的定性比较与统计检验

评价聚类结果的有效性是一件困难且复杂的事情，尤其当研究样本的自身类属不为人所预知时，我们很难确定一种聚类分析方法的分类质量。因此，本文首先运用加权主成分距离聚类分析方法对中国各省份经济发展质量进行分类，并将加权主成分距离聚类分析方法的分类结果与传统聚类、一般主成分聚类、第一主成分聚类、加权主成分聚类分析方法的分类结果进行比较，进而考察加权主成分距离聚类分析法的分类质量。对分类结果的比较从定性和定量两个方面分析，所谓定性，是指分类结果的可解释性，聚类分析方法的优劣首先就表现在能否对分类结果做出合理的解释。所谓定量，是指分类结果必须通过统计检验，一个合理的聚类应当使得类内样本离差较小，类间样本离差较大。下面分别从分类结果的可解释性和统计检验两个角度对加权主成分距离聚类分析法的分类质量加以评判。

（一）分类结果的定性比较

为增强不同聚类分析方法之间的可对比性，本研究统一以欧氏距离作为样本间相似程度的统计量、以 Ward 方法测度类间距离，并将 31 个省份分为 5 类地区，各聚类分析方法所得分类结果如表 3 所示。分类结果显示，各聚类分析方法基本能够将北京、上海、天津、江苏、浙江、广东与其他省份分开，其原因在于上述六省市的各项指标数值总体上远远领先于其他省份，与其他省份之间的界限较为明显。另外，各聚类分析方法基本将海南、西藏、青海、新疆归为第五类地区，说明这些省份的各项指标数值总体上落后于其他省份，与其他省份之间的差距较大。而其余 21 个省份的各项指标数值离散程度较小，在聚类空间的分布密集程度上，各聚类分析方法的分类结果也存在较大的差异，具体体现在归属第三类地区的省份数量很多，且归属类别的规律性不明显。

从各聚类分析方法分类结果的差异看，第一主成分聚类分析方法与加权主成分聚类分析方法的分类结果十分相似，两种方法只是在对山东、河南和宁夏三个省份的分类上产生差别。即在第一主成分聚类分析方法的分类结果中，山东被划为第三类地区，河南和宁夏被归为第五类地区，但在加权主成分聚类分析方法的分类结果中，山东被划为第四类地区，河南和宁夏被归为第三类地区，两种方法对其余省份的分类结果完全一致。究其原因在于加权主成分聚类分析方法放大了第一主成分因子对分类的重要性，而削弱了其他主成分因子对分类的作用，从而使得加权主成分聚类分析方法的分类结果近似于第一主成分聚类分析方法。

另外，加权主成分距离聚类分析方法与传统聚类分析方法的分类结果较为相似，加权主成分距离聚类分析方法只是将传统聚类分析方法分类结果中的广西和青海由第三类地区分别归类到第四类地区和第五类地区，两种方法对其余省份的分类结果完全一致。这说明加权主成分距离聚类分析方法科学、准确地赋予了各主成分因子对分类结果的权重分配系数，从而使得其分类结果显著不同于其他主成分聚类分析方法，反而与传统聚类分析方法的分类结果更为接近。这也说明了由于其他主成分聚类分析方法放大或缩小了各主成分因子对分类重要性的作用，在各主成分因子特征权重差异较大时，传统聚类分析方法的分类效果并不一定劣于其他主成分聚类分析方法。

尤其需要注意的是，一般主成分聚类分析方法的分类结果与其他所有聚类分析方法的分类结果均有较大差异。一是一般主成分聚类分析方法将北京、上海、江苏、浙江、广东归为第一类地区，将河北等 8 个省份归为第二类地区。而其他聚类分析方法则均将北京、上海与江苏、浙江、广东区分开，分别作为第一、第二类地区。结合原始数据不难发现，除农村人均收入/城镇人均收入、R&D 经费投入占 GDP 比重指标外，北京、上海的其他指标基本领先于江苏、浙江和广东，将这些省份划归为一类地区不尽合理。二是一般主成分聚类分析方法所划分的第二、第三类地区内的各省份绝大部分为其他聚类分析方法所划分的第三类地区内的省份，这些省份之间的各项指标数值相差不大，将其划分为两类地区难以解释。导致上述分类结果出现的原因在于，一般主成分聚类分析方法以等权的主成分因子代替原始指标直接进行聚类，未区分各主成分因子对分类重要性的差异，从而产生了明显不合理的分类结果。

表 3 中国各省份经济发展质量的分类结果

聚类方法	第一类地区	第二类地区	第三类地区	第四类地区	第五类地区
加权主成分距离聚类	北京、上海	天津、江苏、浙江、广东	河北、山西、内蒙古、辽宁、吉林、黑龙江、安徽、福建、江西、山东、河南、湖北、湖南、重庆、四川、陕西、宁夏	广西、贵州、云南、甘肃	海南、西藏、青海、新疆
传统聚类	北京、上海	天津、江苏、浙江、广东	河北、山西、内蒙古、辽宁、吉林、黑龙江、安徽、福建、江西、山东、河南、湖北、湖南、广西、重庆、四川、陕西、青海、宁夏	贵州、云南、甘肃	海南、西藏、新疆
一般主成分聚类	北京、上海、江苏、浙江、广东	天津、河北、内蒙古、辽宁、吉林、福建、山东、湖北	山西、黑龙江、安徽、江西、河南、湖南、广西、重庆、四川、陕西、宁夏	贵州、云南、甘肃	海南、西藏、青海、新疆
第一主成分聚类	北京、上海	天津、江苏、浙江、广东	河北、山西、内蒙古、吉林、黑龙江、安徽、江西、山东、湖南、四川、陕西	辽宁、福建、湖北、重庆	河南、广西、海南、贵州、云南、西藏、甘肃、青海、宁夏、新疆
加权主成分聚类	北京、上海	天津、江苏、浙江、广东	河北、山西、内蒙古、吉林、黑龙江、安徽、江西、河南、湖南、四川、陕西、宁夏	辽宁、福建、山东、湖北、重庆	广西、海南、贵州、云南、西藏、甘肃、青海、新疆

（二）分类结果的统计检验

进一步对加权主成分距离聚类分析方法的分类结果进行统计检验，从定量角度考察该方法的分类质量。根据系统聚类法的指导思想，一个合理的聚类应当以保持类内相似性最大化以及类间相似性最小化为目标，使得类内样本之间的离差平方和尽可能小，类与类之间的离差平方和尽可能大。因此，本文运用方差分析法测算了加权主成分距离聚类分析方法分类结果的总类内离差平方和、总类间离差平方和以及 F 检验统计量，进而与其他聚类分析方法分类结果的 F 检验统计量相比较，结果如表 4 所示。

表 4　各种聚类分析方法分类结果的统计检验

聚类方法	总类内离差平方和	总类间离差平方和	F 检验统计量
加权主成分距离聚类	6. 255	12. 694	60. 887
传统聚类	6. 417	12. 532	58. 589
一般主成分聚类	7. 368	11. 501	46. 825
第一主成分聚类	7. 271	11. 678	48. 179
加权主成分聚类	6. 931	12. 018	52. 022

F 检验统计量为经自由度调整之后的总类间离差平方和与总类内离差平方和之比，其值越大，表明分类结果的类间距离相对较大、类内距离相对较小，分类准确度越高；反之，则分类准确度越低。根据表 4 中 F 检验统计量的计算结果，可以得出以下结论：

第一，一般主成分聚类分析方法分类结果的 F 值最低，仅为 46. 825，分类效果明显劣于其他聚类分析方法，再次说明在各主成分因子信息含量相差较大的情况下，如果忽略不同主成分因子对分类重要性的客观差异，以等权的主成分因子代替原始指标直接进行聚类，并不必然提高分类的质量。事实上，由于指标之间往往存在高度相关性，所提取的第一主成分因子的方差贡献率通常远大于其他主成分因子，因而一般主成分聚类分析方法更多地表现为低效率的分类结果。

第二，加权主成分聚类分析方法和第一主成分聚类分析方法分类结果的 F 值分别为 52. 022 和 48. 179，高于一般主成分聚类分析方法分类结果的 F 值（46. 825），但却低于传统聚类分析方法分类结果的 F 值（58. 589）。这一方面说明加权主成分聚类分析方法考虑了各主成分因子信息含量的差异性，较已有主成分聚类分析方法的分类效果有所提高。另一方面也说明加权主成分聚类分析方法放大了第一主成分因子对分类的重要性，而削弱了其他主成分因子对分类的作用，其分类结果同样也存在失真问题，因此该方法的分类结果也并不一定优于传统聚类分析方法。

第三，相比其他聚类分析方法，加权主成分距离聚类分析方法分类结果的F值最高，为60.887，其分类效果明显优于其他聚类分析方法。这主要是由于加权主成分距离聚类分析方法一方面简化了数据结构，消除了指标相关性带来的影响，另一方面又考虑了各主成分因子信息含量的差异，并科学、准确地赋予了各主成分因子对分类结果的权重分配系数，因此其所得分类结果更为客观、可信。

（三）分类结果的综合评价

鉴于加权主成分距离聚类分析方法的优势，本文以此方法所得分类结果为基准，对中国各省份经济发展质量进行主成分综合评价。为便于分析，将这五类地区划分为三个梯队：第一梯队包括第一类地区和第二类地区的省份；第二梯队包括第三类地区的省份；第三梯队包括第四类地区和第五类地区的省份。按照分类标准计算得出各梯队主成分因子得分均值和主成分综合得分均值，结果如表5所示。

表5　中国各省份经济发展质量的主成分得分结果

类型	主成分得分	均值	标准差	省级行政区
第一梯队	综合因子得分	4.253	1.312	北京、上海、天津、江苏、浙江、广东
	可持续发展因子得分	0.178	1.460	
	需求结构因子得分	0.195	1.749	
	主成分综合得分	2.813	1.192	
第二梯队	综合因子得分	-0.435	0.656	河北、山西、内蒙古、辽宁、吉林、黑龙江、安徽、福建、江西、山东、河南、湖北、湖南、重庆、四川、陕西、宁夏
	可持续发展因子得分	-0.407	0.541	
	需求结构因子得分	-0.419	0.724	
	主成分综合得分	-0.429	0.420	
第三梯队	综合因子得分	-2.264	0.325	广西、贵州、云南、甘肃、海南、西藏、青海、新疆
	可持续发展因子得分	0.731	1.724	
	需求结构因子得分	0.743	1.132	
	主成分综合得分	-1.200	0.304	

结合表 5 的结果，分别从各主成分因子得分和主成分综合得分两个方面分析不同梯队省份经济发展质量的特征和异同，并指出其发展的侧重点。

1. 主成分因子得分分析

在综合因子方面，第一、第二、第三梯队的省份得分均值分别为 4.253，-0.435和-2.264，第一梯队的得分远高于第二梯队和第三梯队。一方面，这反映了第一梯队的省份市场经济起步较早，在经济水平、产业结构、城乡区域结构和创新效率等方面均保持了较高的水平。同时由第一梯队的省份以点带面辐射，由北向南依次形成了以北京为中心的首都经济圈、以上海为中心的长三角经济圈及以广东为中心的珠三角经济圈。另一方面，从梯队内各省份的差异性来看，第一梯队综合因子得分的标准差为 1.312，高于第二梯队的 0.656 和第三梯队的 0.325，说明第一梯队内各省份离散程度较大，这是由于第一梯队内的北京和上海的综合因子分值远高于天津、江苏、浙江、广东，这两个城市的综合经济水平更为突出。

在可持续发展因子方面，第一、第二、第三梯队的省份得分均值分别为 0.178，-0.407和 0.731，第三梯队得分远高于其他梯队，表面上呈现出最好的资源利用和环境保护状况。但结合现实分析不难发现，导致该结果产生的原因在于第三梯队的省份经济发展落后，资源开发不充分，从而使得其在可持续发展方面较为突出。另外，从梯队内各省份的差异性来看，第三梯队的标准差为 1.724，高于第一梯队的 1.460 和第二梯队的 0.541，说明第三梯队内各省份离散程度较大，这是由于第三梯队内的新疆、西藏和海南的可持续发展因子分值远高于其他省份，具有最好的资源开发潜力和自然环境条件。

在需求结构因子方面，第三梯队得分(0.743)同样远远高于第一梯队得分(0.195)和第二梯队得分(-0.419)。这一结果符合蔡跃洲、王玉霞(2010)对我国消费率演进的判断，也同钱纳里等(1988)关于消费率与经济增长关系的测算结论一致。即随着经济由较低水平向较高水平阶段演进，消费率将呈现先下降后上升的“U”形趋势。另外，从梯队内各省份的差异性来看，第一梯队的标准差为 1.749，高于第二梯队的 0.724 和第三梯队的 1.132，说明第一梯队内各省份离散程度较大，这是由于第一梯队内的北京和上海的需求结构分值远高于天津、江苏、浙江、广东，是典型的消费拉动型城市。

2. 主成分综合得分分析

就主成分综合得分和梯队分布而言，第一梯队的省份普遍位于东部沿海发达地区，主成分综合得分均值为2.813，远高于第二梯队和第三梯队省份的主成分综合得分均值，经济发展质量整体较好。结合各主成分因子得分发现，这主要是由于第一梯队的省份综合因子得分很高，但进一步可以发现其可持续发展因子得分则相对较低，故第一梯队的省份应摒弃粗放型经济发展方式，切实当好加快转变经济发展方式的排头兵，提供本地区发展经验供其他省份借鉴，发挥本地区对其他省份的辐射带动作用。

而第二梯队的省份大多位于我国东北地区和中部内陆地区，其主成分综合得分均值为-0.429，经济发展质量相对一般。结合各主成分因子得分发现，这主要是由于第二梯队的省份综合因子得分不高，且可持续发展因子得分和需求结构因子得分很低。故第二梯队的省份一方面应根据该地区居民消费特征制定消费政策，提高居民的边际消费倾向，另一方面还应增强可持续发展意识，推行绿色改革，提高可持续发展能力。

第三梯队的省份则全部位于我国西部地区，主成分综合得分均值为-1.2，与其他梯队综合得分均值存在较大差距，经济发展质量相对较差。结合各主成分因子得分发现，其主要原因是第三梯队的省份综合因子得分很低，在经济水平、产业结构、城乡区域结构和创新效率方面较为落后。故第三梯队的省份应“提升存量，做优增量”，在努力追赶经济增长速度的同时，提升经济增长的质量和效益。

五、研究结论

指标之间的相关性及其重要性差异导致了已有的聚类分析方法往往无法获得良好的分类效果。加权主成分距离聚类分析方法系统地集成了多个方法的优点，既简化了数据结构，消除了指标相关性带来的影响，又考虑了各主成分因子信息含量的差异，科学、准确地赋予了各主成分对分类结果的权重分配系数，因而能够有效解决已有聚类分析方法在特定情形下的失效问题。本文运用加权主成分距离聚类分析方法对中国各省份的经济发展质量进行分类，从可解释性与统计检验两个层面检验了该方法在实践应用中的分类效果。研究结论表明，与已有聚类分析方法相比，加权主成分距离聚类分析法的分类结果可解释性最强，F 检验值最高，分类效果明显优于其他聚类分析方法。

本文进一步以该方法所得分类结果为基准，对各类别省份经济发展质量进行主成分评价，评价结果表明，北京、上海、天津、江苏、浙江、广东被划归为第一梯队，应摒弃粗放型经济发展方式，切实当好加快转变经济发展方式的排头兵；广西、贵州、云南、甘肃、海南、西藏、青海、新疆被划归为第三梯队，应“提升存量，做优增量”，在保持经济快速增长的同时，提高经济增长的质量和效益。其余省份被划归为第二梯队，应提高居民的边际消费倾向，增强可持续发展能力。

参考文献

[1] 吕岩威，李平．一种加权主成分距离的聚类分析方法［J］．统计研究，2016，33(11)：102-108.

[2] 刘瑞元．加权欧氏距离及其应用［J］．数理统计与管理，2002(5)：17-19.

[3] 武洁，陈忠琏．我国各地区人口素质差异的主成分和聚类分析［J］．数理统计与管理，1998(6)：42-48.

[4] 王德青，朱建平，谢邦昌．主成分聚类分析有效性的思考［J］．统计研究，2012(11)：84-87.

[5] 蔡跃洲，王玉霞．投资消费结构影响因素及合意投资消费区间——基于跨国数据的国际比较和实证分析［J］．经济理论与经济管理，2010(1)：24-30.

[6]［美］钱纳里，［以］塞尔昆．发展的形式：1950—1970［M］．北京：经济科学出版社，1988.

基于复杂网络视角的我国经济核心关联产业发展特征实证研究①

肖远飞　杨双鹏　李　青

（昆明理工大学）

摘　要　本文通过分析投入产出表数据特征，选用 Weaver-Thomas 指数法，以我国 2002 年、2007 年、2012 年三年投入产出表中的分配系数与消耗系数矩阵为数据支撑，构建需求、供给 0-1 矩阵，然后基于复杂网络理论建立产业关联网络，抽象出聚集力、牵制力、地位指数、综合力四个概念，对各网络中的核心产业进行搜索分析，抽象出发展路径概念，对综合力排名第一的产业进行发展路径分析。研究发现，我国经济核心产业发展具有变化与稳固的二重性特征，表现为虽然工业产业核心性有下降趋势，但地位依旧稳固，而服务业异军突起，其地位逐渐显现。同时，不同指标下的核心产业具有异同性。而同一核心产业的发展路径在不同阶段侧重点不同。

关键词　复杂网络；综合力；发展路径

一、引言

改革开放至今，主导我国经济发展的核心关联产业不断变化，这种变化是迅速高效的，同时又是危机四伏的。改革开放后，在我国产业结构中，第

---

① 基金项目：国家自然科学基金“网络关系视角的价值链嵌入条件下资源型产业技术升级实现机制研究”（71763014）；教育部人文社科项目青年基金“我国西部地区产业承接中‘技术发展陷阱’的形成机理与应对策略研究”（14YJC790139）；云南省科技计划项目“嵌入全球生产网络视角的我国西部制造业企业跨越‘技术发展陷阱’研究”（2016FB117）。

作者简介：肖远飞（1976—　），男，湖南邵阳人，博士，昆明理工大学管理与经济学院副教授，研究方向为开放经济与区域产业发展；杨双鹏（1992—　），男，陕西商洛人，昆明理工大学管理与经济学院硕士研究生，研究方向为价值链管理；李青（1995—　），女，湖南湘西人，昆明理工大学管理与经济学院硕士研究生，研究方向为开放经济与区域产业发展。

一产业所占比重逐年降低，第二、第三产业占比逐渐上升，虽然相比第三产业，我国第二产业为近年 GDP 的高速增长做出了巨大贡献，但同时，也衍生出巨大的问题，产业比重不均衡，第三产业的落后制约了第一、第二产业的发展，而第二产业“大而不强”的局面导致其核心竞争力并不十分突出。近年来，发达国家对我国经济过快发展的担忧导致其采取了一系列不正常“手段”来制约我国经济的发展，尤以中美贸易摩擦为甚。贸易摩擦给我国带来的影响充分暴露了我国经济产业结构的不完善性，高端加工制造业及信息技术服务业的主导权依旧掌握在欧美等发达国家手里，我国在这方面的话语权仍旧偏小。众所周知，经济产业的发展是相互影响、相互关联的，单一产业脱离其他产业独自发展是不现实的，只有积极发挥核心产业的带动性，以及其他产业对核心产业的推动性，才能确保经济产业结构的合理性与高效性。

不同时期，具有“强推”“强拉”作用的产业不尽相同，产业之间具有错综复杂的关系。经济产业间的这种关联关系特征与复杂网络的特性（抽象、多重杂糅等）具有相似性。对此，本文引入复杂网络理论，对我国 2002 年、2007 年、2012 年三年投入产出表的数据进行定量分析，识别出我国产业结构中，哪些产业具有强“聚集力”，哪些产业具有强“牵制力”，哪些产业具有高“地位指数”，而哪些产业又具有最高的“综合力”，通过对这些指标的判定，对我国经济产业十几年的变迁进行了解和摸索，找出其规律性，并进行分析总结。同时找出“综合力”最强的产业进行发展路径探索，找出其关联产业的类型和维度，既为今后的研究提供借鉴，同时又为地区发展战略的制定提供参考。

本文其余部分内容安排如下：第二部分在简要回顾已有文献的基础上指出了本文的贡献；第三部分梳理了相应的理论模型和节点关联并对其发展路径进行分析；第四部分主要对中国当前的产业关联特征进行实证研究；第五部分则根据研究结论提出了相关的政策建议。

二、文献回顾

产业关联分析是借助于投入产出表对产业之间在生产、分配、交换上发生的联系进行分析研究，从而得出一国国民经济各产业部门的比例关系及其特征，进而为经济预测、经济计划和产业政策服务。学术界研究产业关联特征的空间尺度分为以下两类：

第一类是国家尺度。王岳平、葛岳静(2007)利用投入产出分析技术和全国最新投入产出表数据，从实证的角度，通过计算分析了各部门的直接消耗系数、各项最终需求的诱发额。刘瑞翔、姜彩楼(2010)利用1997年、2002年以及国家统计局最新颁布的2007年投入产出表，考察了中国在经济全球化背景下的产业关联特征。郭利京、胡浩、杨丽(2011)应用投入产出方法并结合我国2007年投入产出表，对中国农业生产加工工业和中国经济的其他产业的关联关系进行了分析。余典范、干春晖、郑若谷(2011)借鉴多国多部门投入产出模型的结构分解技术，通过静态结构分解技术将产业结构效应分解为乘数效应、反馈效应和溢出效应三部分，并利用投入产出表对2002年和2007年的中国51个产业的关联状态及其变化进行了详细分析。刘新建等(2014)以2007年中国投入产出表的数据为基础，运用投入产出模型，从投入结构、需求结构以及产业波及效果的角度定量分析了中国稀土产业与国民经济中其他产业的关联关系，得出了稀土产业的产业关联特征。余典范、张亚军(2015)利用1987—2010年中国投入产出表以及相应年份的延长表，运用投入产出分析方法全面测算并比较了服务业与制造业之间关联变化的特征。

第二类是省域尺度。李德山、张淑英、蒋寒宇(2016)采用投入产出结构分解技术，将四川省天然气产业发展效应分解为乘数效应、反馈效应和溢出效应，并以四川省2002年、2005年、2007年、2010年和2012年42个部门的投入产出数据为依据，分别从静态和动态上分析了四川省2002—2012年天然气产业发展的关联特征。谢艳锋等(2016)基于投入产出模型理论，以新疆

2007 年和 2012 年投入产出表为依据，分析了新疆畜牧业后向产业关联、中间需求率、中间投入率、前向产业关联的动态变化。金春鹏（2017）借鉴投入产出模型的结构分解技术，通过静态结构分解技术将产业结构效应分解为乘数效应、反馈效应和溢出效应三部分，并利用 2007 年和 2012 年江苏 40 个部门的投入产出表对江苏产业关联状态及其变化进行了实证分析。孙智君、江燕（2017）基于 2007 年、2012 年湖北省投入产出数据，利用投入产出法，通过分析最初投入结构、产业关联特征及其动态演变，揭示湖北省文化产业发展的结构特征及其对国民经济的影响。

另外，与以上研究仅局限于国内纵向比较不同，原嫄、李国平（2016）在制造业和服务业内部分类的基础上，根据欧盟 27 国累积投入产出表对各产业关联度进行测算，建立产业关联度对区域经济发展水平演化的理论影响模型，进而应用计量经济工具对产业关联度的影响效应及强度进行了实证分析。通过对上述文献的整理，可以发现由于产业关联具有精确量化的优势，通过投入产出表计算相关系数被越来越多的学者所采用。与以往文献不同，本文的创新体现在为了能够研究中国在全球化背景下产业联结的演变特征，我们利用 2002 年、2007 年、2012 年三年投入产出表进行了动态研究。

三、理论模型的搭建

（一）模型构建

（1）产业关联网络强关联理论。

复杂网络研究法是通过大规模的节点构成的非完全规则、完全随机，但又具有内在规律的研究节点间关系的一种方法。若节点间具有相对比较重要的关联，就证明节点间具有强关联关系，通常用 0~1 变量表示其是否存在强关联关系，也就是在其邻接矩阵中，对应节点处的元素为 0 或 1。产业关联网络（ICRN），是在复杂网络基础上构建而成的，因此，从现实角度出发，ICRN 具有经济性、动态性、不均匀性、复杂性等特点，在关联网络上，可以对网络中各个节点的属性、发展路径构成及整体网络的关联情况基于复杂网络理论进行分析研究。

（2）关联网络理论模型构建原理。

本文所提及的ICRN是基于我国2002年、2007年、2012年三年投入产出表数据构建而成的。在投入产出模型中，直接消耗系数矩阵的纵向维度x_{ij}表示j产业节点对i产业商品与服务的消耗情况，也就是所研究区域内，产业供给侧的消耗情况；分配系数的横向维度y_{ij}表示i产业对j产业商品与服务产出的需求情况，也就是其研究区域内，产业需求侧的分配情况。在同一维度中，产业间的供给与需求程度彼此不同，因此，需要对这种关系程度做出判别，也就是用0~1变量表示其是否具有强关联关系，进而构建产业关联网络。

首先将直接消耗系数矩阵及分配系数矩阵中的产业节点作为ICRN中的节点，对消耗系数矩阵的纵向维度和分配系数的横向维度做0~1化处理，然后以处理后的消耗系数矩阵纵向维度构建后向供给关联网络BS-ICRN，以分配系数横向维度构建前向需求关联网络FD-ICRN，节点间的强关联关系（指标1）对应关联网络中产业节点对间的“弧”。这两个网络可以分别从被动和主动、后向和前向、供给与需求三个不同方面说明区域产业间的关联情况。

（3）关联网络理论模型构建。

威弗—托马斯指数是在一系列假设分布与实际分布对比的基础上，通过模型运算，确立所研究分布的最近似分布，进而确定所研究分布序列的最关键因素（阈值）。因此，本文对于产业节点间的强关联关系采用威弗—托马斯指数进行判别。首先对消耗系数$n \times n$矩阵的纵向维度确立阈值（a_1，a_2，a_3，…，a_n），分配系数$n \times n$矩阵的横向维度确立阈值（b_1，b_2，b_3，…，b_n），然后用消耗系数纵向维度包含的产业节点与其所在列的阈值进行比较，大于等于取1，小于取0，进而构建后向供给网络BS-ICRN，同理，用分配系数横向维度包含的产业节点与其所在行的阈值进行比较，大于等于取1，小于取0，进而构建前向需求网络FD-ICRN。

如前文所述，变量1表示对应产业节点之间存在强关联关系，变量0表示不存在强关联关系。

（二）节点关联分析

（1）聚集力：设存在节点 k，如式(1)所示，k_{in} 为 ICRN 中指向节点 k 的强关联关系数，k_{out} 为背向节点 k 的强关联关系数，用 k_{in} 与 k_{out} 的和比上节点 k 可能存在的这两种关系和的最大值($2n-2$)，得到聚集力指标 C_K，C_K 反映产业 k 在 ICRN 中与其他产业货物及服务之间主动及被动的关联聚集情况。

$$C_K=\frac{k_{in}+k_{out}}{2n-2} \tag{1}$$

（2）牵制力：设存在节点 k，如式(2)、式(3)所示，假设节点 x 与 y 相连的最短路径数为 g_{xy}，这些最短路径需绕过节点 k 的数为 $g_{xy}(k)$，将 ICRN 中所有节点对间对应的 $g_{xy}(k)$ 比上 g_{xy} 值加总得到 g_k，然后比上节点 k 可能存在的 h_k 最大值：$(n^2-3n+2)/2$ 得到牵制力指标 H_K，牵制力反映 ICRN 中对应节点对其他节点间货物及服务流通的牵制作用。

$$g_k=\sum\nolimits_{x=1}^{n}\sum\nolimits_{y=1}^{n}\frac{g_{xy}(k)}{g_{xy}} \tag{2}$$

$$H_K=\frac{2g_k}{n^2-3n+2} \tag{3}$$

（3）地位指数分析：设存在产业节点 k，影响力指的是产业关联网络中，k 得到其他节点的“关注程度”，如式(4)所示，第一个矩阵为产业关联网络的二值矩阵(0 为不关联，1 为强关联)，各列的和即为关联矩阵的中列对应节点受到其他节点直接强关联的个数，用其值比上其他节点的个数($n-1$)，便得到对应节点的“常规地位指数”，但是，此种方法因只能测算与对应节点直接关联节点的“关注程度”，因此对其进行改进，对式(4)第一个矩阵进行平方，得到第二个矩阵，$a_{ij}(i, j=1, 2, 3, \cdots, n)$对应得到的新数值，便为自节点 i 到节点 j 经过两条“弧”关联的条数，同理，三次方表示对应节点对经过三条“弧”关联的条数，直到无穷次方为止，然后参照第一个矩阵的方法，对其进行列加总便得到对应节点对受到其他节点经过对应“弧”数为 1，2，3，…，$+\infty$ 的关注量，最后将所有矩阵对应列的节点进行加总，便得到对应节点到达其他节点经过不同“弧”数的“地位指数”。

$$\begin{bmatrix} a_{11} & \cdots & a_{1n} \\ \vdots & \ddots & \vdots \\ a_{n1} & \cdots & a_{nn} \end{bmatrix} \rightarrow \begin{bmatrix} a_{11} & \cdots & a_{1n} \\ \vdots & \ddots & \vdots \\ a_{n1} & \cdots & a_{nn} \end{bmatrix}^2 \rightarrow \begin{bmatrix} a_{11} & \cdots & a_{1n} \\ \vdots & \ddots & \vdots \\ a_{n1} & \cdots & a_{nn} \end{bmatrix}^3 \cdots \begin{bmatrix} a_{11} & \cdots & a_{1n} \\ \vdots & \ddots & \vdots \\ a_{n1} & \cdots & a_{nn} \end{bmatrix}^{+\infty} \tag{4}$$

但是随着矩阵的次方不断增大，对应的“地位指数”效应会不断降低，因此，引入“衰减因子 β”，构建矩阵 T，如式(5)所示，N，N^2，N^3，…，$N^{+\infty}$ 对应式(4)中的不同次方矩阵。

$$T=\beta N+\beta^2 N^2+\beta^3 N^3+\cdots+\beta^{+\infty} N^{+\infty} \tag{5}$$

设 T_{ij} 为矩阵 T 中元素，T_j 为矩阵 T 中第 j 列的数值加总，依据前文常规地位指数的求法，可推导出 T_j 的除数 m，如式(6)所示。

$$m=\beta(n-1)+\beta^2(n-1)^2+\beta^3(n-1)^3\cdots\approx(n-1)!\ (\beta)^{n-1}e\frac{1}{\beta} \tag{6}$$

用 T_j/m 就得到第 j 列对应节点的“地位指数”，它是对应节点在 ICRN 中基于关联关系地位的一种反映。

(4) 综合力指标分析：节点综合力评价指标指的是利用“熵权法”，根据各评价指标的差异程度对聚集力、牵制力和地位指数分别赋予相应的权值(系数)，进而对其进行量化归一。综合力指标是对分指标的综合分析，可以利用其在 ICRN 中找出产业节点的综合性质，对其做以评价分析。

(三) 节点发展路径分析

假设存在产业 K，在产业关联网络中，其后向推动产业有 P、$P+1$、$P+2$，其前向拉动产业有 R、$R+1$、$R+2$。对于产业 K，其在选择发展路径时，需要重点考虑两个指标：一是与其关联产业间关联路径的长短；二是与其关联产业发展潜力的大小。本文假设产业在选择发展路径时，关联路径的效应大于发展潜力的效应，那么对于产业 K 来说，其在选择后向推动产业时，会遵循 $P>P+1>P+2$ 的原理进行发展战略部署，选择前向拉动产业情况亦是如此，会遵循 $R>R+1>R+2$ 的原理。而在关联路径长短相同的情况下，产业 K 的发展战略便会倾向于发展潜力大的产业，本文通过综合力去判断产业发展潜力大小。产业发展路径选择见图 1。

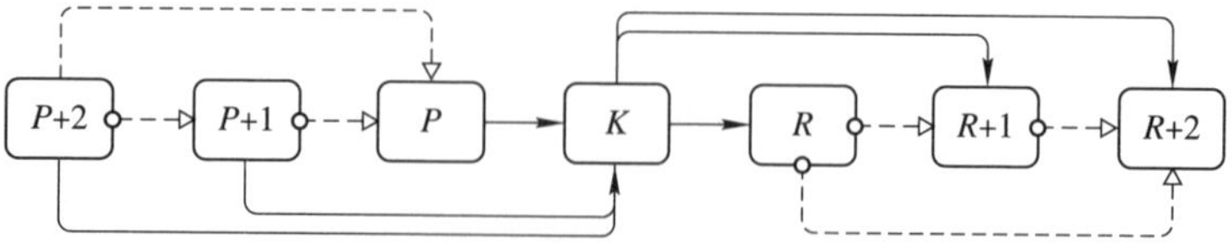

图 1　产业发展路径选择

四、实证分析

（一）我国产业关联网络图

图 2 为我国 2002 年、2007 年、2012 年产业关联网络图，为简便起见，本文按照投入产出表中各产业的排列顺序，对其进行 1～42 编号。需求网络中，箭头方向与产业间的需求上下游方向一致，供给网络中，箭头的方向与供给的上下游方向一致。通过观察可发现，位于网络图中心的节点的面积要大于位于网络图边缘的节点的面积，这是因为位于网络图中心的节点，与其具有强关联关系的节点更多，而位于网络图边缘的节点，与其具有强关联关系的节点较少，例如，2002 年需求网络中，与节点 5 具有强关联关系的节点只有节点 25，因此它位于网络图的最边缘部位。而为了更好地分析我国产业关联各个年份的变化情况，下文将继续对各个网络进行量化指标分析。

（二）核心产业节点描述性分析

本文对搜索出各年份各个产业网络中，对应的各指标排名前五的核心产业进行分析。

（1）节点聚集力分析。

表 1 为 2002 年、2007 年、2012 年供需网络中聚集力排名前五的产业详情。很明显可以看出，在我国经济产业的发展中，核心产业的变化具有二重性。一方面某些产业的聚集力具有持久性，如节点 27（水的生产和供应）在 2002

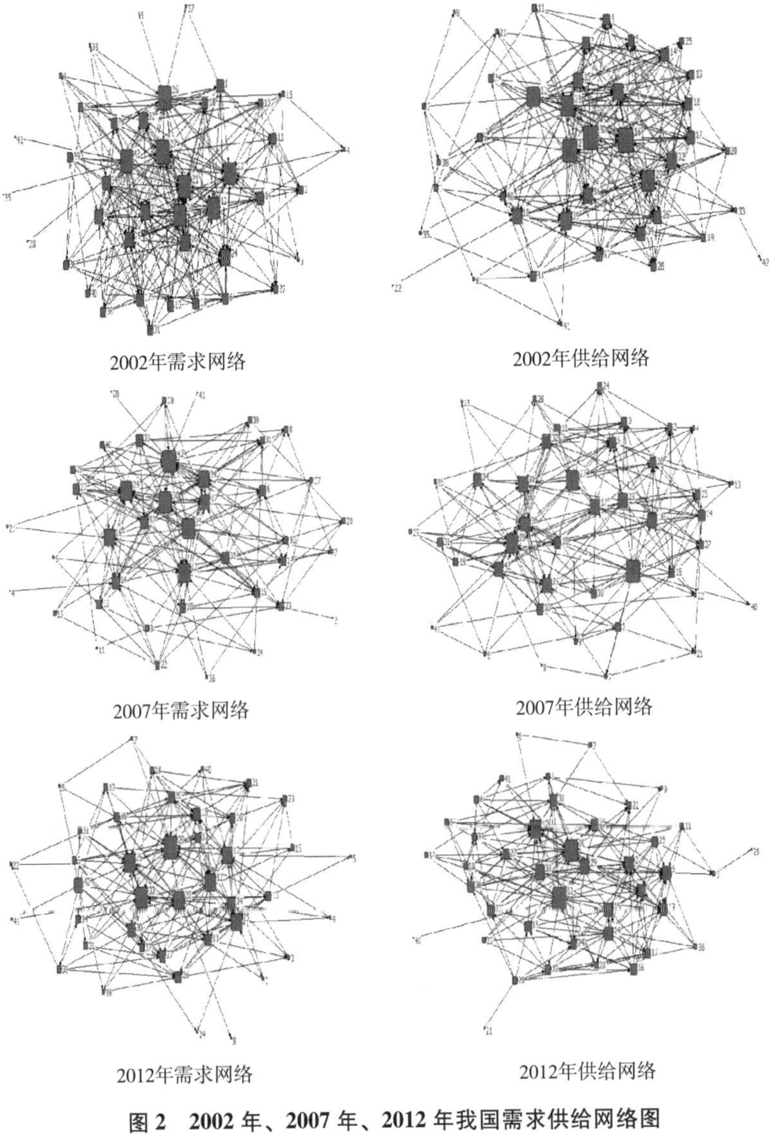

图 2　2002 年、2007 年、2012 年我国需求供给网络图

年的供需结构及 2007 年的供给结构中均占据领先位置；节点 12（化学产品）则在除了 2012 年之外的其他年份供需结构中均表现出强大的聚集力，同时与节点 12 类似的还有节点 30（交通运输、仓储和邮政）。另一方面出现了某些核心产业的逐渐没落与新兴核心产业的崛起现象，如节点 33（金融）、节点 35（租赁和商务服务）在 2012 年供需网络中悄然出现，而观察表 1 还可发现，这些新兴产业以第三产业(服务业)为主，这对2007年前第二产业的核心性形成了冲击。

表1　2002年、2007年、2012年核心产业聚集力识别

2002年				2007年				2012年			
需求网络		供给网络		需求网络		供给网络		需求网络		供给网络	
27	0.305	16	0.305	42	0.268	12	0.244	29	0.28	12	0.28
26	0.305	30	0.305	30	0.256	27	0.22	33	0.256	30	0.268
23	0.268	27	0.293	25	0.244	39	0.207	35	0.232	42	0.232
30	0.268	29	0.256	12	0.232	30	0.183	28	0.22	33	0.183
12	0.268	12	0.256	26	0.232	36	0.183	25	0.207	29	0.183

(2) 节点牵制力分析。

表2为2002年、2007年、2012年供需网络中牵制力排名前五的产业详情。可以看出，牵制力排名靠前的产业与聚集力排名靠前的产业既具有相似性，又具有差异性。相似性体现在，2002年、2007年的供需结构中排名前列的产业具有一致性，如产业27(水的生产和供应)、产业30(交通运输、仓储和邮政)依然排名高位；差异性体现在资源型行业的异军突起，如产业3(石油和天然气开采产品)、产业4(金属矿采选产品)、产业5(非金属矿和其他矿采选产品)分别在2007年供给结构及2012年的供需结构中形成对其他产业的强大牵制力，可见资源型行业的牵制力在2007年后逐渐形成，同时服务业的牵制力依然强大。

表2　2002年、2007年、2012年核心产业牵制力识别

2002年				2007年				2012年			
需求网络		供给网络		需求网络		供给网络		需求网络		供给网络	
27	0.394	10	0.175	42	0.387	27	0.183	29	0.402	30	0.32
26	0.317	32	0.171	26	0.213	34	0.171	33	0.384	3	0.271
23	0.2	30	0.143	30	0.15	14	0.16	28	0.34	5	0.267
12	0.121	29	0.142	17	0.137	4	0.131	35	0.339	11	0.238
30	0.116	27	0.126	12	0.117	32	0.131	17	0.242	35	0.146

(3) 节点地位指数分析。

表3为2002年、2007年、2012年供需网络中地位指数排名前五的产业

详情。可以看出，2002 年需求结构中排名前五的产业均为第二产业（工业），而供给结构中排名前二的产业则都为第三产业（服务业），2007 年后第二、第三产业出现均衡局面，可见在我国经济产业发展中，均衡性、多元性特点逐渐显现。其中，某些产业的地位指数久居高位，如产业 12（化学产品），同时，也伴随新核心产业的出现及旧核心产业的消失，如产业 33（金融）、产业 29（批发和零售）的兴起及产业 23（废品废料）、产业 27（水的生产和供应）地位下降。

表 3　2002 年、2007 年、2012 年核心产业地位指数识别

2002 年				2007 年				2012 年			
需求网络		供给网络		需求网络		供给网络		需求网络		供给网络	
21	1.042	27	1.044	26	1.045	12	1.047	29	1.046	12	1.052
27	1.034	30	1.044	12	1.038	27	1.036	33	1.035	30	1.035
23	1.032	12	1.040	42	1.035	23	1.033	35	1.031	14	1.033
20	1.031	16	1.036	14	1.031	32	1.029	17	1.028	33	1.033
24	1.031	23	1.031	16	1.028	17	1.027	26	1.024	29	1.031

（4）节点综合力分析。

依据前文所述理论，采取“熵权法”对聚集力、牵制力、地位指数进行量化归一，测算得其权数分别为 0.328、0.358、0.314，可见三个指标在评定产业综合核心性方面影响贡献较为均衡，彼此间差别不大，得出的结果具备客观性。

表 4 为各个年份供需网络中综合力排名前五的产业。可以看出，2012 年的供给网络中，资源型产业 5（非金属矿和其他矿采选产品）、产业 12（化学产品）、产业 11（石油、炼焦产品和核燃料加工品）占据重要地位，其中产业 12 的核心性更是长久不衰，而其他年份中，第二、第三产业较为均衡地出现，总体而言，工业行业在我国产业经济结构中的地位是逐渐下降的，但其依然占有重要核心地位，尤其体现在资源型产业及化工产业上。同时服务业产业 33（金融）、35（租赁和商务服务）逐渐占据主导地位。

表 4　2002 年、2007 年、2012 年核心产业综合力识别

2002 年				2007 年				2012 年			
需求网络		供给网络		需求网络		供给网络		需求网络		供给网络	
27	0.572	30	0.497	42	0.557	27	0.476	29	0.570	30	0.536
26	0.539	27	0.487	26	0.493	34	0.440	33	0.552	5	0.474
23	0.497	29	0.470	30	0.475	32	0.435	35	0.528	12	0.446
12	0.467	16	0.467	12	0.460	14	0.434	28	0.517	11	0.437
30	0.466	32	0.466	16	0.445	12	0.431	17	0.483	35	0.434

（三）工业行业发展路径演化对比

本文选取综合力排名第一的产业，在与其有直接关联的产业中进行发展路径搜索，其结果如表 5 所示：在三个阶段、六个网络中，综合力排名第一的产业分别为 27（水的生产和供应）、30（交通运输、仓储和邮政）、42（公共管理、社会保障和社会组织）、27（水的生产和供应）、29（批发和零售）、30（交通运输、仓储和邮政），可以看出这些产业均为服务业，且重复率较高，可见我国经济产业结构的演化是变化与稳固共存的。如表 5 所示，在需求网络中，核心产业左边为被需求方，右边为其需求方，与核心产业的距离越近，表示其在核心产业发展路径中的战略地位越高。与此类似，在供给网络中，核心产业左边为供给方，右边为被供给方，与核心产业的距离越近，表示其在核心产业发展路径中的战略地位越高。发展路径的长短，与核心产业的关联影响力成正比，由此可看出 2002 年的供需结构中产业 27（水的生产和供应）与产业 30（交通运输、仓储和邮政）影响力在所有网络中均属于最强，最弱的核心产业则为 2007 年供给网络中的 27（水的生产和供应）。

表 5　2002 年、2007 年、2012 年核心产业发展路径搜索

产业网络	发展路径
2002 年需求网络	9—13—40—10—6—19—18—14—1—8—32—42—30—12—26—27—23—21—16—34—24—20—25—17—11—15
2002 年供给网络	30—32—30—27—29—16—23—15—26—34—14—39—17—36—18—2—13—4—37—5—9—40—24—28—25—21
2007 年需求网络	28—41—37—38—10—39—29—31—40—27—25—34—17—26—42—30—12—16—32—14—33—6—1

续表

产业网络	发展路径
2007 年供给网络	11—17—32—27—34—30—39—36—4—35—3—42—5—26—22—2—24—9—28
2012 年需求网络	40—15—7—31—6—10—18—8—36—1—13—16—34—14—12—20—28—35—29—33—17—25—30—19
2012 年供给网络	39—1—6—38—31—29—33—35—11—12—30—5—42—15—13—2—18—4—27—24—22—23

五、结论与政策建议

本文通过分析投入产出表的数据特征，选用 Weaver-Thomas 指数法，以我国 2002 年、2007 年、2012 年三年投入产出表中的分配系数与消耗系数矩阵为数据支撑，构建需求、供给 0-1 矩阵，然后基于复杂网络理论建立产业关联网络，抽象出聚集力、牵制力、地位指数、综合力四个概念指标，对各网络中的核心产业进行搜索分析，抽象出发展路径概念，对综合力排名第一的产业进行发展路径分析。

研究发现，我国经济核心产业发展具有变化与稳固的二重性特征，表现为虽然工业产业核心性有下降趋势，但地位依旧稳固，而服务业异军突起，其地位逐渐显现。同时，不同指标下的核心产业具有异同性。而同一核心产业的发展路径在不同阶段侧重点是不同的。

这些特征为我国产业结构发展优化升级提供了依据。某些工业产业的地位下降，可能意味着其推动或拉动其他产业发展的能力逐渐下降，此时，政府层面应为工业产业在新形势下的发展提供良好的经济环境，淘汰多余、不合法的产能，维护市场的公平竞争性。企业层面则应寻求加大投资、引进外资先进技术、管理方法等，促使其抛弃逐渐会被市场淘汰的落后技术及粗放式管理方式，寻求技术升级、管理优化，力争重新夺回其在产业结构中的影响力，避免空心化发展。而服务业的快速发展和影响力的逐渐扩大，说明我国产业经济结构的调整取得重大突破性进展，未来政府需引导服务型企业往创新型、科技型、数字型服务业发展，带动更多的产业发展进步，力争为我国经济做出更大贡献。

参考文献

[1] 郭利京，胡浩，杨丽. 中国农产品加工业产业关联特征分析［J］. 统计与决策，2011(11)：118-121.

[2] 何飞帆，张建武. 中国产业关联的变化趋势与特征——基于中国投入产出表的测度分析［J］. 贵州师范学院学报，2017(11)：43-50.

[3] 金春鹏. 江苏产业结构的关联特征分析——基于投入产出结构分解技术的实证研究［J］. 统计与咨询，2017(2)：42-44.

[4] 李德山，张淑英，蒋寒宇. 四川省天然气产业发展的关联特征分析——基于投入产出表结构分解技术［J］. 西安石油大学学报(社会科学版)，2016，25(6)：15-20.

[5] 刘瑞翔，姜彩楼. 经济全球化背景下我国产业关联特征分析——基于 1997—2007 可比价非竞争型投入产出表的研究［J］. 产业经济研究，2010(5)：17-26.

[6] 刘新建，卢瑞新，宋之杰，等. 基于投入产出模型的中国稀土产业关联分析［J］. 生态经济，2014，30(4)：85-90.

[7] 孙智君，江燕. 湖北省文化产业关联特征与发展趋势研究——基于湖北省 2007 年、2012 年投入产出数据［J］. 长江大学学报(社会科学版)，2017(5)：43-49.

[8] 王岳平，葛岳静. 我国产业结构的投入产出关联特征分析［J］. 管理世界，2007(2)：61-68.

[9] 谢艳锋，朱美玲，阿依夏木，等. 投入产出模型下新疆畜牧业产业关联动态变化分析［J］. 新疆农业科学，2016，53(7)：1364-1372.

[10] 余典范，干春晖，郑若谷. 中国产业结构的关联特征分析——基于投入产出结构分解技术的实证研究［J］. 中国工业经济，2011(11)：5-15.

[11] 余典范，张亚军. 制造驱动还是服务驱动？——基于中国产业关联效应的实证研究［J］. 财经研究，2015，41(6)：19-31.

[12] 原嫄，李国平. 产业关联对经济发展水平的影响：基于欧盟投入产出数据的分析［J］. 经济地理，2016，36(11)：76-82.

[13] Liu A. Sources of structural change and output growth of China's economy：1987-92［J］. Economics of Planning，1998，31(2-3)：95-116.

[14] Miller R E，Blair P D. Input-output analysis：Foundations and extensions［M］. Cambridge University Press，1985.

京津冀地区工业城乡分布的雾霾效应①

李玉红

(中国社会科学院数量经济与技术经济研究所)

摘　要　本文将企业在城乡不同环境规制空间排污行为的差异性纳入污染物排放量核算体系，采用经济普查和规模以上工业企业数据，估算了2004—2013年京津冀地区大气污染行业一次颗粒物排放量。结果显示，考察期内京津冀地区一次颗粒物的实际排放量要远远超过环保部（现生态环境部，后同）公布的排放量。2013年，京津冀地区仅主要大气污染行业排放的一次颗粒物就达720万~2200万吨，是环保部统计的京津冀地区颗粒物排放量的5~15倍，其中75%以上的一次颗粒物排放都来自农村地区。对于京津冀地区雾霾的治理，以往采取的污染企业“退城搬迁”、城区“去工业化”措施不应作为主要手段和目的，而应以降低整个区域尤其是农村地区的颗粒物排放量为目的。因此，环境管理的重点应从城镇转移到农村地区，在农村建立起常态化环境管理机制。

关键词　细颗粒物；环境规制；排污系数；重污染天气；农村工业

一、引言

近年来我国多地频繁出现雾霾②天气，京津冀地区尤为严重。石家庄、唐

---

①　基金项目：中国社会科学院创新工程“绿色发展战略与政策模拟研究”，北京市社会科学基金青年项目“北京市机动车限购限行政策评估”（15JGC149）。

作者简介：李玉红（1976—　），女，山东青岛人，中国社会科学院数量经济与技术经济研究所、中国社会科学院环境与发展研究中心研究员，经济学博士；电子邮箱：liyuhong@ cass. org. cn。

②　在自然科学领域，灰霾(Haze)更为常用。灰霾特指由于人类活动增加导致的城市区域近地层大气的气溶胶污染导致能见度恶化现象(吴兑，2012)。可见，灰霾主要发生在城区上空，而近期发生的雾霾面积更大，不但城区能见度低，而且周围大面积农村地区能见度都较低。

山、邯郸、保定和邢台等地细颗粒物（PM2.5）浓度位居全国前十之列，北京PM2.5 浓度是国家空气质量二级标准的 1 倍以上。党中央和国务院非常重视大气污染治理。2013 年 9 月，国务院颁布《大气污染防治行动计划》（大气十条），提出到 2017 年京津冀地区细颗粒物浓度要比 2012 年下降 25%左右。根据《大气十条实施情况中期评估报告》，京津冀地区要完成 2017 年目标的任务相当艰巨。为实现该目标，2017 年环保部对京津冀及周边传输通道上的“2+26”个城市先后进行空气质量专项督察和大气污染防治强化督察。党的十九大提出“持续实施大气污染防治行动，打赢蓝天保卫战”，蓝天保卫战既不能输也输不起。

科学家普遍认为京津冀地区雾霾是自然气象条件和人为污染物排放共同作用导致的（张小曳等，2013；贺泓等，2014）。由于细颗粒物具有长距离传输特点，区域输送对京津冀地区雾霾事件的形成和维持有不可忽视的影响（缪育聪等，2015）。雾霾的区域性特点要求雾霾治理联防联控，这已经在学术界和政府部门达成共识（马丽梅等，2014；潘慧峰等，2015；张世秋等，2015；邵帅等，2016）。研究发现，京津冀地区人为污染物排放量与该区域的产业结构、能源结构、交通运输和人口集聚等社会经济因素具有密切关系（李瑞等，2014；李云燕等，2016；石敏俊等，2017），这些因素的识别对于治理京津冀地区重污染天气具有重要意义。

然而，一个重要但却被忽视的现象是，环保部公布的京津冀地区颗粒物（烟尘和粉尘）排放量在近十几年并没有大幅增加，反而有所减少。1998 年，京津冀地区仅工业部门排放的烟粉尘①为 208.28 万吨，而 2015 年工业部门加上生活部门的烟粉尘排放量仅有 172.55 万吨，即使是雾霾大面积爆发的 2013 年，京津冀三地烟粉尘排放量也仅有 146.01 万吨。如果这些数字真实，那么，在近几年气象条件没有突变而颗粒物排放量减少的情况下，京津冀地区不可能频繁、大规模地出现重污染天气，而后者的出现必然存在这样一个结论：京津冀地区颗粒物排放量统计数字低估了实际排放量。有研究也显示我

① 烟粉尘合称总悬浮颗粒物（Total Suspended Particle，TSP），指环境空气中空气动力学当量直径小于等于 100 微米的颗粒物。PM10 和 PM2.5 分别为粒径小于或等于 10 微米和 2.5 微米的颗粒物（国家空气质量标准，GB 3095—2012）。

国一次颗粒物实际排放量超过了当年环保部发布的数量①。污染物排放量是对重污染天气进行科学研究的基础指标，其大幅失真会对学术研究和政策制定产生误导，很可能掩盖一些真实的内在原因。

目前，我国大部分企业污染物排放数据是根据产品产量和排污系数估算得到的②（董广霞等，2011；王金南等，2015）。然而，企业排污系数成立的条件是企业服从环境规制从而达到污染治理技术所允许的最低排放量。如果企业并没有服从环境规制，那么根据理论上的排污系数估算而得的污染物排放量就大大低估了实际排放量。研究农村经济和环境的文献显示，无论是乡镇企业时代还是改制后时期，我国农村地区都有大量的污染企业（姜百臣等，1994；李周等，1999；郑易生，2002；王学渊等，2012；王岩松等，2014；周曙东等，2014；李玉红，2017）。由于农村地区污染企业数量庞大、技术水平参差不齐，加上环境监管薄弱的客观条件，农村地区工业企业更倾向于超标甚至直接排污（苏扬等，2006；张彪，2010；彭向刚等，2013），导致农村地区环境恶化（黄季琨等，2010；王国平，2010；卜风贤等，2011）。这也从环保部历次环境督察行动中得以证明③，尤其是环保部对京津冀地区及周边"2+26"城市开展大气污染防治强化督察以来，发现农村地区及城乡接合部存在的"散乱污"企业"量大、面广，而且几乎没有任何治理设施，污染物直接外排"④。然而，农村地区工业污染问题主要反映在案例研究和新闻报道中，已有的颗粒物排放清单（汪旭颖等，2016；伯鑫等，2017）则没有考虑农村地区污染排放的特殊性，因而目前尚无考量农村地区企业排污特征的大气污染物排放量的研究。

---

① 汪旭颖等（2016）估算2012年钢铁工业一次颗粒物561万吨，京津冀地区钢铁产量约占全国1/4，故推算京津冀地区钢铁工业一次颗粒物排放量140万吨。环保部公布当年京津冀地区颗粒物排放量为138.68万吨。

② 估算企业排污量有三种方法：浓度监测法、排污系数法和物料平衡法，其中排污系数法最为常用。采用实际监测数据的企业仅占很小比重。根据2010年更新调查数据，全国用监测数据核算污染物排放量的调查对象近3万家，仅占全部重点调查对象的13.6%（董广霞等，2011），约占规模以上工业企业数的6.7%。

③ 从2011年环保部等九部委对铅蓄电池企业违法排污专项整治所公开的信息来看，我国大部分铅蓄电池企业都位于农村地区或者城镇郊区。农村地区被取缔整治的企业比重比城镇高出10个百分点，说明农村地区企业排污达不到环保标准相当普遍。

④ 寇江泽．零容忍整治"散乱污"［N］．人民日报，2017-07-29（009）；邢飞龙．强化督查催生发展新动能［N］．中国环境报，2017-10-12（001）．

基于文献和现实证据，将农村地区企业排污行为特点纳入污染物排放核算对于认识我国污染物真实排放情况具有重要意义。那么，京津冀地区颗粒物排放真实状况如何，污染企业在城乡空间的分布状况对于该地区颗粒物排放量的影响有多大，是本文尝试解决的问题。本文的贡献在于将企业在城乡空间排污行为的差异性纳入污染物排放量的核算体系当中，由此估算京津冀地区污染行业颗粒物实际排放量，从而揭示出京津冀地区重污染天气产生的深层次社会经济根源，这对于制定卓有成效的雾霾治理对策具有重要的参考价值。

本文内容安排如下：首先，建立一个考虑城乡空间环境规制差异的企业污染物排放核算体系。其次，采用经济普查和工业企业数据库，从省级、地级和城乡等维度刻画京津冀地区大气污染企业的空间分布特征。在此基础上，本文估算了京津冀地区主要大气污染行业的颗粒物排放情况。最后，本文讨论了我国现有环境治理政策的误区，并提出相应的政策建议。

二、考虑环境规制空间差异的污染物排放核算框架

经济学理论中通常没有空间变量，也就是说，代表性企业的排污行为不随空间地点而变化，即认为企业具有相同的排污行为。然而，大量现实案例表明企业对环境规制的服从程度在空间上并不相同。企业会根据所在地环境规制的强度，做出不同的应对决策。对于中国企业而言，企业对环境规制的服从成本分为两类：一类是沉淀成本，如“三同时”投资所安装的治污设备和建造的建筑；另一类是可变成本，如运行治污设备所耗费的电、水、原材料和人工。在环境规制严格地区，企业安装并启用污染治理设施，尽可能减少污染物排放。在环境规制宽松地区，企业不必运行治污设备，节省可变成本，甚至不安装治污设备，节省沉淀成本。因而，在同样的产业规模和技术水平条件下，以利润最大化为目标的企业在环境规制宽松地区的排污量要高于环境规制严格地区。

（一）*n* 个空间

假设某一经济体有 n 个环境规制不同的空间，每个空间有一个代表性企业，排放某一种污染物[①]。用 e 表示企业污染物排放量，q 为企业产量，那么，该经济体在 t 时期的总产量为 Q_t，污染物排放总量为 E_t：

$$Q_t = \sum q_{i,t}, \ E_t = \sum e_{i,t}$$

用 ζ_t^* 表示企业在 t 时期单位产量产生的污染物，简称为产污系数，反映了企业在没有采取任何污染治理措施之前的污染物产生状况，这是由企业所加工的原材料和其生产工艺所决定的；用 λ_t^* 表示企业在 t 时期所采取污染治理措施后单位产量排放的污染物，简称为理想排污系数，这是由污染治理设施的技术工艺所决定的最小排污水平，反映了污染治理设备对污染物的处理能力。用 $\lambda_{i,t}$表示企业 i 在 t 时期生产单位产量的实际排污量，简称为实际排污系数。$\lambda_{i,t} \in [\lambda_t^*, \zeta_t^*]$。上述原理可用公式表示为：

$$E_t = \sum_i e_{i,t} = \sum_i q_{i,t} \cdot \lambda_{i,t} = Q_t \cdot \sum_i \theta_{i,t} \cdot \lambda_{i,t} \tag{1}$$

其中，$\theta_{i,t}$是企业 i 在时期 t 的产量份额，$\sum_i \theta_{i,t} = 1$。企业实际排污系数 $\lambda_{i,t}$反映了企业对环境规制的服从程度。当 $\lambda_{i,t} = \lambda_t^*$ 时，说明所有企业完全服从环境规制，此时，经济体实现污染物最低排放量：

$$E_{t,\min} = Q_t \cdot \lambda_t^* \tag{2}$$

当 $\lambda_{i,t} = \zeta_t^*$ 时，说明所有企业完全没有服从环境规制，此时，经济体污染物排放量最高：

$$E_{t,\max} = Q_t \cdot \zeta_t^* \tag{3}$$

这里引入空间效应概念，将空间效应定义为实际排污量与最小排污量的比值 η_t，以此度量不同空间环境规制差异对污染物排放量所产生的影响：

$$\eta_t = \frac{E_t}{E_{t,\min}} = \frac{\sum \theta_{i,t} \lambda_{i,t}}{\lambda_t^*} \tag{4}$$

---

① 该假设可以放松为多个企业，多种污染物。为简化行文起见，假设每个空间只有 1 个代表性企业、排放 1 种污染物。

$\eta_t \in [1, \zeta_t^* / \lambda_t^*]$，环境规制宽松空间的产量份额越高，则空间效应越大。如果各个空间排污系数都是理想排污系数，那么，$\eta_t = 1$；如果各个空间排污系数都是产污系数，也就是说，排污企业完全没有采取污染治理措施，那么，$\eta_t = \dfrac{\zeta_t^*}{\lambda_t^*}$。

（二）2 个空间

理论上来说，如果能得到每个空间内企业的产量和排污系数，那么就能得出各期污染物排放量。然而，作为研究者，很难监测或者获得每个空间内企业的实际排污系数。为简化起见，这里将 n 个空间减少到 2 个空间，每个空间有 1 个代表性企业，其中，一个空间环境规制较为严格，企业污染物排放系数为 $\lambda_{s,t}$，下标 s 表示严格(strict)，另一个空间环境规制较为宽松，企业污染物排放系数为 $\lambda_{l,t}$，下标 l 表示宽松(lax)。实际上，该简化所反映的现象在现实中比较普遍，发达国家和发展中国家的环境规制程度有显著的差异，在我国，城镇和农村地区环境规制程度也存在着巨大差别。简化后，式(1)为：

$$E_t = Q_t\theta_{s,t}\lambda_{s,t} + Q_t\theta_{l,t}\lambda_{l,t} = Q_t\lambda_{s,t} + Q_t\theta_{l,t}(\lambda_{l,t} - \lambda_{s,t}) \tag{5}$$

其中，$\theta_{s,t} + \theta_{l,t} = 1$。相应地，污染物最小排放量、最大排放量和空间效应分别为：

$$E_{t,\min} = Q_t\lambda_{s,t} \tag{6}$$

$$E_{t,\max} = Q_t\lambda_{l,t} \tag{7}$$

$$\eta_t = \frac{E_t}{E_{t,\min}} = \theta_{s,t} + \theta_{l,t} \cdot \frac{\lambda_{l,t}}{\lambda_{s,t}} \tag{8}$$

（三）城乡空间

假设某一经济体内有城镇、乡村两个环境规制不同的空间，城镇地区环境规制严格，污染企业完全服从环境规制，即 $\lambda_{s,t} = \lambda_t^*$，而农村地区污染企业完全没有服从环境规制，即 $\lambda_{l,t} = \zeta_t^*$。那么，该经济体污染物排放量为：

$$E_t = Q_t\theta_{s,t}\lambda_t^* + Q_t\theta_{l,t}\zeta_t^* = Q_t\lambda_t^* + Q_t\theta_{l,t}(\zeta_t^* - \lambda_t^*) = E_{t,\min} + Q_t\theta_{l,t}(\zeta_t^* - \lambda_t^*) \quad (9)$$

这就是说，在城乡环境规制存在差异的情况下，污染物实际排放量是在最小排污量的基础上，加上一个贡献因素，这个贡献因素是农村地区产量与城乡排污系数差异程度的乘积。式(9)说明，要达到最低排放量有两条路径：一是生产企业全部集中在环境规制严格的城镇地区；二是农村地区污染企业完全服从环境规制，从而达到与城镇地区污染企业相同的排污系数。

对应的最小排污量、最大排污量和空间效应分别为：

$$E_{t,\min} = Q_t\lambda_t^* \quad (10)$$

$$E_{t,\max} = Q_t\zeta_t^* \quad (11)$$

$$\eta_t = \frac{E_t}{E_{t,\min}} = \theta_{s,t} + \theta_{l,t} \cdot \frac{\zeta_t^*}{\lambda_t^*} \quad (12)$$

三、京津冀地区大气污染行业①空间布局特征

京津冀地区地处华北平原，其中，京津地区被河北省所环绕。西为太行山，北为燕山，燕山以北为张北高原。河北省下辖石家庄、唐山、秦皇岛、邯郸、邢台、保定、张家口、承德、沧州、廊坊、衡水 11 个地级市。京津冀三地国土面积分别为 1.68 万平方千米、1.19 万平方千米和 18.88 万平方千米，合计 21.5 万平方千米，占全国国土面积的 2.24%。2015 年末三地常住人口 1.11 亿，占全国总人口的 8.11%，GDP 合计 6.94 万亿元，占全国的 9.60%。

（一）大气污染行业从北京向河北、天津转移幅度大于工业整体的转移幅度

2000 年以来，大气污染行业在京津冀地区的空间分布发生了明显的改变。除电力行业外，其他行业的重心从北京向河北、天津移动，转移幅度超过了工业整体的变化幅度。如表 1 所示，2000 年，北京市大气污染行业占京津冀

① 根据 2013 年《大气污染防治行动计划》，涉及工业的大气污染物主要来自使用燃煤锅炉的火电厂，金属冶炼、石油冶炼、化工、建材等行业和产生挥发性有机物的石化、印刷等行业。

地区的比重为 27.59%，2015 年则下降到 6.00%，降低了将近 22 个百分点，比全部工业比重下降幅度还多出 11 个百分点。河北省与天津市大气污染行业在京津冀地区的比重则分别增长到 62.44%和 31.56%，分别比 2000 年提高了约 14 个和 8 个百分点，分别比全部工业比重增幅高出约 4 个和 7 个百分点。

表 1　京津冀地区大气污染行业主营业务收入比重及变化

行业	2000 年				2015 年			
	主营业务收入/亿元	所占比重/%			主营业务收入/亿元	所占比重/%		
		北京	天津	河北		北京	天津	河北
印刷业和记录媒介的复制	85.14	58.05	17.31	24.64	554.49	23.31	19.09	57.59
石油加工炼焦	559.76	46.77	24.06	29.16	3567.56	17.55	35.77	46.68
化学原料及化学制品	600.98	23.41	32.52	44.08	4264.66	8.29	31.09	60.62
非金属矿物制品业	361.68	30.19	10.90	58.91	2744.17	16.44	13.92	69.64
黑色金属冶炼和压延加工业	927.14	19.49	21.99	58.53	14676.19	0.73	30.62	68.65
有色金属冶炼和压延加工业	105.13	11.89	37.74	50.38	1543.88	4.57	63.38	32.04
电力、热力的生产和供应业	404.35	18.61	15.74	65.65	7675.20	53.45	10.79	35.75
大气污染行业合计	2554.68	27.59	24.00	48.41	26796.46	6.00	31.56	62.44
全部工业合计	8729.84	30.90	29.86	39.25	92482.58	20.40	30.24	49.36

资料来源：《北京统计年鉴》《天津统计年鉴》《河北经济统计年鉴》。

从工业品产量角度可以更形象地说明京津冀地区大气污染行业空间格局的变化。如表 2 所示，自 2000 年以来，北京市主要大气污染行业工业品产量和相对比重均呈下降趋势，如 2005 年北京市生铁产量达到 813 万吨，创历年来产量峰值，此后陆续减产，至 2011 年全部停产。然而，与此相比，河北省主要大气污染行业工业品产量则呈爆发式增长，其中，钢材产量增长了 18 倍，粗钢和生铁产量分别增长了 14 倍和 9 倍，生铁和粗钢产量在京津冀地区的比重占到了 90%，占全国的 1/4。

表 2　京津冀地区大气污染行业主要工业产品产量及相对比重

地区	水泥/万吨	平板玻璃/万重量箱	生铁/万吨	粗钢/万吨	钢材/万吨	发电量/亿千瓦时
2000 年产品产量						
全国	59700.00	18352.20	13101.48	12850.00	13146.00	13556.00
北京	827.00	432.10	773.24	803.42	696.69	145.26
天津	267.81	417.05	227.99	356.76	315.88	211.49
河北	4694.59	2083.30	1709.23	1230.10	1306.52	844.42
2015 年产品产量						
全国	235918.83	78651.63	69141.30	80382.50	112349.60	58145.73
北京	553.50	57.70	0.00	1.50	175.00	420.88
天津	777.60	3139.90	1953.20	2068.90	8186.20	622.84
河北	9126.17	14615.36	17382.30	18832.00	25244.30	2497.85

资料来源：《中国统计年鉴》。

（二）污染企业在空间上向多个城市扩散

污染企业在空间上的扩散分多个层面：首先，从省级层面来看，北京市污染企业逐渐退出，而河北省和天津市的污染企业显著增加。其次，从城市层面来看，多个城市产量超越北京曾经的产量峰值。如表 3 所示，还以钢铁为例，2000 年，北京市是京津冀地区钢铁产量最高的城市，粗钢产量是唐山和邯郸的 2 倍。然而，唐山、邯郸、天津、石家庄和承德陆续超过了北京当时的峰值，沧州、邢台、张家口、廊坊和秦皇岛粗钢产量也都超过了 500 万吨。2013 年，唐山和邯郸生铁分别是北京产量峰值的 10 倍和 4 倍多。北京水泥产量虽然尚未大幅减产，但是与石家庄和唐山的差距在拉大，天津、邢台、保定和廊坊等地的水泥产量也逐渐逼近北京产量峰值。

表 3　京津冀地区“2+11”城市粗钢和水泥产量

（万吨）

地区	粗钢				水泥			
	2000 年	2004 年	2008 年	2013 年	2000 年	2004 年	2008 年	2013 年
北京	803.42	826.06	466.81	2.30	827.00	1128.00	876.51	901.54
天津	356.76	741.99	1654.04	2289.50	267.81	537.00	534.89	951.90

续表

地区	粗钢				水泥			
	2000 年	2004 年	2008 年	2013 年	2000 年	2004 年	2008 年	2013 年
石家庄	103.67	351.55	725.90	1367.41	1145.80	1709.22	3054.33	3886.29
唐山	370.18	2927.04	5944.71	8299.35	1618.87	2696.53	2699.03	3716.88
秦皇岛	1.14	79.50	387.06	697.84	338.24	376.15	293.82	428.04
邯郸	400.37	1227.25	2602.50	4484.61	510.94	713.46	465.65	691.98
邢台	95.75	394.17	622.63	710.47	282.83	517.15	726.41	1097.99
保定	1.43	32.03	66.64	109.43	248.40	357.07	322.14	735.85
张家口	120.71	346.47	556.35	620.42	139.03	142.60	228.29	472.24
承德	107.91	272.29	528.05	1218.34	179.80	194.39	173.22	417.88
沧州	0.00	24.57	18.49	818.79	97.82	76.05	62.80	209.66
廊坊	6.53	47.61	190.29	522.52	92.10	228.22	371.57	749.24
衡水	0.00	0.00	0.00	0.44	40.76	99.75	241.86	270.19

资料来源：《中国统计年鉴》《河北经济普查年鉴》（2004，2008，2013）及《河北经济统计年鉴》（2001）。

（三）大气污染企业从城镇向乡村扩散

从主要大气污染行业在京津冀地区城镇和农村的发展情况来看，农村地区污染行业的规模比城镇地区增长更快。2013 年，农村地区污染企业规模比 2004 年增长 438.89%，而城镇地区增长幅度为 168.78%。2004—2013 年京津冀地区大气污染行业规模增幅的 2/3 来自农村地区。大气污染行业在农村地区较快的增速导致其所占比重越来越高，2013 年京津冀地区主要大气污染行业有 60.89%分布在农村地区，比 2004 年提高了 17 个百分点。

在京津冀主要大气污染行业中（不包括印刷行业与电力行业），钢铁行业占有重要的地位，其主营业务收入占五大污染行业的一半以上，在河北省的比重占到 62.51%。2004—2013 年，京津冀地区钢铁行业规模增幅的 75.85%来自农村地区。2013 年京津冀地区钢铁行业有 69.38%分布在农村地区，这一比例比 2004 年提高了 21 个百分点。可见，钢铁工业在农村地区扩散的规模和幅度都更加突出（见表 4）。

表 4　经济普查年份京津冀地区大气污染行业城乡分布

地区	2004 年		2008 年		2013 年	
	主营业务收入/亿元	农村比重/%	主营业务收入/亿元	农村比重/%	主营业务收入/亿元	农村比重/%
大气污染行业						
北京	1359.99	14.25	2099.77	11.70	1879.96	21.42
天津	1696.33	29.13	4283.33	41.91	8263.59	33.24
河北	4271.87	58.88	11686.90	70.75	18205.00	77.51
石家庄	619.25	59.24	1558.98	72.58	2432.87	90.45
唐山	1537.36	64.52	3923.57	71.42	5906.76	75.80
秦皇岛	148.59	43.19	432.28	69.74	634.65	81.98
邯郸	621.63	62.31	2196.20	79.04	2945.09	81.00
邢台	229.18	58.90	672.70	68.54	896.41	71.89
保定	165.71	63.50	302.95	69.98	499.25	75.93
张家口	151.39	16.18	301.78	15.99	320.27	32.41
承德	136.73	40.79	453.56	55.35	729.28	61.37
沧州	341.04	35.10	935.64	64.06	2153.08	69.81
廊坊	181.78	83.54	630.98	80.19	1274.81	84.32
衡水	139.22	81.16	278.28	78.84	412.56	90.79
合计	7328.18	43.71	18070.00	57.05	28348.60	60.89
钢铁工业						
北京	406.26	2.93	568.70	2.68	161.76	65.65
天津	802.57	36.93	2617.18	51.61	4489.80	44.94
河北	2628.11	59.10	7693.38	70.90	11561.40	78.92
石家庄	162.02	55.61	448.77	77.58	706.28	89.43
唐山	1300.88	63.08	3348.65	71.52	4905.26	77.15
秦皇岛	60.20	49.56	272.58	78.05	440.74	91.41
邯郸	515.51	58.41	1866.02	77.32	2521.54	79.41
邢台	148.55	52.82	375.88	67.97	382.69	69.95
保定	18.58	90.58	45.39	99.91	79.93	91.22
张家口	120.07	8.48	242.54	5.94	225.32	11.18
承德	120.89	36.61	415.74	53.07	635.95	61.49
沧州	32.62	85.06	177.17	41.97	657.26	90.22
廊坊	104.53	95.89	389.29	91.78	851.60	95.77
衡水	44.27	76.21	111.34	79.41	154.87	89.25
合计	3836.93	48.51	10879.30	62.69	16213.00	69.38

注：①城乡分类方法参考下文。②有色金属冶炼行业是部分数据。
资料来源：第一次、第二次经济普查企业数据库，2013 年工业企业数据库。

四、大气污染物排放量估算方法和数据处理

根据京津冀地区主要大气污染行业产品产量和在全国所占地位，本文选取焦炭、水泥、平板玻璃和主要钢铁产品(烧结、球团、生铁和粗钢)作为大气污染物排放量估算对象。

(一) 估算方法

(1) 估算污染行业大气污染物排放量的两个极限值：最小值和最大值。根据式(10)和式(11)，即通过污染物排放量的最小值和最大值，确定大气污染物排放的最大区间。这与企业生产的产污系数与排污系数密切相关。

以 2000 立方米高炉炼铁工艺为例，如果企业运行末端治理设施，每炼 1 吨生铁会排放 0.075 千克烟尘和 0.23 千克工业粉尘，而如果不运行末端治理设施，冶炼相同重量生铁则排放 25.13 千克烟尘和 12.5 千克工业粉尘，分别是前者的 335 倍和 54 倍。因而，企业是否服从环境规制对于环境质量而言至关重要。

(2) 假设有城乡两个不同环境规制空间，城镇空间实施严格的环境规制，而乡村实施宽松的环境规制。根据污染企业的城乡分布，确定不同环境规制空间的生产份额，从而确定大气污染物排放量 A。

(3) 由于农村大型企业可能会受到环保部门的严格监管，保守起见，假定环保部用于统计的重点调查企业[①]严格服从环境规制，也就是说，产量占 85%的企业严格服从环境规制，而其余产量占 15%的企业位于农村地区，直接排放污染，得到实际排放量 B。这是实际排放量的保守估计，因为即使是被列入统计的农村重点调查企业，也可能存在不运行污染治理设备等违法排污现象[②]。

---

① 环保部确定重点调查企业的原则是污染物排放量占全部排放量的 85%，一般都是规模较大企业。2013 年，重点调查企业数占全部工业企业数(包括规模以下)的 6.13%，工业产值占 33.01%。

② 安装污染治理设备但不正常运行的情况相当普遍。截至 2016 年 9 月 11 日，全国各级环境保护部门共对 1019 家钢铁企业(含停产 390 家、在建 5 家)进行了现场检查。发现 173 家企业存在环境违法行为[其中违反建设项目环保规定 62 家，超标排污 35 家，未有效控制粉尘等无组织排放 25 家，自动监控设施运行不正常 5 家，以逃避监管方式排放污染物等其他违法行为 46 家(环境保护部办公厅，关于通报钢铁行业环境保护专项执法检查情况的函)(环办环监函〔2016〕1750 号)]。

因而，最后得到污染物排放量最大值、最小值、实际排放量 A、实际排放量 B 共 4 种情景下的估算值。最大值和最小值给出了理论上的最大区间，实际排放量 A 和实际排放量 B 给出了实际排放量的可能范围。

（二）数据说明

（1）产量。钢铁工业产生大气污染物的生产工艺和环节主要包括：烧结、球团、炼铁、炼钢，对应的工业产品分别是烧结矿、球团矿、生铁和粗钢。京津冀三地的生铁和粗钢产量来自《中国统计年鉴》，河北省地级市生铁和粗钢产量来自历次《河北省经济普查资料汇编》，而京津冀与河北省地级市的烧结矿、球团矿产量根据全国烧结矿、球团矿产量和京津冀生铁产量比重来推算，假设各省市烧结矿和球团矿产量在全国的比重与生铁比重相同。全国烧结矿和球团矿产量来自《中国钢铁年鉴》。水泥、平板玻璃和焦炭产量来自《中国统计年鉴》。

（2）污染工业城乡空间分布。这里采用企业数据进行计算，根据企业所在地的 12 位行政区划代码，判断企业所在地的城乡属性。具体方法参考李玉红(2015)。2004 年与 2008 年企业数据来自第一、第二次全国经济普查，2013 年数据来自规模以上企业数据。计算污染工业城乡空间比重采用主营业务收入指标，由于只需计算比重，数据结果不必进行价格平减。

焦化、水泥和平板玻璃都属于四位数代码的小类行业，因而按照其对应的小类行业确定城乡分布。对于钢铁企业来说，统计上要求企业按照主营业务来确定其三位数行业代码，但是钢铁企业往往集烧结与球团、冶炼与压延于一体，因而三位数代码行业可能并不合适。所以这里假设企业同时进行烧结和球团、冶炼和压延生产活动，因而采用两位数代码的大类行业(黑色金属冶炼与压延加工业)来进行分类。

（3）生产技术和污染治理水平的确定。根据第一次全国污染源普查资料编纂委员会编制的《污染源普查产排污系数手册》，可以查到各生产工艺产污系数和排污系数（见表 5）。该手册记录了 2007 年前后存在的各种技术工艺。假设 2013 年采用该手册中最先进的生产工艺，而 2004 年采用较低一级的生产工艺。

表 5　大气污染行业一次颗粒物有组织排放的产排污系数

产品	规模	产污系数/千克/吨	排污系数/千克/吨
烧结矿	>180 平方米	24.74	0.367
	50~180 平方米	31.753	0.565
球团矿	>8 平方米	9.45	0.295
	<8 平方米	9.882	0.358
生铁	>2000 立方米	37.63	0.305
	350~2000 立方米	49.7	0.931
粗钢	>150 吨	27.8	0.161
	50~150 吨	34.2	0.267
焦炭	炭化室≥6 米	10.0284	0.5859
	4.3~6 米	10.8271	0.6346
水泥	≥4000 吨/年	51.76	0.277
	≥100000 吨/年	63.33	0.687
平板玻璃	≥600 吨	1.228	0.065
	400~600 吨	1.238	0.066

注：①末端治理技术有两种时，取排污系数较小值；有三种时，取中位值。②水泥≥4000 吨/年生产工艺仅报告工业粉尘产生系数。假设其烟尘全部被捕捉。

资料来源：第一次全国污染源普查资料编纂委员会．污染源普查产排污系数手册［M］．北京：中国环境科学出版社，2011：350-351.

除有组织排放外，污染物还来自无组织排放。无组织排放是没有通过排气筒集中排放的污染物。无组织排放系数取值范围很大，如烧结环节排放工业粉尘最低为 0.15 千克/吨，最高可达到 2.0 千克/吨。一般每吨钢粉尘无组织排放在 0.99~9.2 千克，取中值 4.6 千克。其他产品无组织排放忽略不计。

五、大气污染物估算结果

（一）污染物排放量

（1）最大值和最小值。根据本文的估算，如果京津冀地区主要大气污染企业都采取较为先进的生产技术，那么，2013 年京津冀地区一次颗粒物有组织产生量，也就是最大排放量为 2717.34 万吨，比 2004 年增长了近 1 倍。一次颗粒物产生量主要来自钢铁和水泥生产。北京市一次颗粒物产生量从 2004 年的 172.92 万吨降低到 2013 年的 46.73 万吨，减少了 72.98%；而河北省 2013 年一次颗粒物产生量为 2404.64 万吨，比 2004 年增长了 1 倍多。也就是说，北京市一次颗粒物大幅减少，而河北与天津不减反增。

如果京津冀地区主要大气污染企业都采取比较先进的生产技术，而且所有企业都采取最先进的污染治理措施，那么，2013 年京津冀地区主要污染行业一次颗粒物有组织排放量最低仅有 26.56 万吨，这是生产技术和污染治理技术所能允许的最小排放值。北京市基本为零排放，而天津市仅排放 2.54 万吨，河北省排放 23.77 万吨（见表 6）。2013 年一次颗粒物有组织排放量最低值比 2004 年增加 5.62 万吨，增长了 26.84%。

也就是说，2013 年京津冀地区主要大气污染行业一次颗粒物排放量有组织排放的最大区间是 26.56 万 ~ 2717.34 万吨，而 2004 年为 20.94 万 ~ 1454.16 万吨。也就是说，即使在污染治理技术提高的情况下，由于产量的增加，京津冀地区一次颗粒物排放量仍然呈增长趋势。

（2）假设城镇地区企业完全服从环境规制，而农村地区企业完全不服从环境规制，那么，2013 年京津冀地区主要大气污染行业一次颗粒物有组织排放量达到 2138.44 万吨，是技术所允许的最小排放量的 80 倍。

表 6　京津冀地区主要工业品一次颗粒物有组织排放量估算值及环保统计值

（万吨）

产品	2004 年				2013 年			
	北京	天津	河北	合计	北京	天津	河北	合计
最低排放量								
焦炭	0.23	0.24	1.23	1.70	0.00	0.15	3.75	3.90
水泥	0.77	0.37	5.38	6.52	0.25	0.26	3.53	4.04
平板玻璃	0.00	0.00	0.01	0.02	0.00	0.01	0.04	0.05
烧结矿	0.51	0.30	3.47	4.28	0.00	0.93	7.11	8.04
球团矿	0.05	0.03	0.32	0.39	0.00	0.14	1.11	1.26
生铁	0.74	0.44	4.92	6.10	0.00	0.68	5.19	5.87
粗钢	0.22	0.20	1.51	1.92	0.00	0.37	3.03	3.40

续表

产品	2004 年				2013 年			
	北京	天津	河北	合计	北京	天津	河北	合计
合计	2.52	1.58	16.84	20.94	0.25	2.54	23.77	26.56
产生量								
焦炭	3.92	4.08	21.02	29.01	0.00	2.61	64.14	66.75
水泥	71.44	34.01	495.59	601.03	46.66	49.27	659.80	755.74
平板玻璃	0.04	0.02	0.22	0.29	0.00	0.13	0.73	0.86
烧结矿	28.57	17.12	195.07	240.76	0.00	62.36	479.55	541.91
球团矿	1.29	0.77	8.82	10.89	0.00	4.64	35.65	40.29
生铁	39.41	23.61	262.59	325.61	0.00	83.32	640.75	724.07
粗钢	28.25	25.38	192.94	246.56	0.06	63.65	524.02	587.73
合计	172.92	104.98	1176.25	1454.16	46.73	265.97	2404.64	2717.34
A								
焦炭	0.25	1.28	15.07	16.60	0.00	0.18	44.11	44.30
水泥	28.98	12.82	418.67	460.46	10.53	34.69	621.95	667.16
平板玻璃	0.02	0.00	0.05	0.07	0.00	0.01	0.26	0.26
烧结矿	1.33	6.51	116.70	124.54	0.00	28.53	379.98	408.51
球团矿	0.08	0.30	5.34	5.73	0.00	2.16	28.37	30.54
生铁	1.87	9.00	157.19	168.06	0.00	37.81	506.80	544.61
粗钢	1.04	9.50	114.63	125.17	0.04	28.80	414.22	443.06
合计	33.57	39.40	827.66	900.64	10.57	132.18	1995.69	2138.44
B								
焦炭	0.24	0.53	5.14	5.91	0.00	0.16	15.15	15.31
水泥	8.74	3.89	122.13	134.76	3.15	9.99	178.23	191.37
平板玻璃	0.01	0.00	0.02	0.03	0.00	0.01	0.10	0.11
烧结矿	0.74	2.06	35.46	38.26	0.00	8.72	112.45	121.17
球团矿	0.06	0.11	1.74	1.90	0.00	0.71	8.81	9.53
生铁	1.06	2.86	47.94	51.85	0.00	11.17	146.90	158.06
粗钢	0.45	2.82	33.46	36.74	0.01	8.40	119.19	127.61
合计	11.29	12.27	245.89	269.45	3.16	39.16	580.84	623.17
环保统计的颗粒物排放量								
全部	10.06	10.40	144.80	165.80	5.93	8.75	131.33	146.01

资料来源：环保统计数据来自《中国统计年鉴》。其他数据都来自本文估算。

保守推算，假设重点调查企业服从环境规制，产量占15%的非重点调查企业不服从环境规制(且都在农村地区)，那么，2013年京津冀地区主要大气污染行业颗粒物排放量为623.17万吨。也就是说，即使保守估计，京津冀地区一次颗粒物有组织排放量是技术所允许的最小排放量的23倍。

因而，京津冀地区主要大气污染行业一次颗粒物有组织排放量的实际区间是623万~2138万吨。

(3) 无组织排放。2013年京津冀地区钢铁工业粉尘无组织排放97万吨。其他行业忽略不计。

(4) 总体而言，2013年京津冀地区主要大气污染行业一次颗粒物排放区间为720万~2230万吨，是环保统计数字的5~15倍。

(二) 污染物排放的空间分布和对应的雾霾效应

分地区来看，北京市工业基本实现颗粒物零排放，但是河北省与天津市排放情况显著恶化。从城乡分布来看，工业企业排污量主要来自农村地区。即使农村地区企业全部服从环境规制，2013年农村地区一次颗粒物排放量占75.38%，也比2004年增加了16.4个百分点(见表7)。农村地区企业污染物直排比例达到30%左右，农村地区污染物排放达到99%。

由于2013年农村地区企业所占比重更高，所以相同的比例下，2013年农村地区企业污染物排放量更多，空间效应更大。2013年，农村地区企业在完全不服从环境规制情况下，污染物排放量是最小排污量的81倍，几乎比2004年翻了一番。

表7　京津冀地区主要工业品一次颗粒物有组织排放情景和颗粒物浓度

农村地区企业污染物直排比例		0.00	0.05	0.10	0.15	0.30	0.40	0.50	1.00
2004年	一次颗粒物有组织排放量/万吨	20.94	64.92	108.91	152.89	284.85	372.82	460.79	900.64
	其中：农村地区/万吨	12.35	56.33	100.32	144.3	276.26	364.23	452.20	892.05

续表

2004 年	农村地区所占比重/%	58.98	86.77	92.11	94.38	96.98	97.70	98.14	99.05
	空间效应	1	3	5	7	14	18	22	43
	PM10 年平均浓度/微克/立方米	4.45	13.79	23.13	32.47	60.50	79.18	97.86	191.28
	PM2.5 年平均浓度/微克/立方米	2.22	6.89	11.57	16.24	30.25	39.59	48.93	95.64
2013 年	一次颗粒物有组织排放量/万吨	26.56	132.15	237.75	343.34	660.12	871.31	1082.50	2138.44
	其中：农村地区/万吨	20.02	125.62	231.21	336.82	653.59	864.78	1075.97	2131.91
	农村地区所占比重/%	75.38	95.06	97.25	98.10	99.01	99.25	99.40	99.69
	空间效应	1	5	9	16	25	33	41	81
	PM10 年平均浓度/微克/立方米	5.64	28.07	50.49	72.92	140.20	185.05	229.90	454.17
	PM2.5 年平均浓度/微克/立方米	2.82	14.03	25.25	36.46	70.10	92.53	114.95	227.08

在实际排放量 B 情景下，按照颗粒物排放量 720 万吨来算，假设颗粒物中 PM10 所占比重为 50%，PM2.5 占 25%，那么，2013 年京津冀地区主要大气污染行业 PM10 排放量为 365 万吨，PM2.5 排放量为 180 万吨。这一排放量的环境效应相当于在大气每天都更新的情况下，21.5 万平方公里的京津冀地区 300 米以下大气层 PM10 年平均浓度约为 150 微克/立方米，而 PM2.5 年平均浓度约为 75 微克/立方米。仅工业排放颗粒物就足以导致京津冀地区颗粒物浓度超过国家空气质量二级标准 1 倍。

考虑不同的农村地区企业一次颗粒物有组织直排比例，当直接排污比例为零，也就是全部企业都服从环境规制达到最低排放时，对应的京津冀地区 PM10 和 PM2.5 年平均浓度分别为 5.64 微克/立方米和 2.82 微克/立方米。要达到国家空气质量二级标准，2013 年农村地区企业污染物直排比例不能超过 15%。

（三）与其他研究结果的比较

本文估计的一次颗粒物产生量与环保部公布的工业颗粒物产生量接近。本文估算 2004 年京津冀地区钢铁行业产生量 824 万吨，而环保部公布全国钢铁行业颗粒物产生量为 2574 万吨，按照京津冀钢铁产量占比 26%计算，京津冀钢铁行业颗粒物排放量应为 670 万吨，与本文估算结果仅相差约 20%。

本文估计的一次颗粒物最小排放量与环保部公布的排放量接近，也与其他文献的颗粒物排放清单记载的数据接近。伯鑫等(2017)估算了 2012 年京津冀地区主要钢铁企业烟粉尘有组织排放量为 20.48 万吨，与本文的最小排放量相差 2 万吨。汪旭颖等(2016)估计 2012 年我国钢铁工业一次颗粒物有组织排放量 143 万吨，无组织排放量为 421.5 万吨，由此推算京津冀地区钢铁工业一次颗粒物有组织排放量为 35 万吨，无组织排放量为 105 万吨。这一结果虽然高于本文估算的最低排放量，但比较接近。

总体来看，由于其他研究没有考虑企业环境规制服从程度与企业城乡分布的关系，因而得到的结果与本文估计的最低排放量接近，但远低于本文估计的实际排放量。

（四）对估算结果的稳健性分析

（1）生产工艺的假定。本文假设工业生产都采取当时较为先进的生产技术和治污技术。实际上，较低生产技术的产排污系数比先进技术要高，比如小于 350 立方米高炉炼钢生铁，烟尘和工业粉尘产生系数分别比 2000 立方米高炉高出 40.1%和 36.8%，排污系数则分别高出 13 倍和 1 倍。一般来说，城镇地区工业企业规模较大，技术较为先进，而农村地区企业平均规模较小，技术落后企业较多。可见，采用较高生产技术和治污技术的假设，低估了农村地区企业排放污染物的实际数量。

（2）普查数据与规模以上企业数据的匹配度对估算的影响。2013 年，规模以上企业数据的选取标准是主营业务收入超过 2000 万元，因此规模较小的小微企业没有在统计范围之列。根据 2004 年和 2008 年的资料，当时的规模以上企业（主营业务收入在 500 万元以上）分别占全部企业的 20.3%和 24.7%。由于钢铁企业规模较大，进入规模以上的比例超过 30%，从业人数占全行业的 87.9%。没有进入规模以上统计范围的小微企业往往位于农村地区，因此遗漏这部分企业可能低估农村地区颗粒物的实际排放量。

综上所述，本文的估算可能低估了一次颗粒物的实际排放量，尤其是农村地区的排放量。但即便如此，仍足以说明官方公布的京津冀地区一次颗粒物排放量被严重低估。

六、对现有环境政策的讨论

1. 环保部门低估大气污染物排放量的原因及后果

改革开放初期，中国工业企业基本分布在城镇，而环保部门的监管和统计范围就是城镇工业企业。随着乡镇企业数量增多，排污量越来越显著，环保部门把一部分乡镇企业纳入统计。然而，随着我国加入世界贸易组织，成为世界工厂，农村地区的工业企业体量也日渐庞大。虽然环保部门对农村地区部分企业排污已开始进行统计，但是其比例远远跟不上农村工业的整体规模。环保部门所统计的重点调查企业所占企业总数的比重越来越低，而且假设所有企业遵守环境规制，都按照其污染治理技术所允许的最小排污量进行排污。然而，在农村地区生产规模大幅增长的情况下，一方面统计范围之外的漏网之鱼越来越多，另一方面普遍存在超标排放现象。这造成了我国污染物实际排放量远远高于统计上的排放量。这也是京津冀地区统计上的颗粒物排放量下降但浓度上升的真实原因。

污染物排放量的低估掩盖了污染物排放的真实来源，从而对雾霾治理产生误导。京津冀地区大气污染物浓度居高不下的原因是农村地区污染物的巨量排放，这才是当前雾霾治理的最大短板，找到短板才能有的放矢地采取措施。

2. 污染企业搬迁后，城镇地区大气质量不可能独善其身

在重污染天气频繁出现的情况下，地方政府最容易采取的应对措施就

是将污染企业退城搬迁。地方政府试图通过本地城镇的“去工业化”优化本地城镇产业结构，从而使得城镇摆脱大气污染的困扰。然而，被城镇所放弃的污染企业能搬到哪里去？只能是向环境监管薄弱的欠发达地区迁移，如城镇周边的农村地区。污染企业搬迁后，城镇水环境和土壤环境质量会得到改善，但是，由于大气污染存在区域外部性，城镇大气环境质量却未必能够得到改善。污染企业转移到农村地区之后，如果污染物排放总量不下降，那么整个区域的大气环境质量仍然难以改善，城镇不可能独善其身。北京也不能例外，尽管北京市绝大部分大气污染企业都实现搬迁，但是，在整个区域的大气污染物排放量巨量增长的情况下，北京大气环境质量不可能像发达国家那样实现 EKC 的拐点。

3. 大气污染治理重点应是农村地区超标排放

企业在环境规制宽松的农村地区的污染物排放量有可能是规制严格地区的几十到几百倍。根据分析，要实现颗粒物最低排放有两条路径：其一是生产企业全部集中在环境规制严格的城镇地区；其二是农村地区污染企业完全服从环境规制，从而达到与城镇地区污染企业相同的排污系数。因而，重污染天气的治理应着眼于加强农村地区污染行业的环境规制，刺激企业采取污染治理措施或者清洁生产技术，将企业排污量降低到技术所能允许的最低值。在现行的技术选择下，只要企业安装并运行末端治理设备，京津冀地区大气污染物排放总量将大为下降。污染物是否进行末端治理的效果要远远大于技术之间的差异程度对污染物排放量的影响。因此，环境管理的重点应从城镇地区转移到农村地区，应加强对农村工业污染的治理。

4. 建立针对农村地区污染企业的常态化环境管理机制

短期来看，通过运动型行政手段淘汰、关停落后污染产能可以在短期内减少污染物排放量。然而，必须看到，农村地区不仅有大量“散乱污”型的小微企业，而且还有越来越多的大中型企业。即使暂时关停“散乱污”企业，但农村地区的大中型污染企业还在，依然存在超标排放隐忧。因此，从长期来看，不能对“散乱污”企业一关了之，而是必须建立起农村地区污染企业环境管理机制，包括对污染物排放的常规化环境监测、对违法排污行为的监察执法，从而建立起针对农村地区工业企业的常态化环境管理机制。

5. 重污染天气的治理应从工业化和城镇化的大背景下通盘考虑

农村工业应定位于农业资源优势行业（钟宁桦，2011；成德宁等，2014）。政府鼓励农村发展与农业相关的第一、第二、第三产业。然而，现实却是农村地区存在大量背离农业资源优势的重化工污染企业。这与我国工业化和城镇化特征密切相关。中国加入 WTO 之后，成为世界制造大国，钢铁、水泥等工业品产量居世界首位。与此同时，中国工业的城乡分布格局发生了重大变化。一方面，我国城镇产业结构进行“退二进三”的调整，城区不可能提供面积较大的工业用地；另一方面，地方政府通过出让农村地区价格较低的工业用地吸引大量的企业，结果造成农村地区污染企业数量多、分布广、发展快、体量大，背离农业资源优势（李玉红，2017）。然而，我国农村地区的行政管理及环境管理并没有适时改变，如农村地区的主管部门是农业农村部，而工业污染的治理重点在城镇，造成农村地区工业污染成为三不管地带。因而，当前重污染天气也是中国工业化和城镇化模式带来的后果之一。重污染天气的治理不能仅靠环保部门，还需要重新审视以往的工业化和城镇化模式，对我国的产业布局、土地政策和城镇化战略做出新的调整。

七、结论与政策含义

最近十几年京津冀地区大气污染行业的空间布局发生了显著变化，具体体现在以下三个方面：①河北和天津比重提高而北京下降。2015 年，北京大气污染行业仅占京津冀三地的 6.00%，而河北占 62.44%，比 2000 年提高了 14 个百分点。②污染行业从“一市”向“多市”扩散。唐山、邯郸、天津、石家庄和承德陆续超过了北京钢铁产量峰值。2015 年，河北生铁产量是北京产量峰值的 21 倍。③城镇向农村扩散。农村地区污染行业规模比城镇地区增长更快。2013 年，京津冀农村地区主要大气污染行业比重达到 60.89%，比 2004 年提高了 17 个百分点。

根据对2004—2013年的估算，京津冀地区一次颗粒物的实际排放量要远远超过环保部门公布的排放量。2013年，京津冀地区主要大气污染企业有组织排放的一次颗粒物为620万~2100万吨，是技术所允许的最小排放量的23~80倍，加上无组织排放量之后，一次颗粒物排放量达到720万~2200万吨，是环保统计报告的京津冀地区一次颗粒物排放量的5~15倍。京津冀地区75%以上的一次颗粒物排放都来自农村地区，因此要达到国家空气质量二级标准，京津冀农村地区企业污染物直排比例必须低于15%。

本文的研究有助于解释两个现象：第一，考察期内京津冀地区污染行业的颗粒物实际排放量远远超过环保部门公布的数字，这能够更好地说明京津冀地区频繁出现大气重污染天气的原因；第二，本文发现京津冀地区污染企业在空间分布上出现从一城向多城、从城镇向农村分散的过程，这一发现也能较好地解释雾霾大面积出现，而非仅集中在大城市上空的现象。京津冀地区一次颗粒物排放已经形成农村包围城镇的局面。

环保部门对颗粒物排放量的低估掩盖了颗粒物排放的真实来源，从而对雾霾治理产生误导。京津冀地区大气污染物浓度居高不下的原因是农村地区的巨量排放，这才是当前雾霾治理的最大短板，找到短板才能达到事半功倍的效果。对于京津冀地区雾霾的治理，污染企业“退城搬迁”“去工业化”不应作为主要手段和目的，而应以降低整个区域尤其是农村地区的颗粒物排放量为目的。实际上，企业在环境规制宽松的农村地区的污染物排放量是环境规制严格地区的几十到几百倍。对整个区域而言，大气环境质量全面恶化，城镇不可能独善其身。因而，当前环境管理的重点应从城镇转移到农村地区，加强对农村工业污染的治理，在农村地区建立起常态化环境管理机制。环保统计应在重点调查企业制度的基础上，对企业实际排污情况进行抽样调查，从而提供更加可靠的污染物排放数据。

在中国工业城乡空间布局发生重大变迁的背景下，政府应当对我国工业化、城镇化战略以及土地政策进行适时调整，农村工业宜定位于农产品深加工等发挥农业资源优势的行业，政府应当取消背离农业资源优势企业的土地优惠措施；对已经实现非农人口集聚的农村地区进行城镇建制，通过行政建制加大对污染企业的环境规制力度；地方政府应对工业用地的总量和空间布局进行双控，通过集中布局扭转工业污染在农村地区的扩张趋势。

本文研究存在一些不足。由于缺乏农村地区企业所采用技术设备分布情况的资料，只能假设企业采用统一的较为先进的技术设备，这样可能低估农村地区企业产污和排污情况。另外，本文仅估算了一次颗粒物排放量，没有对二氧化硫和氮氧化物等二次颗粒物前体物进行估计。未来进一步的研究可在上述资料的基础上系统地估计农村大气污染物排放情况，对农村污染物排放量做出更为精确的估算。

参考文献

[1] 伯鑫，徐峻，杜晓惠，等. 京津冀地区钢铁企业大气污染影响评估［J］. 中国环境科学，2017（5）.

[2] 卜风贤，李冠杰. 发展壮大中的县域工业特点与集体中毒事件频发的对应性［J］. 社会科学家，2011（1）.

[3] 成德宁，郝扬. 城市化背景下我国农村工业的困境及发展的新思路［J］. 学习与实践，2014（3）.

[4] 董广霞，景立新，周冏，等. 监测数据法在工业污染核算中的若干问题探讨［J］. 环境监测管理与技术，2011（4）.

[5] 贺泓，王新明，王跃思，等. 大气灰霾追因与控制［J］. 中国科学院院刊，2013（3）.

[6] 黄季焜，刘莹. 农村环境污染情况及影响因素分析——来自全国百村的实证分析［J］. 管理学报，2010（11）.

[7] 姜百臣，李周. 农村工业化的环境影响与对策研究［J］. 管理世界，1994（5）.

[8] 李瑞，蔡军. 河北工业结构、能源消耗与雾霾关系探讨［J］. 宏观经济管理，2014（5）.

[9] 李玉红. 中国农村污染工业发展机制研究［J］. 农业经济问题，2017（5）.

[10] 李玉红. 中国乡村半城市化地区的识别——基于第一、第二次全国经济普查企业数据的估算［J］. 城市与环境研究，2015（4）.

[11] 李云燕，王立华，王静，等. 京津冀地区雾霾成因与综合治理对策研究［J］. 工业技术经济，2016（7）.

[12] 李周，尹晓青，包晓斌. 乡镇企业与环境污染 [J]. 中国农村观察，1999 (3).
[13] 马丽梅，张晓. 中国雾霾污染的空间效应及经济、能源结构影响 [J]. 中国工业经济，2014 (4).
[14] 缪育聪，郑亦佳，王姝，等. 京津冀地区霾成因机制研究进展与展望 [J]. 气候与环境研究，2015 (3).
[15] 穆泉，张世秋. 2013 年 1 月中国大面积雾霾事件直接社会经济损失评估 [J]. 中国环境科学，2013 (11).
[16] 潘慧峰，王鑫，张书宇. 雾霾污染的持续性及空间溢出效应分析——来自京津冀地区的证据 [J]. 中国软科学，2015 (12).
[17] 彭向刚，向俊杰. 论生态文明建设视野下农村环保政策的执行力——对"癌症村"现象的反思 [J]. 中国人口·资源与环境，2013 (7).
[18] 邵帅，李欣，曹建华，等. 中国雾霾污染治理的经济政策选择——基于空间溢出效应的视角 [J]. 经济研究，2016 (9).
[19] 石敏俊，李元杰，张晓玲，等. 基于环境承载力的京津冀雾霾治理政策效果评估 [J]. 中国人口·资源与环境，2017 (9).
[20] 苏杨，马宙宙. 我国农村现代化进程中的环境污染问题及对策研究 [J]. 中国人口·资源与环境，2006 (2).
[21] 汪旭颖，燕丽，雷宇，等. 我国钢铁工业一次颗粒物排放量估算 [J]. 环境科学学报，2016 (8).
[22] 王国平. 中国农村环境劣化的历史过程与因质 [J]. 河北学刊，2010 (4).
[23] 王金南，C. Averous，曹东，等. 中国环境统计制度改革与框架设计 [M]. 北京：中国环境出版社，2015.
[24] 王学渊，周翼翔. 经济增长背景下浙江省城乡工业污染转移特征及动因 [J]. 技术经济，2012 (10).
[25] 王岩松，梁流涛，梅艳. 农村工业结构时空演进及其环境污染效应评价——基于行业污染程度视角 [J]. 河南大学学报(自然科学版)，2014 (4).
[26] 吴兑. 近十年中国灰霾天气研究综述 [J]. 环境科学学报，2012 (2).
[27] 张彪. 中国城市与农村环境保护的差距比较 [J]. 环境科学与管理，2010 (10).
[28] 张世秋，万薇，何平. 区域大气环境质量管理的合作机制与政策讨论 [J]. 中国环境管理，2015 (2).

[29] 张小曳，孙俊英，王亚强，等. 我国雾霾成因及其治理的思考 [J]. 科学通报，2013 (13).

[30] 郑易生. 环境污染转移现象对社会经济的影响 [J]. 中国农村经济，2002 (2).

[31] 钟宁桦. 农村工业化还能走多远 [J]. 经济研究，2011 (1).

[32] 周曙东，张家峰. 江苏农村工业化中环境污染的规模效应、污染排放强度效应与产业结构效应研究 [J]. 江苏社会科学，2014 (4).

中国能源消费分布的空间关联特征研究①

陈星星[1,2]
(1. 中国社会科学院数量经济与技术经济研究所　2. 特华博士后科研工作站)

摘　要　传统空间计量模型不能很好地描述能源消费的空间关联及其结构特征，本研究在能源消费研究中引入空间网络结构模型，能够测度能源消费的空间关联特征。通过分析区域能源消费在全国能源消费分布中所处的地位，同时分解能源消费的结构效应，可以充分考虑能源消费的空间关联特征对全国能源消费的影响，从而为中国政府制定整体节能减排目标提供理论参考。本研究的主要结论如下：中国能源消费的空间关联特征越发显著，省域间能源消费关系紧密，且存在明显的空间关联和溢出效应。进一步对中国能源消费做块模型分析及空间结构分析发现，在制定节能减排目标时应当结合能源消费的空间关联特征，构建能源供给和消费的跨区域协调机制，提高能源消费的空间公平性、空间网络的稳定性和网络效率水平。

关键词　能源消费；关联特征；空间网络；结构效应

一、引言及问题的提出

党的十九大报告指出，当前中国面临的环境与能源改革问题依然形势严峻，能源发展任重道远。能源发展的“十三五”规划也提出，要建立“四个革命”“一个合作”体系，推动能源行业变革。中国能源行业具有资源约束性与区域关联性，因此有必要充分考虑中国能源的空间关联特征，识别区域能

① 基金项目：国家社科基金青年项目“新能源产业技术效率、环境效应与定价机制研究”（16CJL034）。
作者简介：陈星星(1986—　)，女，海南海口人，中国社会科学院数量经济与技术经济研究所助理研究员，中国社会科学院研究生院博士，主要从事经济增长、能源环境、效率与生产率分析等领域研究。电子邮箱：chenxingcindy@126.com。

源消费的空间角色与定位，构建“由点及线，由线及面”的现代能源体系，从而制定符合区域发展的能源战略和区域协调机制。目前空间网络的研究主要集中在分析区域经济增长的空间关联和区域发展问题（李国平等，2013；刘华军、张耀、孙亚男，2015；刘华军、何礼伟，2016）。刘华军、刘传明、孙亚男（2015）基于 2000—2013 年中国省际地区发展与民生指数，运用社会网络分析方法揭示了中国区域发展的空间网络结构特征及其影响因素。冯朝阳（2017）研究了环渤海地区区域经济空间网络关联结构，将环渤海地区分为“辽宁”和“京津冀鲁”两个子网络。也有一些文献研究了产业的空间关联特征，如林春艳、孔凡超（2016）测算了中国产业结构水平，运用社会网络分析法研究了中国产业结构空间网络关联效应。部分文献研究了碳排放的空间关联性。孙亚男等（2016）利用社会网络分析（SNA）方法对中国省际碳排放的空间网络结构及其效应进行了实证考察，研究发现中国省际碳排放的空间关联关系呈网络结构形态。杨桂元、吴齐、涂洋（2016）基于中国省际碳排放的空间网络关联特征，测度了中国省域网络地位和作用。从已有研究来看，现有文献大多基于截面数据构建能源空间网络关联结构，目前尚未有文献综合考虑二氧化碳排放等非期望产出对能源消费的影响，从而会高估空间网络特征对能源消费产出的影响，其结果是有偏的。

本文构建了能源消费引力模型，将社会空间网络分析引入中国省域能源消费的研究中，探究了中国省域能源消费的空间关联特征和影响因素，通过测度中国省域能源消费的度数中心度、接近中心度、中间中心度和特征向量中心度，分析各省份的能源消费地位；借助空间聚类，讨论能源消费板块间的属性特征和传导机制。本文对政府制定区域节能减排目标和建立协同发展机制具有参考意义。与已有研究相比，本文主要贡献如下：第一，本文根据网络等级、网络效率、网络关联度构建了动态面板整体能源消费网络特征，而目前部分文献仅考虑截面能源消费网络特征，在中心性分析和模块分析时并未整体考虑面板网络特征，如刘华军、张耀、孙亚男（2015）；第二，本文首次将非期望产出引入能源消费的空间网络分析模型，这种方式能够在分析省域能源消费时充分考虑非期望产出的影响，从而提高了模型的合理性和解释能力；第三，本文分省域研究了中国不同地区的能源消费网络特征，在构建能源消费引力模型时，在省会城市间的球面距离中加入了单位能源消费产出系数，使得在考虑省域能源消费的空间距离时不仅考虑省域的空间地理位置，还同时考虑了省域的能源消费和经济规模，这样才能充分考虑各省份的资源禀赋和经济发展水平，从而更合理地反映能源消费的空间网络关系。

二、模型构建及数据来源

社会网络分析(Social Network Analysis，SNA)是一种以“关系数据”为基本分析单位，运用图论等知识研究系统空间网络关系和结构的社会学研究方法，近年来其应用领域已从社会学逐渐拓展到经济学和管理学。

（一）能源消费引力模型

引力模型(Gravity Model)最早源于万有引力定律，反映物体间质量和距离的关系。Tinbergen(1962)提出经济学领域的引力模型，其构建的贸易引力模型为 $X_{ij}=K\frac{(Y_i)^a(Y_j)^b}{(1+eD_{ij})^f}$，其中，$X_{ij}$为国家 i 对国家 j 的出口，Y_i 和 Y_j 分别为国家 i 和国家 j 的国民收入 GNP，D_{ij}为两国之间的距离，a、b 为参数，K 为常数。根据李平、陈星星(2016)以及陈星星(2015)的研究，将引力模型引入能源消费的空间研究，揭示能源消费产出的空间关联动态演变特征，构建非期望产出下中国省域能源消费空间网络引力模型：

$$Y_{ij}=\beta\frac{\sqrt[3]{cap_i lab_i e_i}\cdot\sqrt[3]{cap_j lab_j e_j}}{(\lambda\cdot dis_{ij})^2}$$

其中，Y_{ij}为省份 i 与省份 j 间的能源消费空间网络关系。β_{ij}为省份 i 的能源消费量在省份 i 和省份 j 能源消费总量中的比重，$\beta_{ij}=\frac{e_i}{e_i+e_j}$，$e_i$ 和 e_j 分别表示省份 i 和省份 j 的总能耗。cap_i 和 cap_j 分别表示省份 i 和省份 j 的实际资本存量。lab_i 和 lab_j 分别表示省份 i 和省份 j 的就业人口。dis_{ij} 为省份 i 和省份 j 省会城市间的球面距离，用 ArcGIS 软件计算。λ 为单位能源消费产出系数，$\lambda=\frac{1}{egdp_i-egdp_j}$，其中，$egdp$ 为单位能耗 GDP。

（二）指标选取与数据处理

本文选取 1990—2014 年中国省域能源消费产出数据，投入指标采用实际资本存量(capital)、就业人口(labor)、总能耗(energy)，期望产出指标为实际 GDP/总能耗(egdp)，非期望产出指标为二氧化碳排放量(carbon)。其中，实际资本存量以 1990 年为基期进行调整，单位为亿元；就业人口为年末从业人员数，单位为万人；总能耗单位为万吨标准煤；实际 GDP/总能耗以 1990 年为基期进行调整，单位为亿元，实际 GDP 为各地区实际生产总值 GDP。有关数据来源于 1995—2014 年《中国统计年鉴》和《中国能源统计年鉴》，部分缺失数据由地方统计年鉴补全。由于二氧化碳排放量不能直接获取，因此需要借助政府间气候变化专门委员会（IPCC）公布的碳排放系数和碳氧化因子估算，具体公式为：$CO_{2it}=\sum_{k=1}^{K}E_{kt}\times T_k\times C_k\times R_k\times\frac{44}{12}$。

本文在构建能源消费产出空间网络模型时，首先对投入指标进行预处理，即运用四阶段数据包络分析法，根据非期望产出二氧化碳排放量的数值，获得投入指标的松弛变量，从而得到调整后的投入指标，最后得到非期望产出下的能源消费产出空间网络模型。由于篇幅所限，本文不再列出投入指标的具体调整过程，如有兴趣请参考作者的有关研究。本文所需的有关变量的描述性统计如表 1 所示。

表 1　指标描述性统计

指标		指标含义	平均值	最大值	最小值	标准偏差	合计	观测值
期望产出	egdp	单位能耗 GDP（亿元/万吨标准煤）	0.72	3.12	0.09	0.48	503	700

续表

指标		指标含义	平均值	最大值	最小值	标准偏差	合计	观测值
非期望产出	carbon	二氧化碳排放量（万吨）	23225.04	119173.72	1101.50	19921.32	16257525	700
投入变量	capital	实际资本存量(亿元)	8301.03	66036.92	129.60	10132.96	5810720	700
	labor	就业人口(万人)	2342.74	6606.50	206.31	1525.48	1639918	700
	energy	总能耗(万吨标准煤)	8122.03	38899.25	474.30	6684.97	5685419	700

三、实证分析

根据构建的能源消费引力模型，参考 Borgatti S. P.，Everett M. G.，Freeman L. C.（2002），本文考察了 1990—2014 年中国 28 个省份的能源消费空间网络特征分布情况。本文分别从空间网络整体特征、网络中心性和聚类属性三个维度展开分析，采用 UCINET 软件中的 Netdraw 模块，绘制中国能源消费空间分布网络。

（一）空间网络整体特征

（1）网络密度与关联关系数。

从 1990 年到 2014 年中国能源消费空间分布网络可以发现，中国能源消费的空间关联性加强，网络密度逐年上升，网络关联数从 204 个上升到 213 个，网络密度由 0.2698 上升到 2014 年的 0.2817。直观来看，1990 年中国能源消费空间分布网络中，网络密度较大的省份为浙江、福建、山西、江苏、广东；网络密度较小的省份为上海、黑龙江、河北、新疆、青海。2014 年中国能源消费空间分布网络中，网络密度较大的省份为北京、广东、山西、江苏、河南；网络密度较小的省份为黑龙江、吉林、辽宁、广西（见图 1）。在能源消费需求日益变化的 25 年中，广东、江苏和山西一直保持了较大的能源密度，而北京和上海的能源密度不断上升，反映了“西气东输”“西电东送”“西煤东运”带来的能源密度空间变化。

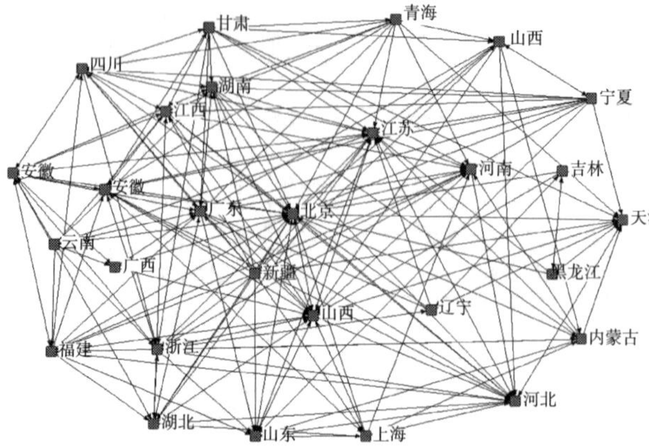

图 1　2014 年中国能源消费空间分布网络

由于最大可能关系数等于关联关系数除以网络密度，对于 2014 年，中国能源消费空间分布网络的最大可能关系数为 756(＝213/0.2817)。因此尽管考察期内中国能源消费空间分布网络密度呈逐年上升趋势，但是从数值上看，中国能源消费空间网络紧密程度并不高，省际能源消费的空间联系还存在较大空间，这与刘华军等(2015)的研究是一致的。

与刘华军等(2015)的研究不同，本文在剔除非期望产出对能源消费的影响后，得到的能源空间关联关系数呈现先上升后下降的倒“U”形趋势(见图 2)。总体来看，1990—2005 年中国能源空间关联程度逐年上升的原因主要是国家加快实施“北煤南运”等国家级特大能源工程项目，加快了中国能源跨省域流动，促进了能源生产要素流动，调整了能源结构，增强了能源消费的空间关联特征。2005 年能源空间关联程度有所下降，一方面是因为能源工程形成的强大能源调度促使能源空间关联程度显著加强，导致东部地区能源短缺情况得到缓解；另一方面是由于长期以来中国环境保护政策的不完善导致这些区域出现大量的二氧化碳排放，环境污染程度加剧，能源消费的绿色产出效率下降，并且随着能源网络密度的增大，能源网络中出现了连线冗余，能源流入地超出了当地的能源吸纳能力，能源流动的交易费用升高，能源网络超出了其承载能力，再加上能源的行政干预，最终导致了能源配置效率下降，空间关联程度降低。

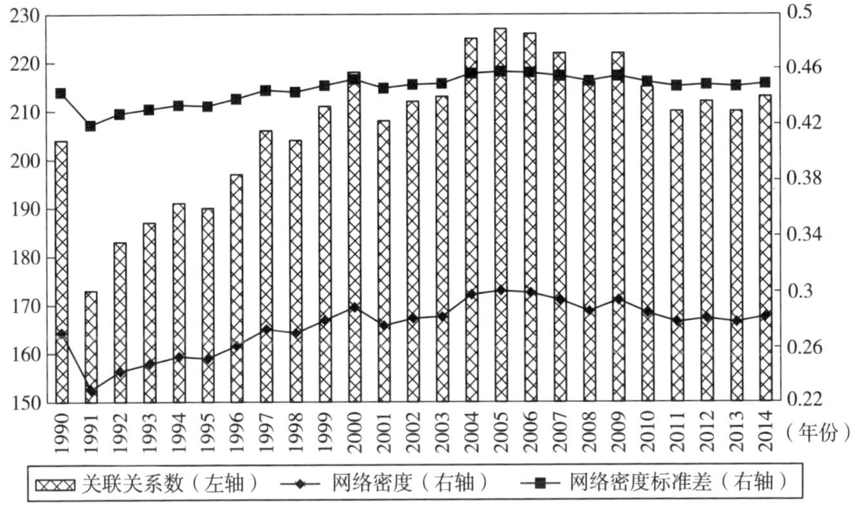

图 2　1990—2014 年中国能源消费空间关联关系数和网络密度

（2）网络关联性。

1990—2014 年中国能源消费空间网络关联度均为 1，说明中国省域能源消费联系非常紧密，存在明显的空间关联和溢出效应。考虑非期望产出后，能源消费网络等级度亦呈现倒“U”形趋势(见表 2)，具体表现为在 1990—1998 年维持在 0. 35 左右的水平，在 1999—2003 年有一个小幅下滑并逐渐反弹，而在 2004—2012 年大致保持在 0. 4 的水平。能源消费网络等级度先降后升表明中国能源加强空间联系，能源空间壁垒被打破，省际空间能源关联程度加强。但能源空间关联关系在达到一定程度后，由于贸易成本和要素流动的限制，空间关联程度逐渐减弱。能源空间网络效率从 1990 年的 0. 6610 下降到 2014 年的 0. 5954，说明中国空间能源网络稳定性得到提升，空间网络连线增加。最近上限的变化趋势与能源消费网络等级度相同，同样反映了中国能源空间的关联程度先上升后下降。从综合网络关联性的四项指标可以看出，随着中国能源市场化进程的加快，能源要素市场流动加快，能源行政指令干预逐渐减弱，在一定程度上降低了能源交易成本，加快了能源消费省域间联系，促进了能源消费网络的稳定性。

表 2　1990—2014 年中国能源消费空间网络密度、关联关系数及关联性指标

年份	网络密度		关联关系数	四类关联性指标			
	密度值	标准差		关联度	网络等级度	网络效率	最近上限
1990	0.2698	0.4439	204	1	0.3117	0.6610	0.9744
1991	0.2288	0.4201	173	1	0.3117	0.7293	0.9744
1992	0.2421	0.4283	183	1	0.4139	0.6980	0.9487
1993	0.2474	0.4315	187	1	0.3626	0.6923	0.9601
1994	0.2526	0.4345	191	1	0.4106	0.6667	0.9430
1995	0.2513	0.4338	190	1	0.3626	0.6695	0.9601
1996	0.2606	0.4390	197	1	0.4106	0.6467	0.9430
1997	0.2725	0.4452	206	1	0.3626	0.6296	0.9601
1998	0.2698	0.4439	204	1	0.4106	0.6353	0.9430
1999	0.2791	0.4486	211	1	0.2581	0.6211	0.9829
2000	0.2884	0.4530	218	1	0.2581	0.6068	0.9829
2001	0.2751	0.4466	208	1	0.2581	0.6239	0.9829
2002	0.2804	0.4492	212	1	0.2574	0.6211	0.9858
2003	0.2817	0.4499	213	1	0.4121	0.6268	0.9601
2004	0.2976	0.4572	225	1	0.4121	0.6154	0.9601
2005	0.3003	0.4584	227	1	0.4132	0.5869	0.9573
2006	0.2989	0.4578	226	1	0.4132	0.5954	0.9573
2007	0.2937	0.4554	222	1	0.4132	0.5983	0.9573
2008	0.2857	0.4518	216	1	0.4132	0.6182	0.9573
2009	0.2937	0.4554	222	1	0.4121	0.6040	0.9601
2010	0.2844	0.4511	215	1	0.4169	0.6154	0.9687
2011	0.2778	0.4479	210	1	0.4103	0.6239	0.9715
2012	0.2804	0.4492	212	1	0.4573	0.6211	0.9573
2013	0.2778	0.4479	210	1	0.1995	0.5983	0.9943
2014	0.2817	0.4499	213	1	0.0714	0.5954	1.0000

资料来源：作者根据 UCINET 6 计算。

（二）网络中心性

下面对 2014 年的能源消费空间网络做中间中心度的可视化分析。处于网络中心的省份（如北京、江苏、山西、广东）是能源消费的中心省份，比其他省份的能源消费更多。研究发现，1990—2014 年中国省域能源消费空间网络中心度平均值在四种中心度下的排名差异不大，排名前几位的均为浙江、江苏、广东和福建，排名后几位的均为广西、黑龙江、辽宁和吉林。此外，从省域能源消费空间网络中心度的分布来看，东部地区的中心度高于中部地区，中部地区高于西部地区。

从图 3 中可以看出，1990—2014 年中国能源消费空间网络度数中心度和接近中心度逐年上升，中间中心度逐年下降，特征向量中心度基本不变，保持在 25 左右的水平。四项指标基本均从 2000 年起高于平均值。

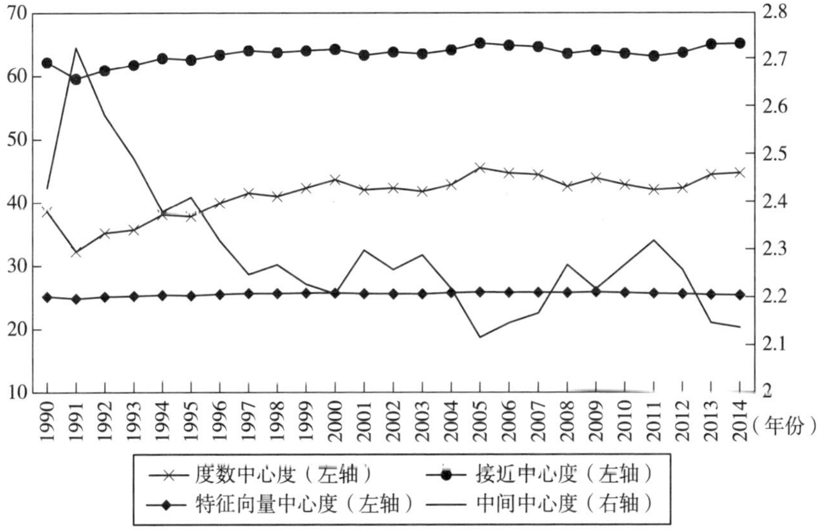

图 3　1990—2014 年中国能源消费空间网络中心度

（1）度数中心度。

1990—2014 年中国能源消费空间网络度数中心度的全国平均值为 40. 9185，高于平均值的省份一共有 10 个，分别是浙江、广东、江苏、福建、山西、北京、山东、河南、甘肃、江西；低于平均值的省份一共有 19 个。高于中国能源消费空间网络度数中心度平均值的省份具有较高的空间网络关联性，与其他省份的能源消费关联度较高，处于能源消费的空间网络中心，拥有绝对权力。其中，浙江的空间网络度数中心度高达 74. 6666，说明浙江与其他省份的能源消费空间网络关联特征明显，空间溢出效应显著。中国能源消费空间网络度数中心度较高的省份大多集中在东部地区，说明东部地区对能源消费空间溢出效应具有较大的影响力。处于能源消费空间网络度数中心度后几位的省份分别为广西、黑龙江、辽宁、吉林、云南，这些省份涵盖了中国东北三省和部分西部地区省份，这些省份经济欠发达，交通便利程度较差，不利于能源要素的流动，造成能源成本的增加，从而导致能源消费的空间网络关联程度和溢出效应较差。

进一步分析 2014 年中国省域能源消费空间网络度数中心度的点入度和点出度。整体来看，整个空间网络点入中心度为 70.645%，整个空间网络点出中心度为 28.395%，点出度和点入度的平均值均为 8。点出度高于平均值的省份有(按从高到低排列)：新疆、甘肃、宁夏、青海、贵州、福建、广东、浙江、江西、湖北、四川、云南。点入度高于平均值的省份有(按从高到低排列)：北京、江苏、山西、河北、广东、河南、山东、天津、安徽、江西。可以看出，点入度高于全国平均值的省份其值也远高于点出度，这些地区大多数为经济较发达地区，能源消费水平高，但能源供给量相对不足，能源依存度较高且需要其他省份的能源溢出。

（2）接近中心度。

1990—2014 年中国能源消费空间网络接近中心度均值为 63.3259，东部地区高于中西部地区，中西部地区基本相同。分时段来看，省域接近中心度逐年上升，从 1990—1994 年的 61.4829 上升至 2010—2014 年的 64.1475。分区域来看，东部地区 2010—2014 年能源消费空间网络接近中心度较高的省份为北京、江苏、浙江、广东，中部地区接近中心度较高的省份为河南、安徽、江西、湖南，西部地区接近中心度较高的省份为新疆、贵州、四川、陕西。接近中心度反映了某省份与其他省份之间的接近程度，省份的接近中心度越高，说明其与其他省份的能源在能源要素流动上越容易，越有可能处在能源消费的空间网络中心位置上。处于接近中心度较高的省份大多处于经济发达、人口密集、能源消费较为集中的区域，这些省份是与其他省份在能源消费中链接的关键省份，在能源消费网络中存在多条路径，自身和其他省份在能源消费水平上较为接近。

2014 年中国省域能源消费空间网络接近中心度均值为 65. 1599，高于平均值的省份有(按从高到低排序)：北京、江苏、山西和河北。较高的接近中心度说明这些省份在能源消费空间网络中能够与其他省份更快地建立联系，能源流动性更强。此外，这些省份的接近中心度点出度远高于点入度，能源获取效率更高，在能源网络中扮演“净受益”的角色，是能源消费的行动者。接近中心度较低的省份有新疆、黑龙江、宁夏、吉林、青海，这些省份表现出在能源消费和使用中容易受到其他省份的影响。

（3）中间中心度。

1990—2014 年中国能源消费空间网络中间中心度均值为 2. 2082。东部地区远高于中部和西部地区。分时段来看，1990—2014 年中国能源消费空间网络中间中心度逐年下降，从 1990 年的 2. 4318 下降到 2014 年的 2. 1368。分省域来看，2010—2014 年中间中心度均值为 2. 2263，东部地区中间中心度高于地区平均值的省份为北京、江苏、广东、浙江，中部地区中间中心度高于地区平均值的省份为山西、江西、河南、安徽，西部地区中间中心度高于地区平均值的省份为贵州、新疆、四川、陕西、宁夏。中间中心度测度了某省份对能源资源的控制程度，中间中心度较高的省份处于其他省域能源消费的捷径上。

根据 Freeman 中心度测算结果，2014 年中国省域能源消费空间网络非标准化中间中心度为 2347. 738，整个网络的标准化中心势(Network Centralization Index)为 0. 1239，网络中心化指数为 12. 39%，中间中心度反映了整个网络向某个点集中的趋势。2014 年中国省域能源消费空间网络 Freeman 中间中心度平均值为 36. 607，高于该平均值的省份有：江苏、湖北、江西、浙江、甘肃、广东、辽宁、贵州、河南、山西、安徽，这些省份在控制其他省份能源消费、能源流通和能源要素交流方面的能力较强。其中，江苏的能源消费空间网络 Freeman 中间中心度高达 120. 455，远高于其他省份，而青海和新疆两个省份的中间中心度接近于 0，能源消费空间网络中间中心度分布不均衡现象显著。此外，高于全国能源消费空间网络 Freeman 中间中心度平均值的 11 个省份的中间中心度之和占全国中间中心度总和的 82. 41%，中间中心度主要集中在能源资源较为丰富的省份。

（4）特征向量中心度。

1990—2014 年中国能源消费空间网络特征向量中心度均值为 25.4272。东、中、西部地区特征向量中心度差异不明显，东部地区略高于中部和西部地区。分时段来看，1990—2014 年中国能源消费空间网络特征向量中心度逐年上升，从 1990 年的 25.1808 上升到 2014 年的 25.3654。分省域来看，2010—2014 年特征向量中心度均值为 25.5631，东部地区特征向量中心度高于地区平均值的省份为北京、江苏、浙江、广东、河北、福建，中部地区特征向量中心度高于地区平均值的省份为山西、河南、安徽、江西，西部地区特征向量中心度高于地区平均值的省份为新疆、四川、青海、陕西、甘肃、贵州。可以看出，绝大多数省份的特征向量中心度高于平均值。

2014 年中国省域能源消费空间整个网络的特征向量中心势为 27.26%，点度特征向量中心度平均值为 25.365，高于平均值的省份有：北京、江苏、山西、河北、广东、新疆、河南、四川、浙江、安徽、湖南、福建、江西、甘肃、湖北，特征向量中心度的分布较为均等，特征向量最大值北京(28.7490)是特征向量最小值吉林(7.5870)的 4 倍。

（三）块模型分析

根据 Concor(Convergent correlation)方法做迭代收敛分析，研究网络凝聚子群，选择最大分割度为 3，集中标准为 0.2，将 28 个省份划分为八个板块(见表 3)。

表 3　2014 年中国能源消费网络凝聚子群

板块	省份	个数	板块分类
板块 1	北京、天津、山东、山西	4	净受益板块
板块 2	安徽、河南、四川、湖北、陕西	5	经纪人板块
板块 3	江苏、上海、福建、江西、浙江、广东	6	净受益板块
板块 4	湖南、吉林、广西	3	净受益板块
板块 5	河北、内蒙古	2	净受益板块

续表

板块	省份	个数	板块分类
板块 6	辽宁、黑龙江	2	经纪人板块
板块 7	贵州、云南	2	双向溢出板块
板块 8	甘肃、青海、宁夏、新疆	4	净溢出板块

2014 年中国能源消费网络空间中存在 213 个关联关系，其中板块内部的关联关系有 14 个，板块间关联关系有 199 个，说明板块间能源消费存在明显的空间关联和空间溢出效应。结合表 4 的分析结果，2014 年板块 1 的接收关系数有 64 个，属于板块内部的有 10 个，接收其他板块溢出的关系有 54 个，板块溢出关系有 18 个，期望内部关系比例为 14.29%，实际内部关系比例为 55.56%，板块 1 属于“净受益板块”。同理，可以分析其他 8 个板块的属性类别(见表 3 和表 4)，并将其分为“净受益板块”“经纪人板块”“双向溢出板块”“净溢出板块”4 个类别。其中，“净受益板块”位处东部沿海、京津冀、长三角、珠三角等经济较发达地区，涵盖了中国大部分大型城市和特大城市，能源消费量大，主要接受能源储备丰富地区的能源资源溢出；“经纪人板块”的接收和溢出关系均来自板块外，主要包括中西部内陆省份和东北地区省份，既接收来自其他能源丰富板块的能源溢出，同时也对其他板块提供能源供给，在能源空间网络中发挥中介和桥梁的作用；“双向溢出板块”包括贵州和云南两个省份，该板块既包括板块内的接收和溢出，也包括板块外的接收和溢出，但接收和溢出关系均主要来自板块外；“净溢出板块”包含甘肃、青海、宁夏、新疆 4 个省份，它们均为经济欠发达、人口较为稀少、能源资源较为富足的西部地区，也是中国“西气东输”“西煤东运”“西电东送”的主要来源地，这些地区除了能够保证当地能源自给，同时还向其他板块输送大量的能源资源。

表 4　2014 年中国能源消费网络空间关联板块及关系

板块	接收关系数/个		发出(溢出)关系数/个		期望内部关系比例⑤/%	实际内部关系比例⑥/%
	板块内①	板块外②	板块内③	板块外④		
板块 1	10	54	10	8	14.29	55.56
板块 2	0	42	0	37	17.86	0.00
板块 3	1	53	1	53	21.43	1.85

续表

板块	接收关系数/个		发出（溢出）关系数/个		期望内部关系比例⑤/%	实际内部关系比例⑥/%
	板块内①	板块外②	板块内③	板块外④		
板块 4	0	13	0	16	10.71	0.00
板块 5	0	21	0	9	7.14	0.00
板块 6	0	3	0	10	7.14	0.00
板块 7	1	9	1	19	7.14	5.00
板块 8	2	4	2	47	14.29	4.08

注：内部关系为①与③相等，②的列之和与④的列之和相等，⑤=(③-1)/(28-1)，⑥=③/(③+④)。

2014 年中国能源消费整体空间网络密度为 0.2817，若有板块密度大于整体空间网络密度的板块，则能源消费更集中在该板块，因此将板块密度大于整体空间网络密度的板块取值为 1，将板块密度小于整体空间网络密度的板块取值为 0，根据密度矩阵构造像矩阵，如表 5 所示。

表 5　2014 年中国能源消费网络密度矩阵

密度矩阵	板块 1	板块 2	板块 3	板块 4	板块 5	板块 6	板块 7	板块 8
板块 1	0.833	0.050	0.083	0.000	0.625	0.000	0.000	0.000
板块 2	0.500	0.000	0.533	0.067	0.500	0.000	0.200	0.150
板块 3	0.667	0.667	0.033	0.111	0.750	0.083	0.333	0.042
板块 4	0.500	0.000	0.167	0.000	0.333	0.333	0.500	0.000
板块 5	0.750	0.100	0.167	0.000	0.000	0.000	0.000	0.000
板块 6	0.500	0.000	0.333	0.333	0.000	0.000	0.000	0.000
板块 7	0.250	0.300	0.833	0.667	0.000	0.000	0.500	0.000
板块 8	0.625	0.850	0.667	0.333	0.000	0.000	0.000	0.167
像矩阵	板块 1	板块 2	板块 3	板块 4	板块 5	板块 6	板块 7	板块 8
板块 1	1	0	0	0	1	0	0	0
板块 2	1	0	1	0	1	0	0	0
板块 3	1	1	0	0	1	0	1	0
板块 4	1	0	0	0	1	1	1	0
板块 5	1	0	0	0	0	0	0	0
板块 6	1	0	1	1	0	0	0	0
板块 7	0	1	1	1	0	0	1	0
板块 8	1	1	1	1	0	0	0	0

根据表 5 构造的中国能源空间网络像矩阵可以进一步绘制 2014 年中国能

源消费八大板块间网络溢出效应图(见图4)。从图4中可以清晰地看出，“净受益板块”板块1、板块3、板块4和板块5经济较为发达，能源供给紧张，能源消费量大，主要依赖其他省份能源输入；“经纪人板块”板块2、板块6以及“双向溢出板块”板块7，既有能源的输入，又有能源的溢出，能源交易频繁，联动效应明显；“净溢出板块”板块8中蕴含丰富的石油、天然气和煤炭资源，是全国能源供应的“发动机”。

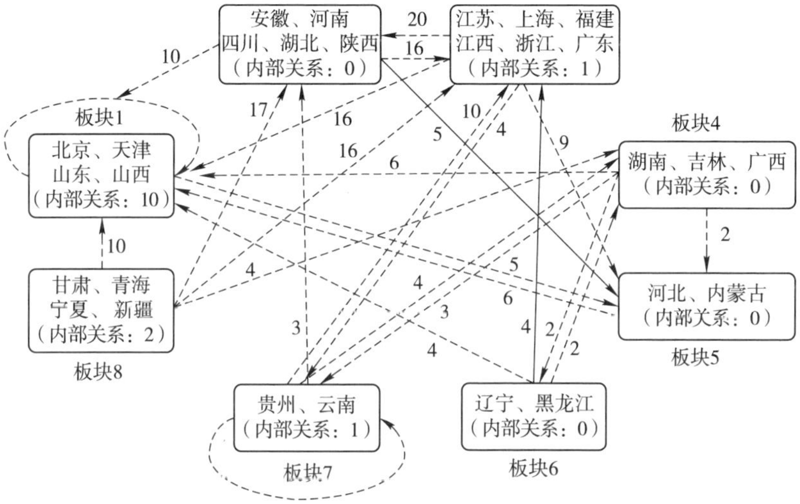

图4　2014年中国能源消费八大板块间网络溢出效应

注：虚线上的数字表示溢出关系。

四、中国省域能源消费空间网络结构效应分析

前文构建了中国能源消费空间网络模型，得出了中国能源消费的空间网络结构，下面进一步分析非期望产出下中国省域能源消费空间网络结构的效应，即能源消费空间网络的属性对能源消费的影响。

（一）整体空间网络结构效应分析

分别以全国单位能耗 GDP 均值（*egdpj*）和省际单位能耗 GDP 标准差（*egdpb*）为被解释变量，网络密度（*wlmd*）、网络等级度（*wldj*）、网络效率（*wlxl*）、最近上限（*zjsx*）为解释变量，构建逐步最小二乘法回归模型，结果如表 6 所示。研究表明，模型（5）和模型（10）的拟合效果良好，回归系数均通过显著性检验，模型 P 值均为 0.0000。

从模型（5）可以看出，网络密度、网络等级度、网络效率、最近上限均对全国单位能源消费 GDP 影响显著，说明能源空间网络结构对能源消费有显著影响。其中，网络密度和网络效率对单位能源消费 GDP 有显著负向影响，网络等级度和最近上限对单位能源消费 GDP 有显著正向影响。①网络密度对单位能源消费 GDP 影响显著为负，说明网络密度越大，整体网络越集中，增加了单位能源消费产出的空间差异，因此过多的能源政策造成的人为能源省际联系加强，实际上过多的能源空间网络关联不利于单位能耗产出，虽然中国能源特大型项目的空间调配加强了区域能源空间集中度，但在实际能源效率上并未达到最优。②网络等级度和最近上限对单位能耗 GDP 影响显著为正，说明网络等级度越高，最近上限越大，适度增加网络等级结构，越能够提高单位能耗产出，因而增加能源消费从属省份，加强对从属省份能源消费的行政指导，可以减少能源消费的无效行为，促进能源效率的提高。③网络效率对单位能耗 GDP 影响显著为负，说明网络效率越低，能源消费空间网络中的连线越多，单位能耗产出越高，这表明适度增加能源消费网络中的空间连线，加强能源消费区域间资源、人才和技术的流通，缩小能源区域差异，降低区域能源流通成本，可以有效提升能源效率，加强能源消费空间网络的稳定性。

此外，模型（10）的结果表明，网络密度、网络等级度、网络效率、最近上限四项能源消费空间网络属性对省际能源消费产出的标准差产生显著影响。省际单位能耗 GDP 标准差反映了单位能源消费 GDP 的省际差异，体现了能源消费的空间公平性，这种差异越小，空间公平性就越高。网络密度和网络效率

表 6　整体空间网络结构效应分析

被解释变量	全国单位能耗 GDP 均值（egdpj）					省际单位能耗 GDP 标准差（egdpb）				
模型	（1）	（2）	（3）	（4）	（5）	（6）	（7）	（8）	（9）	（10）
网络密度（*wlmd*）	11.845*** （3.357）	—	—	—	-29.262*** （8.792）	4.320*** （1.269）	—	—	—	-11.438*** （3.292）
网络等级度（*wldj*）	—	-0.993 （0.824）	—	—	3.29** （1.209）	—	-0.395 （0.306）	—	—	1.096** （0.453）
网络效率（*wlxl*）	—	—	-7.571*** （1.478）	—	-20.682*** （4.412）	—	—	-2.823*** （0.553）	—	-8.025*** （1.652）
最近上限（*zjsx*）	—	—	—	9.962** （4.504）	19.951*** （6.558）	—	—	—	3.636*** （1.690）	6.602** （2.455）
常数项	-2.537** （0.925）	1.070*** （0.300）	5.505*** （0.935）	-8.901* （4.350）	1.404 （6.813）	-0.893** （0.350）	0.434*** （0.112）	2.079*** （0.350）	-3.217* （1.632）	1.748 （2.551）
Prob>F	0.0018	0.2405	0.0000	0.0372	0.0000	0.0024	0.2105	0.0000	0.0421	0.0000
R^2	0.3512	0.0594	0.5330	0.[illegible]754	0.7427	0.3350	0.0673	0.5316	0.1676	0.7413

注：***、**、* 分别表示在 1%、5%和 10%的水平下显著；括号内是标准误差。

越大、网络等级度和最近上限越低，能源消费的空间差异越小，能源空间公平性越高。这说明空间公平性和能源效率、能源空间网络稳定性是彼此制衡的结合。加强能源的空间网络密度，提升能源空间网络效率，增加能源区域网络集中度，一方面会降低单位能源消费产出，不利于能源效率的实现，另一方面却能够缩小能源消费区域间空间差异，提升能源空间公平程度。提升能源空间网络等级度，增加能源网络最近上限，虽然能够增加单位能耗产出，促进能耗效率的提高，但是却以损失能源空间网络公平性为代价，不利于能源空间网络一体化的形成。

因此，在制定能源政策时，应当综合考虑能源空间网络效率、单位能源消费产出、能源空间公平性以及能源空间网络的稳定性，制定适合中国能源发展的区域能源政策。

（二）个体空间网络结构效应分析

以 1990—2014 年各省份单位能耗 GDP 为被解释变量，度数中心度、接近中心度、中间中心度、特征向量中心度为解释变量，对所有变量取对数后，分别做面板数据回归分析（见表 7）。结果表明，除模型（4）需要选择随机效应模型外，其他模型均支持固定效应模型。从模型的拟合效果来看，模型（5）选择固定效应模型的拟合效果较好。根据回归结果，度数中心度和接近中心度对单位能耗 GDP 均产生显著正向影响，中间中心度和特征向量中心度对单位能耗 GDP 均产生显著负向影响。因此，提高能源消费空间网络的度数中心度和接近中心度，降低中间中心度和特征向量中心度能够促进单位能耗 GDP 的提升。

表 7　基于面板数据的个体空间网络结构效应分析

模型	(1)	(2)	(3)	(4)	(5)
度数中心度	0.9690*** (0.0793)	—	—	—	4.6799*** (0.2115)
接近中心度	—	3.4515*** (0.3372)	—	—	0.7890* (0.4933)
中间中心度	—	—	0.2450*** (0.0268)	—	-0.2997*** (0.0418)

续表

模型	(1)	(2)	(3)	(4)	(5)
特征向量中心度	—	—	—	0.3676*** (0.1087)	-4.4519*** (0.1750)
常数项	-4.0871*** (0.2889)	-14.8674*** (1.3976)	-0.5632*** (0.0215)	-1.7377*** (0.3557)	-6.6452*** (1.7125)
F 值	149.41***	104.76***	83.78***	—	—
Wald 统计量	—	—	—	11.42***	946.80***
R^2	0.1368	0.1360	0.1168	0.0207	0.5449
Hausman 检验 P 值	0.0711**	0.0932**	0.4812	0.9479**	0.3099**
固定效应/随机效应	固定效应	固定效应	固定效应	随机效应	固定效应

注：***、**、*分别表示在1%、5%和10%的水平下显著；括号内是标准误差。

进一步来看，度数中心度每提高1个百分点，单位能耗GDP提高4.6799个百分点。由于最大可能关联数恒定，因此其值越大，直接关联数越多，省域间能源消费联系越紧密。省域空间能耗联系越紧密，消费单位能源得到的产出值越大，说明能源网络的经济效率越高。因此对于度数中心度较低的省份，如广西、黑龙江、辽宁、吉林、云南，应当注意加强其与其他能源消费产出较大的省份之间的联系，促进区域能源使用一体化，提高能源分配效率和使用效率。

接近中心度每提高1个百分点，单位能耗GDP提高0.7890个百分点。接近中心度反映了能源空间网络中省份不受其他省份对能源消费的影响程度，接近中心度越高，本省份越不容易受到其他省份的影响。因此，省份的接近中心度越高，在单位能耗下获得的能耗产出越多。对于接近中心度较低的省份如新疆、黑龙江、宁夏、吉林、青海，应当注意提升该地区的接近中心度，缩短省域与周边省域能源资源调配的捷径距离，提升省域能源风险抵御能力。

中间中心度每提高1个百分点，单位能耗GDP降低0.2997个百分点；特征向量中心度每提高1个百分点，单位能耗GDP降低4.4519个百分点。中间中心度和特征向量中心度反映了本省份影响其他省份能源消费的能力，处于中间中心度较高的省份比其他省份在能源资源中拥有更多的控制能力。省域的中间中心度和特征向量中心度越高，单位能耗产出越低，因此应该降低中间中心度和特征向量中心度较高省份的中心度数值，如江苏、湖北、江西、浙江、甘肃、广东，提高单位能源产出效率。

五、结论及建议

本文通过构建中国能源消费空间网络模型，分析了中国能源消费空间网络密度和空间关联特征，并研究了中国能源消费网络凝聚子群和空间分块，以及能源消费的空间网络结构效应。本文的主要发现如下：一是中国能源消费的空间关联性加强，网络密度逐年上升，在剔除非期望产出对能源消费的影响后，得到的能源空间关联关系数呈现先上升后下降的倒“U”形趋势。二是中国省域能源消费联系非常紧密，存在明显的空间关联和溢出效应。能源消费网络等级度先降后升表明中国能源加强了空间联系，能源空间壁垒被打破，省际空间能源关联程度加强。三是从省域能源消费空间网络中心度的分布来看，东部地区的中心度高于中部地区，中部地区高于西部地区。中国能源消费空间网络度数中心度和接近中心度逐年上升，中间中心度逐年下降，特征向量中心度基本不变。四是可将中国 28 个省份分为 4 个类别，其中“净受益板块”处于东部沿海、京津冀、长三角、珠三角等经济较发达地区，“经纪人板块”主要包括中西部内陆省份和东北地区省份，“双向溢出板块”既包括板块内的接收和溢出，也包括板块外的接收和溢出，“净溢出板块”均为经济欠发达、人口较为稀少、能源资源较为富足的西部地区。五是网络密度、网络等级度、网络效率、最近上限均对全国单位能源消费 GDP 影响显著，说明能源空间网络结构对能源消费有显著影响。

综上所述，本文提出如下政策建议：①充分考虑能源消费空间网络结构关系，综合“属性目标”和“关系目标”制定整体节能减排目标。如果仅考虑总能耗这一“属性目标”，1990—2014 年从高到低依次为：山东（17796 万吨标准煤）、河北（15033 万吨标准煤）、广东（13725 万吨标准煤）、江苏（13440 万吨标准煤）、辽宁（12740 万吨标准煤），均位于东部地区，经济发展水平高，人力资本丰富，能源消费量大，因此需要重点关注这些省份的能源发展和节能减排情况。然而，如果综合考虑能源消费空间网络的密度和中心度这些“关系目标”，网络密度排名前5位的为北京、广东、山西、江苏、河南，度数中心度排名前5位的为浙江、广东、江苏、福建、山西，接近中心度排名前5位的为北京、江苏、山西、河北、河南，则应该重点考虑这些区域的节能减排任务，由点及面，由局部向整体，逐步构建中国能源节能减排空间网络结构联动体系。②根据能源消费产出空间网络结构特征，制定差异化省域能源政策，构建能源供给和消费的跨区域协调机制。根据本文构建的能源消费产出空间网络的八大板块和四项分类，充分发挥“经纪人板块”和“双向溢出板块”的中介桥梁作用和联动效应，提高区域能源使用效率，引进先进能源技术人才，提高能源管理水平，为能源输入地和输出地的能源要素流通提供便利，具体包括安徽、河南、四川、湖北、陕西、辽宁、黑龙江、贵州、云南9个省份；根据“净受益板块”的特点，加强总能耗较高省域的能源供给，提高能源的使用效率，充分发挥区域技术和管理优势，优化能源结构，大力发展新能源和清洁能源，具体包括京津冀、长三角、珠三角等地区的北京、上海、广东、天津、山东、山西、江苏、福建、江西、浙江、湖南、吉林、广西、河北、内蒙古15个省份；利用“净溢出板块”中石油、天然气、煤炭等能源资源，最大程度地保障能源短缺地区的供给，加大能源开采力度，强化区域能源的生产和调配能力，发展循环经济，具体包括甘肃、青海、宁夏、新疆4个省份。③实时监测能源空间网络密度，提高能源消费产出空间公平性，平衡能源空间网络稳定性和能源空间网络效率之间的关系。加强能源的空间网络密度，提升能源空间网络效率，可以增加能源区域网络集中度，这一方面会降低单位能源消费产出，不利于能源效率的实现；另一方面却能够缩小能源消费区域间空间差异，提升能源空间公平程度。提升能源空间网络等级度，增加能源网络最近上限，虽然能够提升单位能耗产出，促进能耗效率的提高，但是却以损失能源空间网络公平性为代价，不利于能源空间网络一体化的形成。因此，在制定能源政策时，需要综合考虑能源空间公平性、能源空间网络的稳定性以及能源空间网络效率，制定适合中国能源发展的区域能源政策。应当实时监测能源空间网络密度，构建适宜的能源空间网络关联数量，适当提升能源空间网络等级度，缩小能源区域空间差异，加快能源要素市场流动速度，减少能源行政指令干预，协调政府与市场的关系，提升能源空间公平性。

参考文献

[1] 李国平，王志宝. 中国区域空间结构演化态势研究 [J]. 北京大学学报(哲学社会科学版)，2013，50(3)：148-157.

[2] 刘华军，张耀，孙亚男. 中国区域发展的空间网络结构及其时滞变化——基于 DLI 指数的分析 [J]. 中国人口科学，2015(4)：60-71，127.

[3] 刘华军，何礼伟. 中国省际经济增长的空间关联网络结构——基于非线性 Granger 因果检验方法的再考察 [J]. 财经研究，2016，42(2)：97-107.

[4] 刘华军，刘传明，孙亚男. 中国能源消费的空间关联网络结构特征及其效应研究 [J]. 中国工业经济，2015(5)：83-95.

[5] 冯朝阳. 环渤海地区区域经济空间网络关联结构研究 [J]. 西部论坛，2017，27(1)：43-52.

[6] 林春艳，孔凡超. 中国产业结构高度化的空间关联效应分析——基于社会网络分析方法 [J]. 经济学家，2016(11)：45-53.

[7] 孙亚男，刘华军，刘传明，等. 中国省际碳排放的空间关联性及其效应研究——基于 SNA 的经验考察 [J]. 上海经济研究，2016(2)：82-92.

[8] 杨桂元，吴齐，涂洋. 中国省际碳排放的空间关联及其影响因素研究——基于社会网络分析方法 [J]. 商业经济与管理，2016(4)：56-68，78.

[9] Tinbergen J. An Analysis of World Trade Flows in Shaping the World Economy [M]. by Jan Tinbergen New York NY：Twentieth Century Fund，1962.

[10] 李平，陈星星. 中国八大经济区域能源消耗产出效率差异研究 [J]. 东南学术，2016(5)：91-105+248.

[11] 陈星星. 中国能源消耗产出效率的测算与分析 [J]. 统计与决策，2015(23)：114-119.

[12] Borgatti S. P.，Everett M. G.，Freeman L. C. Ucinet for Windows：Software for Social Net-work Analysis [M]. Harvard，MA：Analytic Technologies，2002.

金融强监管对银行个体风险影响的实证研究*

刘惠好[1]　焦文妞[2]①

（1. 中南财经政法大学　2. 中南财经政法大学）

摘　要　本文基于我国 168 家商业银行 2011—2018 年的动态面板数据，先运用系统广义矩估计（SYS-GMM）方法，研究了全面加强金融监管后银行个体风险的变动情况，然后通过双重差分（DID）模型，分析了金融强监管对不同类型银行个体风险影响的差异及差异产生的可能原因。研究结果表明，整体上看，金融强监管显著降低了银行的个体风险。此外，以大型商业银行为参照后发现，强监管环境下，农村商业银行较股份制商业银行和城市商业银行，缩减同业业务规模更加积极，个体风险的下降程度也最大。2017 年全面加强金融监管后，在降低银行个体风险、引导资金“脱虚向实”方面效果明显。本文认为，监管政策的制定要注重协调性与渐近性，综合考量各类银行之间的现实差异，以进一步提升金融监管的针对性和有效性。

关键词　金融强监管；银行个体风险；银行异质性；同业业务

一、引言

为防范与化解金融风险，稳定金融市场，自 2017 年起，我国金融监管部门出台了一系列金融监管政策，发布了多个有关银行、资管、私募、保险等方面的监管文件，制定了更高的监管标准，大大加强了金融监管力度。本文将 2017 年我国全面加强金融监管的态势称为金融强监管（或称“强监管”）。

---

①　作者简介：刘惠好，经济学博士，教授，中南财经政法大学金融学院，联系方式：huihaoliu@ sina. com；焦文妞，经济学硕士研究生，中南财经政法大学金融学院。作者感谢匿名审稿人的意见，文责自负。

＊ 本文得到国家社科基金项目“健全我国多层次资本市场转板制度研究（14BJY182）”的资助。

2017 年，原银监会为整治银行业市场乱象，相继开展了“三三四十”[①] 专项治理活动，对银行同业理财、表外业务以及风险的管理更加严格。之后，针对限制同业业务、强化风险管理、弥补监管短板等问题，原银监会连发了多个文件，如 2017 年 12 月发布《商业银行流动性风险管理办法（修订征求意见稿）》，引入“同业融入比例”，以及“净稳定资金比例”“优质流动性资产充足率”“流动性匹配率”等量化监测指标，对银行同业业务以及资金安全进行监管；2018 年 1 月发布《中国银监会关于进一步深化整治银行业市场乱象的通知》；同年 4 月，人民银行、银保监会、证监会和国家外汇管理局联合出台了《关于规范金融机构资产管理业务的指导意见》（市场上称为“资管新规”）等。上述监管政策的实施，旨在遏制银行资金空转与多层嵌套现象，减少银行同业业务的比例，引导资金“脱虚向实”，提高银行的资产质量以降低银行个体风险。那么，随着政策实施的有序推进与监管力度的不断加强，金融强监管是否降低了银行的个体风险？对银行个体风险的作用是否存在异质性？产生异质性的原因是什么？是本文研究的焦点问题。

自 20 世纪 90 年代《巴塞尔协议》颁布以来，关于金融监管对银行个体风险影响的研究文献较为丰富。国外一些学者认为，金融监管会降低银行个体风险。Repullo（2004）认为，随着市场集中度的下降，资本要求作为一种监管工具会降低银行的个体风险。Morrison 和 White（2005）认为，严格的资本监管政策会以缩减银行规模为代价，降低银行的个体风险，因此，监管水平越差，越需要制定严格的资本监管政策。也有一些学者认为，金融监管对银行风险的作用需要考虑监管的种类和监管发生的时间。Alam（2014）通过对双重银行体系进行研究发现，资本监管会使得传统银行风险下降，但对银行经营活动进行限制的监管，则会加大传统银行的个体风险。Brandao－Marques（2018）等的研究发现，严格的监管会限制政府支持下银行的风险承担行为，

① “三三四十”即“三违反”“三套利”“四不当”和“十个方面”；其中“三违反”即违反金融法律、违反监管规则、违反内部规章；“三套利”即监管套利、空转套利、关联套利；“四不当”即不当创新、不当交易、不当激励、不当收费；“十个方面”即股权和对外投资方面、机构及高管方面、规章制度方面、业务方面、产品方面、人员行为方面、行业廉洁风险方面、监管履职方面、内外勾结违法方面、涉及非法金融活动方面。

降低银行风险；但只有当发生严重危机时，监管对银行风险承担行为的限制作用才会显现。不过，也有相反的观点。Blum(1999)在动态框架中分析了对银行的资本监管与其风险获取之间的联系，确定其中存在连续效应，这种连续效应在引入资本要求之后会导致银行风险增加；同时，未来资本水平的执行还会导致银行当前损失大量利润。Levine(2003)认为，强有力的监管可以改善银行管理，提高银行竞争力，但竞争力的增强也会促使银行承担更多的风险。

有关我国金融监管对银行个体风险影响方面的研究，主要集中在监管对银行风险承担行为的影响上。陈海勇、姚先国(2006)通过建立资本充足监管约束下银行资本和风险关系的数理模型，证明了对银行进行资本充足监管，可以大幅减小银行的破产风险。宋琴、郑振龙(2011)通过对《巴塞尔协议Ⅲ》颁布后我国推出的四大监管工具(资本充足率、杠杆率、贷款拨备率以及流动性)对银行业影响的研究，认为监管有助于降低银行的破产风险。潘敏、魏海瑞(2015)通过考察不同维度上监管措施实施强度对银行风险承担行为的影响，认为监管强度的提升存在风险抑制效应。但也有学者认为，金融监管并非越严越好，监管也要适度。黄国平(2014)认为，监管不足会发生危机，但监管过度则会诱发大量的监管套利行为，阻碍银行等金融机构的健康发展，影响经济、金融的稳定。

此外，有研究表明，监管政策对不同类型商业银行的影响存在差异。张琳等(2015)认为，规模大的银行，拥有先进的网络软件系统，风险管理水平比较高，资产质量也比较稳定。王周伟、王衡(2016)指出，规模较大的银行具有“大而不倒”的特性，会为存款人和债权人提供一种隐性担保，使银行能够以较低的成本获得资金。基于此，本文按照规模将银行分为大型商业银行、股份制商业银行、城市商业银行和农村商业银行。

目前，研究我国全面加强金融监管后银行个体风险变动情况的文献较少，因此本文着眼于此次金融强监管，利用我国 168 家商业银行 2011—2018 年的年度财务数据(主要包括总资产、资产收益率以及杠杆率等)，采用系统广义矩估计(以下简称“系统 GMM”)，对 2017 年我国全面加强金融监管后商业银行个体风险的变动情况进行研究；并采用双重差分模型（以下简称“DID 模型”），比较金融强监管对不同类型银行个体风险影响的差异，进一步分析产生该差异的可能原因。最后，根据研究结果，对我国金融监管部门提出政策建议。

二、理论分析与假设

为整治金融市场乱象、弥补监管短板，引导资金“脱虚向实”，提高金融服务实体经济的能力，自 2017 年始，针对金融市场中出现的各种监管漏洞，监管机构出台了一系列政策，极大地提高了金融监管力度。作为金融市场的重要参与者，银行个体风险在强监管防风险背景下的变动情况，是大家广泛关注的焦点。

（一）金融监管与银行风险

本次金融强监管主要是对银行同业以及表外等影子银行业务进行监管与规范，因此本文主要从这几方面分析金融监管对银行个体风险的影响。

我国的影子银行是正规银行体系以外的一种信用中介，主要包括银行的同业和表外业务以及理财产品、信托计划等。由于影子银行游离于金融监管体系之外，其业务往往具有杠杆率较高、期限错配和监管套利现象严重以及易引发系统性金融风险的特征。因此，影子银行的规模越大，整个金融体系越脆弱，金融风险也越大（祝继高等，2016；林琳，2016）。同业业务是影子银行最主要的业务形式，也是一种金融创新，可以帮助银行调整表内资产、负债以及各项监管指标。银行经常通过同业业务向需要资金的借款者提供资金，因为这种“通道”业务在获得信贷收益的同时不但不影响银行信贷额度，还可以免受存贷比等指标的限制。而由此诱发的监管套利行为，削弱了监管机构对银行等金融机构的监管效果，加大了银行的个体风险。此外，同业业务还会通过期限错配以短贷长等方式获取利润，这无疑增加了银行的流动性风险。更重要的是，同业业务具有在经济上行期进一步增加信贷投放，导致经济发展过快，在经济下行期收缩信贷，加剧经济衰退的顺周期特征，因此，其规模的迅速扩大会促使银行等金融机构之间的联系更加紧密，从而大大增加了系统性风险发生的可能性（肖崎、阮健浓，2014；潘彬等，2018）。

2017 年，金融监管机构对银行同业和表外等影子银行业务进行了大力整治，比如“三三四十”专项治理行动等，使包括同业业务在内的影子银行业务规模受到有效控制。这有助于提高银行资产质量，降低银行个体风险，缓解系统性风险的累积。

基于以上分析，本文提出假设 H1：金融强监管降低了银行个体风险。

（二）金融强监管对不同类型商业银行的影响

同业业务对不同规模商业银行的影响不同。规模较小的银行受存贷比和资本充足率等监管指标的约束较大，发展同业业务的动机更强，所以同业业务规模占比和增速往往高于规模较大的银行。相较之下，规模较大的银行由于资产质量较高、流动性充裕、发展较为稳健，尤其是对风险的管理与控制能力较强，因而在同业业务风险防控方面优于小银行（吴军、黄丹，2015；王周伟、王衡，2016；宋静波，2019）。因此，2017 年我国加强对同业等影子银行业务的监管后，小规模银行受金融强监管的影响要大于大规模银行。

基于以上分析，本文提出假设 H2：金融强监管对规模较小的银行个体风险的影响较大。

三、样本数据与变量选择

（一）数据来源与样本选择

本文使用的数据来自 Bankscope 数据库以及各银行所公布的年报。研究初期收集了 217 家银行的资产、负债及盈利性指标等财务数据，剔除核心变量数据缺失严重的银行，最终样本选择了 168 家商业银行，包括 5 家大型商业银行，12 家股份制商业银行，101 家城市商业银行（以下简称“城商行”）以及 50 家农村商业银行(以下简称“农商行”)。所选样本区间为 2011—2018 年，共 1344 个观测值。宏观变量数据来自 Wind 数据库以及国家统计局。

（二）变量选取

1. 银行个体风险的度量

度量商业银行个体风险的指标主要包括：资产回报率的波动率、资本回报率的波动率、Z 值、贷款损失准备金与贷款总额之比、不良贷款与贷款总额之比、预期违约概率等。考虑到数据的可得性，以及 Z 值既包括资产收益率和资本资产比，又包括资产收益率的波动性，本文使用 Z 值来度量银行个体风险，具体公式为：

$$Z_{j,t}=\frac{ROA_{i,t}+(E/A)_{i,t}}{\sigma(ROA)_{i,t}} \tag{1}$$

式(1)中，$ROA_{i,t}$表示资产收益率，$(E/A)_{i,t}$表示资本与总资产的比值，$\sigma(ROA)_{i,t}$是资产收益率的标准差(使用三年的滚动窗口计算)。同时，银行的破产风险可以表示为：$P(\tilde{\pi}<-E)$，其中，$P(\cdot)$表示概率，$\tilde{\pi}$ 表示银行的全部利润，E 表示所有者权益，定义 $k=-\frac{E}{A}$，A 表示总资产，银行的破产概率为：

$$P(\tilde{\pi}<k)=\int_{-\infty}^{k}\varnothing(\widehat{ROA})d(\widehat{ROA}) \tag{2}$$

式(2)中，$\varnothing(\widehat{ROA})$表示$\widehat{ROA}$的概率密度函数，如果$\widehat{ROA}$服从正态分布，则式(2)可以简化为：

$$P(\widehat{ROA}<k)=\int_{-\infty}^{Z}N(0,\ 1)\mathrm{d}z \tag{3}$$

式(3)中，$Z=\frac{k-\mu}{\sigma}$，以样本均值$\overline{ROA}$来代替 σ，以 ROA 变动的标准差来代替 σ，则 $z=-Z$，所以 Z 值也可以用来表示银行的破产风险。Z 值越大，银行个体风险越低，破产的概率越小，破产风险也越低。因为 Z 值的分布是高度偏斜的，所以对 Z 值取对数，记为 ln(Z)，其分布为正态分布。

2. 银行特征变量与宏观控制变量

结合现有文献，本文选取了银行规模、杠杆率、盈利性等银行特征变量以及国内生产总值指数等宏观控制变量。变量的相关定义如表 1 所示，变量的描述性统计如表 2 所示。

表 1　银行特征变量与宏观控制变量说明

	变量名	表示	定义	参考的文献来源
银行特征变量	银行规模（取对数）	ln(*size*)	总资产的自然对数	Brandao-Marques 等（2018）
	杠杆率	*Leverage*	总资产/所有者权益	郭晔、赵静（2017）
	盈利性	*Profit*	净利润/总资产	Anginer 等（2014）
	存贷比	*LDR*	总贷款/总存款	魏琪等（2014）
	存款比例	*Deposit*	总存款/总资产	Anginer 等（2014）
	贷款损失准备金率	*LLRR*	贷款损失准备金/总贷款	Anginer 等（2014）
	资本充足率	*TCR*	$\frac{\text{总资本-对应资本扣减项}}{\text{风险加权资产}}\times 100\%$	尹志超等（2014）
宏观控制变量	国内生产总值指数	*GDP Index*	GDP 变动的相对数（按不变价格计算，以上年为基期，上年=100）	星焱（2014）
	居民消费价格指数	*CPI*	（一组固定商品按当期价格计算的价值/一组固定商品按基期价格计算的价值）×100%	李维安、王倩（2012）

表 2　主要变量的描述性统计

变量名	观测值个数	均值	标准差	最小值	最大值
银行规模（取对数）	992	19.13	1.534	15.46	24.04
资产收益率	992	1.038	1.397	0	26.56
盈利性	992	0.00907	0.00343	0	0.0247
杠杆率	992	14.24	3.208	0.821	33.03
存款比例	992	0.682	0.105	0.365	0.925
存贷比	992	0.661	0.120	0.167	1.110
贷款损失准备金率	884	0.0335	0.0107	0.0105	0.112
资本充足率	919	14.33	38.47	5.580	1178
国内生产总值指数	8	107.5	0.898	106.6	109.5
居民消费价格指数	8	102.5	1.178	101.4	105.4

四、金融强监管对银行个体风险影响的实证检验

（一）基本模型构建

本文参考郭晔、赵静(2017)的建模思路，认为当期银行的个体风险会受到过去银行个体风险的影响，结合 Brandao-Marques 等(2018)的模型，利用我国 168 家商业银行 2011—2018 年的微观数据建立了如下动态面板模型：

$$\ln\ (Z)_{i,t}=\alpha_0+\alpha_1\ln\ (Z)_{i,t-1}+\beta_2\ln(size)_{i,t}+\beta_3 Leverage_{i,t}+\beta_4 Proft_{i,t}+\beta_5 Deposit_{i,t}+\beta_6 LDR_{i,t}+\beta_7 LLRR_{i,t}+\beta_8 TCR_{i,t}+\beta_9 GDPindex_t+\beta_{10} CPI_t+\lambda_i+\varepsilon_{i,t} \quad (4)$$

式(4)中，$i=1$，2，3，…，N 代表银行个体；$t=2011$，2012，…，2018 代表年份；$\ln(Z)_{it}$ 表示银行个体风险，$\ln(Z)_{it}$ 表示银行 $t-1$ 期的个体风险；FR_t 是表示金融强监管的虚拟变量，当 $t\geqslant 2017$ 时，F_{R_t} 取值为 1，否则为 0；λ_i 代表银行的个体异质性；$\varepsilon_{i,t}$ 表示随机干扰项。

（二）模型估计方法

在确定估计方法之前，先对模型进行 Hausman 检验。检验结果拒绝了“个体异质性 λ_i 与解释变量 X_i 不相关”的原假设，说明模型中存在内生性问题，可以使用工具变量法来进行估计。值得注意的是，Guggenberger(2010)证明了在 Hausman 检验的非中心参数 $\chi_1^2(h_1^2\bar{h}(\bar{h}+1)^{-1})$ 中：

$$\bar{h}h_{22}^2(1-h_{21}^2) \quad (5)$$

其中，h_1 测量的是个体异质性 λ_i 与解释变量 χ_i 之间零相关性的方差，h_{21} 测量的是回归量的预期时间变化，h_{22} 测量的是个体异质性 λ_i 和误差项 $\varepsilon_{i,t}$ 的方差比的函数。在式(5)中，如果 h_{21} 趋于 1 或者 h_{22} 趋于 0 导致 λ_i 足够小的时候，即使 $\varepsilon_{i,t}$ 取值不为零，Hausman 检验中非中心参数的值也会接近于 0，所以根据 Hausman 检验的结果来建立模型有时并不可靠，还需要结合具体的研究内容进行建模。对于本文的动态面板模型而言，个体效应 λ_i 与作为解释变量的滞后因变量、协变量之间可能存在相关性，所以仍选择工具变量法进行

分析。为保证对模型估计结果的一致性，本文使用 Blundell 和 Bond 提出的系统 GMM 方法对模型进行估计。假设模型为：

$$y_{i,t}=\alpha y_{i,t-1}+\beta' X_{i,t}+\lambda_i+\varepsilon_{i,t} \tag{6}$$

式(6)中，$y_{i,t-1}$为因变量 $y_{i,t}$的滞后一阶变量，表示 $m\times1$ 个解释变量，β'为待估参数向量。系统 GMM 综合利用差分方程和水平方程的工具变量，对一阶差分后的模型与水平模型同时进行估计，其中差分模型对应的矩条件为：

$$E(y_i^{t-2}\Delta\varepsilon_{it})=0 \tag{7}$$

差分模型对应的工具变量矩阵为：

$$Z_{di}=\begin{bmatrix} y_{i1} & 0 & 0 & \cdots & 0 & \cdots & 0 \\ 0 & y_{i1} & y_{i2} & \cdots & 0 & \cdots & 0 \\ \vdots & \vdots & \vdots & \cdots & \vdots & \cdots & \vdots \\ 0 & 0 & 0 & \cdots & y_{i1} & \cdots & y_{i,T-1} \end{bmatrix},\ \Delta\varepsilon_{it}=\begin{bmatrix} \Delta\varepsilon_{i3} \\ \Delta\varepsilon_{i4} \\ \vdots \\ \Delta\varepsilon_{iT} \end{bmatrix} \tag{8}$$

水平模型对应的矩条件为：

$$E(v_{it}\Delta y_i^{t-1})=0 \tag{9}$$

水平模型对应的工具变量矩阵 Z_{ki}为：

$$Z_{di}=\begin{bmatrix} y_{i2} & 0 & 0 & \cdots & 0 & \cdots & 0 \\ 0 & y_{i2} & y_{i3} & \cdots & 0 & \cdots & 0 \\ \vdots & \vdots & \vdots & \cdots & \vdots & \cdots & \vdots \\ 0 & 0 & 0 & \cdots & y_{i2} & \cdots & y_{i,T-1} \end{bmatrix},\ v_{it}=\begin{bmatrix} v_{i3} \\ v_{i4} \\ \vdots \\ v_{iT} \end{bmatrix} \tag{10}$$

式(7)和式(9)中，$v_{it}=\lambda_i+\varepsilon_{i,t}$，$y_i^{t-2}=(y_{i1},\ \cdots,\ y_{i,t-2})^T\Delta y_i^{t-1}=(\Delta y_{i2},\ \cdots,\ \Delta y_{i,t-1})^T$，$t=3$，$\cdots$，$T$。

从式(7)、式(8)、式(9)、式(10)中可以看出，差分变换后的模型用实质水平变量 y_i^{t-2} 作为工具变量代替差分变量，水平方程用差分变量的 Δy_i^{t-1} 作为工具变量代替实质水平变量，从而解决了模型中存在的内生性问题。系统 GMM 估计分为一步估计和两步估计。由于两步估计加入了一步估计结果中的残差，放宽了一步估计中残差项满足独立性和同方差的假设条件，本文采用了两步系统广义矩估计方法对模型进行估计。

（三）金融强监管对银行个体风险的影响

为了研究金融强监管对我国商业银行个体风险的影响，本文通过两步系统 GMM 方法对模型(4)进行估计，估计结果如表 3 所示。

表 3　金融强监管对商业银行个体风险影响的估计结果

变量	2017 年前 ln(Z)			2017 年后 ln(Z)		
	系数估计值	标准差	P 值	系数估计值	标准差	P 值
$\ln(Z)_{-1}$	0.370*** (2.87)	0.129	0.004	0.263** (2.18)	0.121	0.029
FR	0.570*** (4.77)	0.119	0.000	0.451*** (4.34)	0.104	0.000
ln(*size*)	0.299*** (2.73)	0.110	0.006	0.372*** (3.01)	0.124	0.003
Leverage	−0.092* (−1.86)	0.050	0.063	−0.080 (−1.23)	0.065	0.219
Profit	57.329 (0.99)	57.704	0.320	83.103 (1.51)	55.089	0.131
Deposit	1.677 (1.28)	1.312	0.201	1.703 (1.11)	1.532	0.266
LDR	−1.031 (−1.11)	0.928	0.267	−0.381 (−0.36)	1.064	0.720
LLRR	−9.368 (−0.56)	16.648	0.574	−9.247 (−0.55)	16.872	0.584
TCR	0.002 (0.36)	0.007	0.715	0.005 (0.50)	0.010	0.620
GDPindex	0.570 (1.62)	0.351	0.104			
CPI	0.568*** (4.08)	0.139	0.000			
Constant	−122.740*** (−2.66)	46.069	0.008	−6.002** (−2.41)	2.494	0.016
Observations	550			550		
AR(2)	0.118			0.210		
Hansen	0.552			0.352		

注：*、**、*** 分别表示估计系数在 10%、5%、1% 的显著性水平上显著；系数估计值下方括号中的数字表示的是该估计系数的 t 值。

扰动项的一阶差分存在一阶自相关，但不存在二阶或更高阶相关，是使用系统 GMM 估计的前提条件。为了检验扰动项的自相关性，本文进行了 Arellano-Bond 检验。该检验的原假设为：扰动项无自相关。表 3 显示，当宏观控制变量存在时，AR(2)统计量的 P 值为 0.118，无法拒绝原假设，表明模型通过了扰动项的自相关性检验。*FR* 的估计系数为 0.570，且在 1%的显著性水平上成立，说明在 2017 年我国全面加强金融监管之后，商业银行的个体风险显著下降。当未引入宏观控制变量时，模型扰动项仍然满足自相关性检验，同时，*FR* 的估计系数为 0.451，小于 0.570，也在 1%的显著性水平上成立。这表明，无论是否添加宏观控制变量，2017 年的金融强监管确实使我国商业银行的个体风险水平下降了，假设 H1 成立。

五、金融强监管对不同类型商业银行个体风险的差异化影响

我国不同类型的商业银行，由于在经营规模、业务范围以及风险水平等方面存在差异，因此受到金融强监管影响的程度可能并不相同。为了研究金融强监管对不同类型商业银行个体风险的差异化影响，本文按照规模将总样本分为大型商业银行、股份制商业银行、城商行以及农商行四个子样本。通过采用双重差分(DID)模型，对 2017 年金融强监管实施前后，各类银行个体风险的变动情况进行分析。

(一) 金融强监管对不同类型银行个体风险影响检验

1. 描述不同类型银行个体风险变动情况的箱体散点图

为形象、直观地显示个体风险的变化趋势，本文用箱体散点图来刻画银行个体风险的具体走势。

箱体散点图建立在样本观测值描绘出的散点图的基础上，它在计算每个大小相等箱体中 Y 轴变量平均值的基础上，创建这些数据点的散点图，使期望函数的非参数可视化；同时，箱体散点图会对基础数据进行二次拟合，并形成拟合线，从而可更加直观地展现不同规模银行个体风险的相对变化。

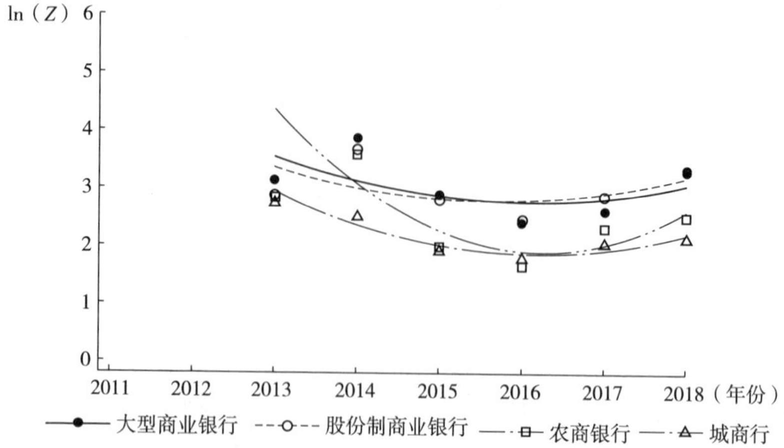

图 1　各类商业银行个体风险变动的箱体散点图

从图 1 的箱体散点图来看，大型商业银行、股份制商业银行、城商行和农商行的 ln(Z) 在 2013—2016 年①下降，而在 2017 年后又均出现明显的上升趋势。不过，与大型商业银行、股份制商业银行和城商行相比，农商行的 ln(Z) 在 2017 年前后波动幅度更大。由此可以初步得出以下结论：①金融强监管降低了银行的个体风险。②与大型商业银行、股份制商业银行和城商行相比，金融强监管对农商行个体风险的影响最大。这一结论为下文构建 DID 模型时选取合适的参照组提供了思路。

2. 建立双重差分（DID）模型

（1）双重差分（DID）模型，也称为“倍差法”，是一种通过比较实验组和对照组在政策实施前后的差异，构造 DID 统计量来反映政策效果的政策效应评估方法。下面对 DID 方法进行简要介绍。假设基础模型为：

$$y_{it}=\beta_0+\beta_1 d\vartheta+\beta_2 dT+\beta_3 d\vartheta\cdot dT+\mu_{i,t} \tag{11}$$

式(11)中，$d\vartheta$ 表示分组的虚拟变量，如果样本个体 i 不受政策影响，则为对照组，取值为 0；如果样本个体 i 受到政策的影响，则为处理组，取值为 1。dT 表示政策实施的虚拟变量，如果 t 在政策实施之前则取值为 0，在政策实施之后则取值为 1。β_3 表示倍差估计量，是政策实施对处理组产生的总效

① 因为本文使用三年的滚动窗口计算收益率 $ROA_{i,t}$ 的标准差，所以存在 Z 值的年份为 2013—2018 年。

应减去政策并未实施时处理组本身随时间变化的趋势后得到的政策实施的净效应。

本文为了剔除银行个体风险的时间趋势，准确测度金融强监管对不同类型银行个体风险的净影响，使用 DID 模型进行估计。使用 DID 模型的前提是存在没有受到政策冲击的对照组，即必须找到一组不受金融强监管影响的银行作为对照组。考虑到大型商业银行特殊的成立背景以及规模优势，本文以五大行作为参照，研究我国在 2017 年全面进入金融强监管后其他类型商业银行个体风险的变动情况。

（2）金融强监管对我国大型商业银行个体风险的影响。表 4 显示，无论是否添加宏观控制变量，金融强监管对大型商业银行个体风险的影响均不显著。这也说明，大型商业银行可以作为研究其他银行个体风险的对照组。需要明确的是，表 4 中的实证结果考察的是金融强监管对大型商业银行个体风险的直接影响，不排除如大型商业银行因其他银行经营活动的改变而改变等间接影响的存在，所以，以五大行作为参照组得出的结果，是金融强监管对其他银行个体风险处理效应的最小值（郭晔、赵静，2017）。

表 4　金融强监管对我国大型商业银行个体风险影响的估计结果

变量	2017 年前 ln(*Z*)			2017 年后 ln(*Z*)		
	系数估计值	标准差	P 值	系数估计值	标准差	P 值
FR	0.965 (0.62)	1.552	0.549	0.099 (0.25)	0.394	0.806
控制变量	有			无		

注：系数估计值下方括号中的数字表示的是该估计系数的 t 值。

（3）金融强监管对我国各类银行个体风险的差异化影响。本文以大型商业银行作为对照组，采用 DID 模型研究我国 2017 年金融强监管对股份制商业银行、城商行和农商行个体风险的差异化影响。具体模型为：

$$\ln(Z)_{i,t} = \alpha_0 + \alpha_1 \ln(Z)_{i,t-1} + \beta_1 FR_t + \beta_2 CLASSIFY_i + \beta_3 FR_t \times CLASSIFY_i + \beta_4 \ln(size)_{i,t} + \beta_5 Leverage_{i,t} + \beta_6 Proft_{i,t} + \beta_7 Deposit_{i,t} + \beta_8 LDR_{i,t} + \beta_9 LLRR_{i,t} + \beta_{10} TCR_{i,t} + \beta_{11} GDPindex_t + \beta_{12} CPI_c + \varepsilon_{i,t} \quad (12)$$

式(12)中，$CLASSIFY_i$ 表示银行类别的虚拟变量，当银行为大型商业银行时取值为0，否则取值为1；FR_t 和 $CLASSIFY_i$ 交互项的系数 β_3，表示金融强监管对不同类别银行个体风险的处理效应；其他变量的含义与模型(4)一致。

3. 估计结果

从表5可知，在我国全面加强金融监管之后，股份制商业银行和城商行样本中 FR_t 和 $CLASSIFY_i$ 交互项的系数为正，但不显著。在农商行样本中 FR_t 和 $CLASSIFY_i$ 交互项的系数在10%的显著水平上为正。这说明，以大型商业银行作为对照组，在2017年我国全面加强金融监管后，股份制商业银行和城商行的个体风险没有显著下降，而农商行个体风险的下降程度则大于大型商业银行以及股份制商业银行和城商行。这与本文在图1中得到的结果一致，即金融强监管对农商行个体风险的影响最大。假设H2由此得证。

表5 金融强监管对各类银行个体风险影响的估计结果

		ln(Z)		
		β_3 估计值	标准差	P 值
银行类别	股份制商业银行	0.394 (0.84)	0.470	0.406
	城市商业银行	0.013 (0.04)	0.303	0.967
	农村商业银行	0.532* (1.81)	0.293	0.072
控制变量	银行特征变量 宏观控制变量	有 有		

注：* 表示估计系数在10%的显著性水平上显著；系数估计值下方括号中的数字表示的是该估计系数的t值。

4. 平行趋势假定

DID模型最关键的假定就是平行趋势假定。其指的是处理组与对照组在政策实施之前具有相同的变动趋势。只有满足平行趋势假定，才可以用未受政策影响的对照组在政策实施前后的变动代替受政策影响的处理组在政策实施前后的时间效应。本文通过回归法来检验平行趋势假定。回归法是指在模型中引入政策实施之前代表各年份的虚拟变量与表示组别的虚拟变量的交互项，如果交互项系数不显著，则满足平行趋势假定。鉴于此，本文生成了2011—2016年表示年份的6个虚拟变量，并在模型中引入了年份虚拟变量与表示银行组别的交互项。回归结果表明，交互项的系数大部分不显著；本文还画出了政策发生前后大型商业银行和农商行个体风险差异是否显著的动态效果图，结果均表明，DID模型基本满足平行趋势假定。受篇幅限制，本文未列出相关检验结果。

（二）银行个体风险差异化原因检验

金融强监管对农商行个体风险的影响大于其他类型的商业银行，是否为同业业务的变化所导致？从2017年发布的系列监管文件的内容来看，无论是原银监会“三三四十”专项检查中对同业投资业务的监管，还是证监会《公开募集开放式证券投资基金流动性风险管理规定》中对投资于商业银行发行的同业存单比例的限制，都表明银行同业业务是金融强监管的重要内容。因此本文通过考察金融强监管对大型商业银行与农商行同业业务规模的影响，尝试对农商行个体风险受强监管影响最大的原因进行解释①。以祝继高等(2016)的研究为基础，以银行买入返售金融资产占期末总资产的比例来度量银行同业业务规模，实证模型仍然采用倍差法，建立的DID模型如下.

$$FAR_{i,t}=\alpha_0+\beta_1 FR_t\times CLASSIFY_i+\beta_2\ln\ (size)_{i,t}+\beta_3 Leverage_{i,t}+\beta_4 Proft_{i,t}+\beta_5 Deposit_{i,t}+\beta_6 LDR_{i,t}+\beta_7 LLRR_{i,t}+\beta_8 TCR_{i,t}+\beta_9 GDPindex_t+\beta_{10} CPI_t+\lambda_i+\mu_t+\varepsilon_{i,t} \tag{13}$$

式(13)中，被解释变量FAR表示买入返售金融资产的规模，用银行买入返售金融资产与期末总资产的比值来表示；β_1是FR_t和$CLASSIFY_i$交互项的系数，表示金融强监管对农商行个体风险的处理效应；其他变量的含义与模型(4)一致。模型的估计结果如表6所示。

由表6可知，交互项的系数为-0.018，且在1%的水平上显著。说明与大

① 以大型商业银行作为参照银行，发现金融强监管对股份制商业银行和城商行个体风险影响不显著，对农商行个体风险影响最大。所以下文只研究农商行同业业务在强监管前后的变动情况。

型商业银行相比，金融强监管对农商行同业业务的规模影响更大。根据祝继高等(2016)的研究，由于同业业务的收益率较低，在同业业务规模减小后，银行资产收益率会上升。从 Z 值的计算公式来看，Z 值会变大，导致银行个体风险下降。因此，在我国全面加强金融监管后，积极缩减同业业务规模的农商行的个体风险下降程度是最大的。

表 6　金融强监管对大型商业银行和农村商业银行同业业务规模的影响

	ln(Z)		
	系数估计值	标准差	P 值
FR×CLASSIFY	−0.018*** (−4.12)	0.004	0.000
银行特征变量	—	有	—
宏观控制变量	—	有	—
R^2	—	0.380	—

注：*** 表示估计系数在 1% 的显著性水平上显著；系数估计值下方括号中的数字表示的是该估计系数的 t 值。

六、结论和政策建议

基于我国 168 家商业银行 2011—2018 年的动态面板数据，本文采用系统 GMM 方法和 DID 模型，从银行异质性的视角对我国 2017 年全面加强金融监管后银行个体风险的变动情况进行了研究。结果表明：金融强监管显著降低了我国商业银行的个体风险；同大型商业银行、股份制商业银行以及城市商业银行相比，农村商业银行个体风险受到金融强监管的影响最大。此外，我国 2017 年全面加强金融监管后，在降低银行个体风险、引导资金“脱虚向实”方面取得了明显的效果。

本文结合研究结果对我国金融监管政策进行思考，并对其进一步实施提出以下建议。第一，继续加强对影子银行业务的监管与引导。由于传统融资渠道无法满足国内融资主体不断扩大的信贷需求，影子银行应运而生，其目的主要是规避监管、进行监管套利，因此集聚了大量系统性金融风险。为防范与化解这类风险，各监管部门应协调配合、信息共享，消除监管真空，加大监管力度，降低银行潜在风险，维护金融系统稳定。第二，重点关注农村商业银行的个体风险。因为农商行主要服务于农户与中小微企业，过度依赖息差收入，再加上业务品种单一、经营范围集中等因素，导致农商行信贷资产质量低，业务结构单一，无法有效实现风险的分散化。另外，农商行受金融监管影响较大，对监管政策更为敏感，所以农商行的个体风险问题亟待解决，应做到监管与长期可持续发展并行。第三，注重金融监管的协调性与渐近性。监管政策实施进程过快会对银行的经营产生一定的压力，尤其是对于规模较小的农商行而言，其更容易引发风险且加速风险的暴露。因此，建议金融监管采取分阶段、逐步进行的方式，使银行有时间去调整适应，以免陷入经营困境。同时，也要考虑到不同类型银行的发展状况与承受能力，制定差异化的监管政策，有针对性地推进我国金融监管的进程。

参考文献

[1] 陈海勇，姚先国. 资本充足监管与银行破产概率的数理模型分析［J］. 数量经济技术经济研究，2006，3：50-57.

[2] 郭晔，赵静. 存款保险制度、银行异质性与银行个体风险［J］. 经济研究，2017，12：134-148.

[3] 黄国平. 监管资本、经济资本及监管套利——妥协与对抗中演进的巴塞尔协议［J］. 经济学(季刊)，2014，3：863-886.

[4] 李维安，王倩. 监管约束下我国商业银行资本增长与融资行为［J］. 金融研究，2012，7：15-30.

[5] 林琳，曹勇，肖寒. 中国式影子银行下的金融系统脆弱性［J］. 经济学(季刊)，2016，3：1114-1134.

[6] 马勇，陈雨露. 金融杠杆、杠杆波动与经济增长［J］. 经济研究，2017，6：31-45.

[7] 潘彬，王去也，易振华. 同业业务、流动性波动与中央银行流动性管理［J］. 经济研究，2018，6：，21-34.

[8] 潘敏，魏海瑞. 提升监管强度具有风险抑制效应吗？——来自中国银行业的经验证据

［J］. 金融研究，2015，12：64-80.

［9］宋静波. 同业业务对中国上市银行效率影响研究［J］. 云南财经大学学报，2019，2：59-68.

［10］宋琴，郑振龙. 巴塞尔协议Ⅲ、风险厌恶与银行绩效——基于中国商业银行 2004—2008 年面板数据的实证分析［J］. 国际金融研究，2011，7：67-73.

［11］王周伟，王衡. 货币政策、银行异质性与流动性创造——基于中国银行业的动态面板数据分析［J］. 国际金融研究，2016，2：52-65.

［12］魏琪，傅强，林荫华. 审慎性监管有助于改善银行效率吗？——基于门限模型的实证研究［J］. 经济科学，2014，3：85-96.

［13］吴军，黄丹. 商业银行同业业务超常扩张对金融稳定的影响［J］. 金融论坛，2015，5：36-43.

［14］肖崎，阮健浓. 我国银行同业业务发展对货币政策和金融稳定的影响［J］. 国际金融研究，2014，3：65-73.

［15］星焱. 宏观波动、市场冲击与银行业系统性风险：基于中国 92 家银行的面板数据分析［J］. 金融评论，2014，6：12-26.

［16］尹志超，吴雨，林富美. 市场化进程与商业银行风险——基于中国商业银行微观数据的实证研究［J］. 金融研究，2014，1：124-138.

［17］张琳，廉永辉，辛兵海. 宏观经济不确定性、银行异质性和信贷供给［J］. 当代经济科学，2015，4：60-71.

［18］张雪兰，何德旭. 货币政策立场与银行风险承担——基于中国银行业的实证研究（2000-2010）［J］. 经济研究，2012，5：31-44.

［19］祝继高，胡诗阳，陆正飞. 商业银行从事影子银行业务的影响因素与经济后果——基于影子银行体系资金融出资方的实证研究［J］. 金融研究，2016，1：66-82.

［20］Alam，N. Regulations and Bank Risk Taking in Dual Banking Countries［J］. Journal of Banking Regulation，2014，15：105-116.

［21］Anginer，D.，A. Demirguc-Kunt，and M. Zhu. How does Deposit Insurance Affect Bank risk? Evidence from the Recent Crisis［J］. Journal of Banking and Finance，2014，48：312-321.

［22］Blum，J. Do Capital Adequacy Requirements Reduce Risks in Banking［J］. Journal of Banking and Finance，1999，23：755-771.

[23] Blundell, R., S. Bond, Initial Conditions and Moment Restrictions in Dynamic Panel Data Models [J]. Journal of Econometrics, 1998, 87: 115-143.

[24] Boyd, J., S. L. Graham, Risk. Regulation, and Bank Holding Company Expansion into Non-banking [J]. Quarterly Review, 1986, 10: 2-17.

[25] Brandao-Marques, L., R. Correa, H. Sapriza, Government Support, Regulation, and Risk Taking in the Banking Sector [J]. Journal of Banking and Finance, 2018, 8: 1-15.

[26] Guggenberger, P. The Impact of a Hausman Pretest on the Size of a Hypothesis Test: The Panel Data Case [J]. Journal of Econometrics, 2010, 156: 337-343.

[27] Laeven, L., R. Levine. Bank Governance, Regulation and Risk Taking [J]. Journal of Fi-nancialEconomics, 2009, 93: 259-275.

[28] Levine, R. More on Finance and Growth: More Finance, More Growth? [J]. The Federal Reserve Bank of St. Louis, 2003, 85: 31-48.

[29] Morrison, A. D., L. White, Crises and Capital Requirements in Banking [J]. The American Economic Review, 2005, 95: 1548-1572.

[30] Repullo, R. Capital Requirements, Market Power, and Risk-taking in Banking Journal of Financial Intermediation [J]. 2004, 13: 156-182.

收入差距对家庭教育支出影响的实证研究

张　亮

(西安财经大学统计学院)

摘　要　本文采用CFPS 2010年、2012年、2014年数据，考察了基础教育阶段收入差距对家庭教育支出的影响情况，通过实证分析发现：收入差距对家庭子女人均教育支出具有正向显著影响；收入差距越大，农村家庭和高收入家庭对子女的教育投入越多；收入差距对家庭子女人均补习教育支出同样具有正向显著影响。因此只有缩小居民收入差距，才能根本有效抑制家庭教育支出过度攀比的趋势及其带来的相关问题。

关键词　家庭教育支出；收入差距；地位寻求；基础教育阶段

一、引言

近年来，我国家庭的教育支出不断上升的趋势越发明显。迟巍等(2012)曾用2007年国家统计局城市社会经济调查总队的“教育专题调查”数据对我国家庭教育负担(家庭教育负担=家庭教育支出/家庭总收入)的情况做出过分析，发现家庭教育总支出的负担率为15.23%，表明中国居民家庭将把平均15%以上的家庭收入投入子女的教育中。其中，小学阶段、初中阶段、高中阶段的教育支出负担率分别为9.57%、15.11%和24.28%，可见教育支出不容小觑。还有研究发现，我国基础教育阶段2013年的课外辅导支出在非基础教育支出中的比例为76%，而过去四年的基础教育支出则呈现出放缓的趋势。笔者利用《中国家庭追踪调查》(简称CFPS)三期数据对我国家庭教育支出的相关情况进行了统计，从表1中可以看到，我国家庭子女人均教育支出在稳步增长，2013年比2009年增长了69%；而家庭子女人均补习教育支出的增长速度更快，2013 年比 2009 年增长了 115%，增长势头十分迅猛。

表 1　我国家庭教育支出的相关统计

变量	年份	户数/户	支出/元	各年增长率/%	总增长率/%	家庭子女人均补习教育支出的占比情况(B/A)/%
家庭子女人均教育支出(A)	2009	3582	1738.17			
	2011	3160	2483.60	43		
	2013	3031	2928.89	18	69	
家庭子女人均补习教育支出(B)	2009	3515	410.84			24
	2011	3153	573.89	40		23
	2013	3020	883.45	54	115	30

注：各年增长率指 2011 年比 2009 年以及 2013 年比 2011 年的增长率，总增长率指 2013 年比 2011 年的增长率；统计指标仅针对家庭子女平均教育支出大于零的家庭；家庭教育支出已按照 25 个省份① 的教育类居民消费价格指数(以 2009 年为基期)进行了平减处理。

然而，我国居民的收入差距并不低。从国家统计局公布的数据来看，2016 年我国的基尼系数为 0.465，2015 年为 0.462，2014 年为 0.469，2003 年至 2013 年的基尼系数多在 0.47~0.49，2008 年达到顶峰，为 0.491。《中国民生发展报告 2016》也显示：使用 CFPS 数据、按照家庭纯收入计算的我国 2012 年和 2014 年的基尼系数分别为 0.51 和 0.50，其中 2012 年农村基尼系数为 0.52，城镇基尼系数为 0.49；2014 年我国农村基尼系数为 0.52，城镇基尼系数为 0.47。

上述家庭教育支出不断增加的现象和收入差距居高不下的事实引起了笔者的高度关注。笔者认为收入差距扩大是引发家庭教育支出增加的根本原因，二者之间存在内在联系。

首先，收入差距的扩大意味着居民相对经济水平差距的拉大，而经济水平的差距势必对社会地位造成影响。当人们的相对社会地位发生改变后，维持或改变自身社会地位的方式一般有两种：一种是通过消费竞争；另一种是通过教育竞争。前者对地位的改善常具有短期性，而后者则着眼于未来及长期社会地位的改善，因此对个人社会地位的影响更深刻。

① 为了叙述的简洁性，文中以下部分均以“省份”指代“省(自治区、直辖市、特别行政区)”，不再说明。

其次，进入现代社会尤其是我国改革开放以来，随着市场竞争的加剧，不同职业的技术专门化以及就业竞争的压力使人们在教育投入上越发重视。一方面教育提高了受教育者的职业能力，使其能够适应现代的生产技术要求，另一方面教育对受教育者未来的社会地位竞争具有深远的影响。教育对地位的直接影响来源于教育的消费成分：接受更高的教育可对人的自信与自我评价产生正向影响，不同教育水平本身会成为人们互相区分的一种信号，人们通过较高的教育水平区别于他人，从而提升自身的社会地位，也就是说，当剔除职业、收入等和教育相关的附加利益时，教育本身就包含着一种地位关切；教育对地位的间接影响则来源于教育的投资成分，即教育对就业、收入、工作质量、健康等方面的影响。教育的这种特点使得教育对人们产生的效用具有跨期性的特点：在追求学历的过程中，教育不仅对现在的社会地位有影响，对远期的社会地位更是一种前期准备。因此就本质而言，教育具有地位性商品的特征。国外发展起来的地位寻求理论将消费品明确区分为地位性商品（positional goods）和非地位性商品（nonpositional goods），地位性商品的价值依赖于其在整个社会中持有者的多寡，而地位性商品的种类有很多，包括住房、汽车、衣着、奢侈品等，教育也属于地位性商品的一种。

最后，从我国国情来看，我国居民的家庭观念历来很强，对家庭代际地位的传承与提升极为重视，换言之，家庭地位的连续性在中国人心里占据着非常重要的位置。具体来讲，这种地位性关切始终与家长、子女以及整个家庭三方面因素密切相关：就家长而言，子女的教育水平对家长是一种无形的回报，子女的教育程度越高，家长就越觉得有“面子”；对子女而言，教育水平高（如接受优质高等教育或学习具有社会发展前景的专业）则为其自身今后的社会地位的提升（如毕业后获得较高薪资或颇具社会声望的职业，从而大大提高了步入较高社会阶层的可能性）打下了基础；对整个家庭而言，若亲代的社会地位较高，则子代教育程度越高，在某种程度上意味着家庭在未来的社会地位中取得了一种巩固性的优势；若亲代的社会地位较低，则子代教育程度越高会对亲代的社会地位现状提供一种心理补偿——家庭地位在下一代获得一种提升的希望。我国自古就有将教育与地位挂钩的社会文化传统，人们重视教育，事实上是看到了教育与社会地位之间的内在联系。我国改革开放的四十多年里经济快速发展，社会个体（进而家庭）之间的收入差距呈现出扩大的趋势，收入差距的扩大一方面强化了人们对地位的关注；另一方面教育提升社会地位的功能也被进一步强化了。对地位的关切使家长将教育攀比的阶段不断提前，在面对教育资源不够均衡的情况下，为了避免自己的孩子输在起跑线上，家长尽力给子女选择多种多样和相对优质的教育服务（包括学校的常规教育和补习班教育等），这必然使得家庭教育支出不断增加。

但从现有国内有关教育支出的研究来看，不足之处在于忽视了收入差距与家庭教育支出之间的内在关系。与以往研究不同，本文从地位寻求的角度将家庭教育支出作为地位性消费，从而构建了关于收入差距与家庭教育支出之间关系的分析框架，指出收入差距是教育支出攀比的根本原因。通过理论分析和实证研究，使结论获得更加充分、合理的解释。下面首先就相关研究文献进行回顾与述评。

二、文献回顾

1. 地位寻求理论

（1）国外研究：目前国外涉及地位寻求（status seeking）的理论研究已比较多。Hirsch（1976）首次定义了“地位性商品”，作者指出，地位性商品是一种价值强烈地依赖于“稀缺性”的商品，即相较于其他商品，其稀缺性越高则价值也越大。Frank（1985）通过对生活多方面实际而深入的观察，对地位寻求这一问题展开了更为系统的探讨，阐释了经济生活中无处不在的“地位寻求”，他进一步指出社会收入差距过大容易造成高、低地位群体间交互行为的紧张以及社会阶层的分裂，因此地位寻求的影响力不容忽视。一般而言，“地位”（status）具有三大特点：位置性（positionality）、渴求性（desirability）、非交易性（non-tradability）。就地位寻求的动机而言，通常认为人们存在大致两种动机：一种是对地位本身的“先天”喜爱，另一种则是通过提高地位帮助人们获得一些附加的利益，也就是说，追求地位是为取得其他利益而服务的，地位实际是作为一种中间物品而存在的。Easterlin（2003）则指出经济学的习惯形成（habit formation）与相依偏好（interdependent preferences）理论的心理学基础分别为享乐适应（hedonic adaptation）与社会比较（social comparison）。对于不同的领域以及不同领域内的不同组成，享乐适应与社会比较所起到的作用程度是不同的。因此关于地位性商品与非地位性商品的区分就是基于其效用是否受到了社会比较的影响作为标准的。

（2）国内研究：目前尚未发现国内针对地位寻求的纯理论研究，现有的大部分研究是与经济相关领域相结合的实证研究。其中，从地位寻求视角对我国居民消费进行的研究在国内也已取得不少成果。如杭斌（2014）首次基于地位寻求理论通过使用中国家庭金融调查数据对我国城镇家庭的住房和消费进行研究，发现住房面积扩大对消费具有挤出效应，而房价对消费的抑制仅对中低收入家庭起作用。张亮、杭斌（2016）将住房作为地位性商品，研究了中国城镇居民因为对住房面积的攀比而影响消费的问题。实证分析发现从全国范围来看，城镇居民在地位寻求动机下为提升自身社会地位，在力所能及的条件下购买面积较大的住房，从而压缩了日常消费；又由于受制于社会保障和信贷约束，居民不能把已有资金大量用于地位性消费（购房），只能增加储蓄，通过在一个较长的时期内调整消费策略来达到以住房面积为体现的地位寻求目的。刘雯、杨晓维（2016）研究了中国城镇居民家庭的地位寻求动机对其住房需求的影响问题。作者使用了四种方式作为房产财富（均以住房面积计）的参照物，即省际层面的中位数和平均数、家庭所在社区的平均数和户主所在行业的平均数。作者采用 CHFS 数据实证发现，周围人群的房地产财富水平会刺激单个家庭的地位攀比行为；另外，中等收入家庭对房地产财富积累的地位寻求动机最强，穷困的家庭次之，高收入的家庭最弱。杭斌、曹建美（2017）则研究了我国农村居民的婚丧嫁娶支出和人情支出，作者认为婚丧嫁娶支出是地位性消费，而人情支出不是地位性消费，人情支出更多地体现了从众心理。分中低、中高收入组的 Tobit 模型回归表明，中低收入家庭更加在意面子及社会资源，因此其人情支出的占比更高；家庭求人帮忙的事情越多，人情支出就越多。该文从收入差距和地位寻求的视角合理地解释了我国农村目前普遍存在的人情支出增长现象。

2. 教育的地位性研究

教育的地位性理论在国内尚付之阙如，而国外已对此有了诸多研究成果。Duncan(1976)和 Ranson(1993)认为学校教育可能被作为信号机制来提高薪资，而且教育也会充当过滤的作用，使某些人踏入富有挑战性和享有特权的工作岗位。这些相对性的关切使人们试图通过比别人获得更多的教育来提升自己的地位。Salinas-Jiménez 等(2011)则指出教育既有投资的一面，又有消费的一面。作者从生活满意度入手，按照收入分组研究了教育与生活满意度之间的关系，结果显示，即使提取了教育对职业地位的投资性影响成分，教育仍然具备地位性关切，从而证明了教育是一种地位性商品。Botha(2014)则研究了南非居民的生活满意度与教育之间的动态关系。研究表明，教育是一种地位性商品，教育程度超出参照组人群平均教育水平的人比低于该平均教育水平的人会明显产生更高的生活满意度。

3. 国内关于收入差距对教育支出的影响研究

目前能见到的研究有：闫新华、杭斌(2017)将教育作为地位性商品进行实证研究。作者将家庭教育支出分为两类：一类为基础教育支出，另一类为非基础教育支出。2013 年课外辅导支出在非基础教育支出中的比例为 0.76，而过去四年的基础教育支出则逐渐放缓。该文主要研究了两个问题：家庭教育支出的影响因素分析以及家庭课外辅导费支出的影响因素分析。研究的主要结论有：我国义务教育具有地位性商品的属性；不论是城市家庭还是农村家庭，抑或是高收入家庭和低收入家庭，其教育支出都受到地位外部效应的影响；收入不平等对家庭的地位寻求动机有强化作用；城市家庭和高收入家庭引发了教育支出竞赛；我国家庭对教育的关注正从学校教育转向影子教育。

三、数据和变量说明

1. 数据

本文以《中国家庭追踪调查》(China Family Panel Studies，CFPS)作为数据来源。该调查由北京大学中国社会科学调查中心组织进行，是一项全国性、综合性的社会跟踪调查项目，旨在通过跟踪收集个体、家庭、社区三个层次的数据，反映中国社会、经济、人口、教育和健康的变迁，为学术研究和公共政策分析提供数据基础。CFPS 从 2010 年开始基线调查，调查了 25 个省、162 个县的 14960 户家庭，到目前为止已进行了四次全样本调查，目前可获得的是 2010 年、2012 年和 2014 年的完整数据，2016 年的调查数据尚未完全公布。就已有的三期调查问卷来看，虽然具体模块和问题在问法上有一些调整变化，但基本问卷结构保持一致。CFPS 问卷涉及的问题比较广泛，为本文提供了可供实证研究的数据。但由于该调查在不同时期所调查的省份存在差别，为了保证三期数据的连贯性，笔者选取了 25 个省份①的数据。另外，本文研究针对的是家中有正处于基础教育阶段②子女的家庭，现将研究中所选取的主要变量说明如下。

2. 变量

（1）家庭子女人均教育支出。CFPS 2010 年、2012 年、2014 年关于家庭教育支出的调查项目存在一些差别，表现在：首先，2010 年的教育支出不包含生活费，且分类比 2012 年和 2014 年的笼统，没有详细分出“教育软件费”和“择校费”。为了保证各期家庭教育支出数据的可比性，笔者将家庭教育支出的项目调整为：学杂费、书费、教育软件费、交通费、择校费、在校住宿费、课外辅导班费和其他教育费用共 8 项。其次，由于 CFPS 问卷统计的是上一年的教育支出，因此对 2012 年和 2014 年家庭子女教育支出按照各省的教育类消费价格指数（以 2009 年为基期）进行了平减处理。最后，由于本文的研究对象为家中有孩子正处于基础教育阶段的家庭，因此以下实证分析所采用的家庭教育支出数据均指的是基础教育阶段的教育支出；对于家庭教育支出大于零的家庭，笔者按照家中子女数进行了平均处理并取对数，命名为 log*edu*。

（2）家庭子女人均补习教育支出。CFPS 三期问卷涉及了家庭子女补习教

① 不包括海南省、青海省、内蒙古自治区、宁夏回族自治区、新疆维吾尔自治区、西藏自治区、香港特别行政区、澳门特别行政区、台湾地区。

② 具体为普通小学、普通初中和普通高中，不包含其他类型学校。

育支出的数据，即“课外辅导班费”。与家庭子女人均教育支出变量的处理方式略有不同，家庭子女人均补习教育支出变量包含了部分零值样本，笔者仅保留对应家庭子女人均教育支出大于零的样本，该变量取对数后命名为 log*sedu*。

（3）家庭总收入。家庭总收入为工资性收入、财产性收入、转移性收入、生产经营性收入以及其他收入 5 项之和。由于 CFPS 统计的是上一年的收入数据，因此以 2009 年为基期，对 2012 年、2014 年的收入数据以家庭所在省份的消费价格指数进行平减处理，取对数后命名为 log*income*。

（4）家庭净资产。对于家庭净资产，CFPS 数据库直接给出了三期调查的测算值，笔者以 2010 年为基期，对 2012 年和 2014 年数据分别以家庭所在省份的固定资产投资价格指数进行平减处理，取对数后命名为 log*asset*。

（5）收入差距与教育的外部性。对于居民收入差距的测量，笔者未采用一般的基尼系数。原因有两点：第一，基尼系数的计算过程会受到高收入样本和低收入样本在总样本中占比情况的影响，在 CFPS 的三期数据中，笔者发现有相当多一部分家庭的年收入接近于零，这表明数据中存在较多明显的离群点，导致计算得到的基尼系数是有偏的。第二，由于地位性商品的消费在攀比过程中存在明显的“支出瀑布”现象，即高收入群体逐级向收入阶梯下方的群体示范其消费水平和消费习惯，从而带动中低收入群体增加地位性商品的消费，形成所谓的“向上比较”；随着中低收入群体地位性消费的增加，反过来又会刺激高收入群体继续增加同种地位性商品的消费量或转而投向其他种类地位性商品的消费，最终增加了整个社会地位性商品的消费。为了能够更好地体现收入差距对地位性商品消费的动态影响机制，笔者选择总收入大于零的家庭中收入排序在前 10% 的家庭的数量占比来衡量收入差距，命名为 *incgap*。进一步地，当高收入家庭所占比例增加时，“支出瀑布”现象会更加明显，导致全社会地位性商品的消费量发生总体性变化。就家庭教育支出而言，收入差距是教育支出攀比的内在动力，是教育外部性的根本原因，所以教育外部性是收入差距的外在体现，二者的内在经济含义是一致的。已有国外研究①证明，外部效应的数学形式为参照组的均值。基于这一思路，笔者以省作为参照组，计算一省家庭子女人均教育支出的均值或一省家庭子女人均补习教育支出的均值来衡量教育的外部性，分别取对数后命名为 log*mean* 和 log*smean*。

（6）重点学校、重点班比例。笔者计算了家庭上学子女（基础教育阶段）中在重点学校和重点班就读的人数比例，分别命名为 *school* 和 *class*。

（7）控制变量。控制变量包括家中上学子女（基础教育阶段）的平均年龄（*childrenage*）、户主教育年限（*eduyear*）、户主年龄（*age*）、户主户口类型（*residence*）、户主婚姻状况（*married*）、户主党员身份（*party*）、户主工作单位类型（*job*）、家庭规模（*fsize*）以及家庭所在社区是否属于少数民族聚集区（*minority*）等 9 个变量。CFPS 问卷没有一般意义上的户主概念，根据本文的研究主题，笔者以上学子女的父亲作为户主，对于父亲编码缺失的情况以孩子的母亲作为户主。控制变量中的户口类型、婚姻状况、党员身份、工作单位类型、少数民族聚集区等 5 个变量均为虚拟变量，具体描述为：*residence*（*residence* = 1，非农户口；*residence* = 0，农业户口）；*married*［*married* = 1，在婚（有配偶）；*married* = 0，非在婚）］；*party*（*party* = 1，党员②；*party* = 0，非党员）；*job*［*job* = 1，机关事业单位及国有企业；*job* = 0，其他（包含失业）］；*minority*（*minority* = 1，家庭所在社区属于少数民族聚集区；*minority* = 0，家庭所在社区不属于少数民族聚集区）。其余控制变量为连续数值变量。表 2 给出了本文所采用主要变量的基本统计情况。

表 2 变量的描述性统计

变量	观测值	均值	标准差	最小值	最大值
家庭子女平均教育支出	9773	2348.49	4148.10	0.93	92199.77
家庭子女平均补习教育支出	9718	610.61	2351.57	0.00	91468.03
收入差距	10033	0.10	0.00	0.09	0.12
家庭总收入/万元	10033	3.72	4.11	0.0001	120.26
家庭净资产/万元	9788	29.51	64.47	−176.95	3001.40

① 如 Ok 和 Koçkesen（2000）以及 Noguchi（2006）。

② 这里党员指隶属于中国共产党或民主党派。

续表

变量	观测值	均值	标准差	最小值	最大值
重点学校比例	9806	0.20	0.39	0.00	1.00
重点班比例	9813	0.11	0.30	0.00	1.00
家庭子女平均年龄	10033	12.23	3.34	2.00	23.00
户主教育年限	9633	7.80	4.18	0.00	22.00
户主户口类型	9915	0.25	0.43	0.00	1.00
户主年龄	9635	40.42	5.99	19.00	84.00
户主婚姻状况	10027	0.96	0.18	0.00	1.00
户主党员身份	9039	0.09	0.29	0.00	1.00
户主工作单位类型	9064	0.13	0.33	0.00	1.00
家庭规模	9884	4.58	1.49	2.00	17.00
少数民族聚集区	9612	0.11	0.31	0.00	1.00

注：①表中凡价值变量不经注明单位的，其单位均为元；②表中统计的指标仅针对家庭子女平均教育支出大于零的家庭，且为了与实证部分的样本尽量一致，这里选择的家庭样本保证户主年龄不低于 18 岁，上学子女平均年龄不大于 23 岁。

四、实证模型与估计策略

1. 实证模型

如上所述，收入差距变量和教育外部性变量的内在经济含义是一致的，因此考虑将收入差距变量引入模型作为本文的基准模型进行回归，将教育外部性变量引入模型进行稳健性检验回归。如果两个变量的系数均显著为正，则实证结果支持本文观点，即收入差距加剧了教育攀比，使家庭教育支出增加。

除重点考察收入差距对家庭教育支出的影响外，本文还考虑到以下情况：当收入差距扩大时，低收入家庭感到子女未来跨入较高社会阶层的机会渺茫，可能会对教育投入的结果不抱希望；而高收入水平家庭对子女进入更高社会阶层有更多期望，对教育投入的结果也较有信心，因此高收入家庭比低收入家庭的教育投入更多。又由于我国城乡目前在教育资源分配等方面存在客观的不均衡状况，必然会影响城乡家庭在教育攀比行为上的差异，因此本研究在总样本回归之后再分高、低收入组和城、乡组进行子样本回归，从而进一步考察家庭在教育攀比意愿及强度上的异质性表现。另外，由于基础教育阶段家庭补习教育支出的增长趋势非常突出，因此笔者还将考察收入差距对家庭补习教育支出的影响情况。

根据以上实证思路，本文将基准实证模型Ⅰ设定为：

$$\log edu_{it}=\alpha_i+incgap_{it}\alpha_1+\log income_{it}\alpha_2+\log asset_{it}\alpha_3+school_{it}\alpha_4+class_{it}\alpha_5+\mathbf{Z}_{it}\alpha_{\sigma}+\varepsilon_{it} \tag{1}$$

将与模型Ⅰ对应的稳健性检验模型Ⅱ设定为：

$$\log edu_{it}=\beta_i+\log mean_{it}\beta_1+\log income_{it}\beta_2+\log asset_{it}\beta_3+school_{it}\beta_4+class_{it}+\mathbf{Z}_{it}\beta_6+\lambda_{it} \tag{2}$$

将关于补习教育支出的实证模型Ⅲ设定为：

$$\log sedu_{it}=\gamma_i+incgap_{it}\gamma_1+\log income_{it}\gamma_2+\log asset_{it}\gamma_3+school_{it}\gamma_4+class_{it}\gamma_5+\mathbf{Z}_{it}\gamma_6+v_{it} \tag{3}$$

将与模型Ⅲ对应的稳健性检验模型Ⅳ设定为：

$$\log sedu_{it}=\delta_i+\log smean_{it}\delta_1+\log income_{it}\delta_2+\log asset_{it}\delta_3+school_{it}\delta_4+class_{it}\delta_5+\mathbf{Z}_{it}\delta_6+\eta_{it} \tag{4}$$

其中，α_i、β_i、γ_i、δ_i 代表个体效应；ε_{it}、λ_{it}、v_{it}、η_{it} 为扰动项；向量 $\mathbf{Z}$ 为一组控制变量，即：

$$Z'=(childrenage, eduyear, age, residence, married, party, job, fsize, minority)$$

2. 估计策略

首先，由于本文所选用数据属于非均衡面板数据，故存在选用固定效应模型还是随机效应模型进行估计的问题。由于固定效应模型在估计过程中会使用原模型的组内离差形式，此时如果某些变量的变动幅度很小，则进行组内离差会损失变量信息，降低估计的有效性；对于完全不随时间变化的变量，则固定效应模型会导致一些变量无法得到估计。由于本文所选用的某些控制变量在 2009—2013 年存在不随时间变化的情况，因此综合考虑后笔者最终选择了随机效应模型对本文的实证模型进行估计。其次，在分析收入差距对家庭补习教育支出影响的问题时，由于家庭子女人均补习教育支出属于归并数据（没有子女补习教育支出的值归并为零），因此应选取 Tobit 模型进行估计。最后，为了缓解教育外部性变量与被解释变量的相关性所导致的模型内生性问题，笔者以滞后一期的教育外部性变量作为教育外部性变量的替代。

五、实证分析

根据上述实证思路，笔者对模型Ⅰ至模型Ⅳ进行了随机效应模型估计。为了进一步控制模型的估计结果不受异常样本点的影响，笔者将家庭上学子女的平均年龄控制在23岁及以下，户主年龄不低于18岁；对于取对数处理的变量，保留其值大于零的样本进入模型估计。表3列出了模型Ⅰ和模型Ⅱ的回归结果，表4列出了模型Ⅰ子样本的估计结果，表5列出了模型Ⅲ和模型Ⅳ的估计结果，其中Wald检验结果表明各个模型在整体上高度显著。

表3　模型Ⅰ与模型Ⅱ回归结果

变量	因变量：家庭子女人均教育支出	
	全样本	
	模型Ⅰ	模型Ⅱ
收入差距	14.3085***	
	(4.7451)	
教育的外部性		0.5354***
		(0.0338)
家庭总收入	0.0700***	0.0408***
	(0.0146)	(0.0158)
家庭净资产	0.1275***	0.0742***
	(0.0128)	(0.0173)
重点学校比例	0.5021***	0.3262***
	(0.0370)	(0.0433)
重点班比例	0.1800***	0.1800***
	(0.0454)	(0.0579)
上学子女平均年龄	0.1228***	0.1226***
	(0.0054)	(0.0066)
户主教育年限	0.0415***	0.0257***
	(0.0045)	(0.0058)

续表

变量	因变量：家庭子女人均教育支出	
	全样本	
	模型Ⅰ	模型Ⅱ
户主户口类型	0.3888***	0.3208***
	(0.0426)	(0.0529)
户主年龄	-0.0052	-0.0129***
	(0.0033)	(0.0041)
户主婚姻状况	0.0346	0.1455
	(0.0811)	(0.1041)
户主党员身份	-0.0131	0.1160*
	(0.0595)	(0.0639)
户主单位类型	0.0666	-0.0329
	(0.0522)	(0.0635)
家庭规模	-0.1117***	-0.0967***
	(0.0119)	(0.0144)
少数民族聚集区	-0.2359***	-0.0134
	(0.0557)	(0.0657)
截距项	1.8773***	0.7125**
	(0.5219)	(0.3544)
观测值数量	7799	4356
个体数量	4642	3151
R^2	0.1625	0.0560
Wald 检验	$\chi^2(14)$ = 2526.86***	$\chi^2(14)$ = 1574.21***

注：括号内为稳健估计标准误；*** 表示在 1%的显著性水平下显著，** 表示在 5%的显著性水平下显著，* 表示在 10%的显著性水平下显著。

表 4　模型 I 分城乡和收入等级的回归结果

变量	因变量：家庭子女人均教育支出			
	城市	农村	高收入	低收入
收入差距	11.7540*	19.6362**	17.7262***	12.9011*
	(6.0348)	(7.7479)	(6.5130)	(7.4851)

续表

变量	因变量：家庭子女人均教育支出			
	城市	农村	高收入	低收入
家庭总收入	0.1069***	0.0433**	0.4781***	0.0133
	(0.0251)	(0.0179)	(0.0460)	(0.0198)
家庭净资产	0.1149***	0.1268***	0.0526***	0.1387***
	(0.0163)	(0.0203)	(0.0199)	(0.0169)
重点学校比例	0.3977***	0.5904***	0.4558***	0.4853***
	(0.0483)	(0.0569)	(0.0488)	(0.0567)
重点班比例	0.0818	0.2844***	0.1637***	0.2208***
	(0.0661)	(0.0615)	(0.0587)	(0.0700)
上学子女平均年龄	0.0993***	0.1419***	0.1117***	0.1352***
	(0.0080)	(0.0072)	(0.0075)	(0.0075)
户主教育年限	0.0433***	0.0330***	0.0325***	0.0410***
	(0.0076)	(0.0056)	(0.0061)	(0.0062)
户主户口类型	0.2429***	0.2806***	0.3790***	0.3781***
	(0.0567)	(0.0957)	(0.0548)	(0.0620)
户主年龄	-0.0084	-0.0040	-0.0036	-0.0097**
	(0.0052)	(0.0042)	(0.0046)	(0.0043)
户主婚姻状况	0.0717	0.0116	-0.1919*	0.1808*
	(0.1068)	(0.1239)	(0.1135)	(0.1081)
户主党员身份	0.0338	-0.0376	-0.0098	-0.0372
	(0.0723)	(0.0919)	(0.0693)	(0.0944)
户主单位类型	0.0765	-0.0444	0.0484	0.1177
	(0.0625)	(0.0973)	(0.0610)	(0.0896)
家庭规模	-0.1161***	-0.0917***	-0.1434***	-0.0935***
	(0.0205)	(0.0146)	(0.0148)	(0.0188)
少数民族聚集区	-0.3374***	-0.1890***	-0.2735***	-0.1776**
	(0.0985)	(0.0669)	(0.0773)	(0.0748)
截距项	2.5057***	1.2202	-1.4093*	2.2177***
	(0.7043)	(0.8074)	(0.8242)	(0.8167)
观测值数量	3319	4480	4102	3697
个体数量	2077	2663	2985	2694

续表

变量	因变量：家庭子女人均教育支出			
	城市	农村	高收入	低收入
R^2	0. 1503	0. 1783	0. 1683	0. 1870
Wald 检验	$\chi^2(14)$ = 847. 02***	$\chi^2(14)$ = 1194. 58***	$\chi^2(14)$ = 1529. 97***	$\chi^2(14)$ = 1087. 30***

注：①括号内为稳健估计标准误；*** 表示在 1%的显著性水平下显著，** 表示在 5%的显著性水平下显著，* 表示在 10%的显著性水平下显著。②城乡样本划分以户主所在城乡作为划分标准；以高、低收入样本以所在省样本中收入大于 0 的家庭收入的中位数作为划分标准。

表 5　模型Ⅲ和模型Ⅳ的 Tobit 模型回归结果

变量	因变量：家庭子女人均补习教育支出			
	全样本			
	模型Ⅲ		模型Ⅳ	
		边际效应		边际效应
收入差距	64. 0635*	22. 1009		
	(35. 5795)	(12. 27837)		
教育的外部性			1. 2948***	0. 4573
			(0. 1330)	(0. 0471)
家庭总收入	0. 3884***	0. 1340	0. 2837**	0. 1002
	(0. 1011)	(0. 0349)	(0. 1207)	(0. 0426)
家庭净资产	0. 5089***	0. 1756	0. 4744***	0. 1676
	(0. 0842)	(0. 0291)	(0. 1208)	(0. 0427)
重点学校比例	0. 9328***	0. 3218	0. 9178***	0. 3242
	(0. 2539)	(0. 0877)	(0. 3075)	(0. 1086)
重点班比例	1. 0256***	0. 3538	1. 3812***	0. 4879
	(0. 3148)	(0. 1086)	(0. 4149)	(0. 1465)
上学子女平均年龄	0. 0386	0. 0133	−0. 0110	−0. 0039
	(0. 0382)	(0. 0132)	(0. 0507)	(0. 0179)
户主教育年限	0. 2594***	0. 0895	0. 2211***	0. 0781
	(0. 0330)	(0. 0114)	(0. 0445)	(0. 0157)
户主户口类型	3. 3902***	1. 1696	2. 8501***	1. 0067
	(0. 2868)	(0. 0989)	(0. 3786)	(0. 1335)

续表

变量	因变量：家庭子女人均补习教育支出			
	全样本			
	模型Ⅲ		模型Ⅳ	
		边际效应		边际效应
户主年龄	-0.0365	-0.0126	-0.0596**	-0.0211
	(0.0226)	(0.0078)	(0.0300)	(0.0106)
户主婚姻状况	1.6819***	0.5802	2.8524***	1.0075
	(0.6472)	(0.2234)	(0.8743)	(0.3088)
户主党员身份	0.4857	0.1676	0.6755	0.2386
	(0.3722)	(0.1284)	(0.4763)	(0.1682)
户主单位类型	-0.0621	-0.0214	0.0224	0.0079
	(0.3377)	(0.1165)	(0.4353)	(0.1537)
家庭规模	-0.6734***	-0.2323	-0.6850***	-0.2419
	(0.0854)	(0.0296)	(0.1114)	(0.0394)
少数民族聚集区	-2.1020***	-0.7252	-1.5004***	-0.5299
	(0.4074)	(0.1408)	(0.5389)	(0.1905)
截距项	-19.9466***		-18.5330***	
	(3.8948)		(2.2497)	
观测值数量	7761		4453	
个体数量	4624		3218	
Wald 检验	$\chi^2(14)$ = 887.04***		$\chi^2(14)$ = 630.22***	
归零数据比例(%)	68.53		67.89	

注：①括号内为稳健估计标准误；***表示在1%的显著性水平下显著，**表示在5%的显著性水平下显著，*表示在10%的显著性水平下显著。②表中的边际效应是针对进入估计模型中的所有样本观测值而言的。

由表3模型Ⅰ的回归结果可知，收入差距对家庭子女人均教育支出具有显著正向影响，这证明了家庭教育支出存在“支出瀑布”现象，即高收入前10%的家庭对其他收入水平的家庭形成了示范效应，导致有子女处于基础教育阶段的家庭会相应增加子女的教育投入。模型Ⅱ的回归结果则证实，由收入差距导致的教育外部性对家庭子女人均教育支出的影响显著为正，故而模型Ⅱ构成了模型Ⅰ的稳健性检验回归。另外，表3的结果还表明，家庭总收入、家庭净资产对家庭教育支出具有正向显著影响，说明家庭经济状况对教育投入的影响之大；家中上重点学校和重点班的子女数比例越高，则家庭的教育支出也越高，说明存在一种正向反馈激励机制，即子女学习成绩越好或受学校重视的程度越高，家长也越愿意对孩子的教育进行投入；家中上学子女的平均年龄越大，则家庭的教育支出也相应增加，说明学习阶段越往后，教育所需花费也越多；户主的受教育年限越长，对孩子的教育投入越多，说明家长对子女教育重要性的认知水平和支持态度受到其自身教育水平的影响；非农户口家庭比农业户口家庭对子女的教育支出更多；家中人数越多，则家庭对子女的教育投入越少；处于少数民族聚集区的家庭对孩子的教育投入比非少数民族聚集区的家庭要少。

表 4 则给出了模型Ⅰ在对分城乡和分收入等级的子样本进行回归时的结果，可以看到：首先，收入差距越大，农村家庭比城市家庭对子女的教育投入更多。这是因为，一方面，我国城乡的教育资源客观上还存在不均衡的情况，城市比农村吸引和聚集了更多的优质教育资源，因此农村家庭只有通过比城市家庭对子女进行更多的教育投入，才可能使子女享有同城市家庭子女一样的教育水平；另一方面，接受更好的基础教育从而为下一步接受高等教育做准备，依然是农村家庭子女获得个人发展（更好的工作和生活质量）、为未来谋取更高社会地位的最重要的方式，因此农村家庭在子女教育上愿意投入更多。其次，收入差距越大，高收入家庭比低收入家庭对子女的教育投入更多，这是因为，一方面，收入差距拉大时，高收入家庭的经济优势更为明显，因此能够给子女的教育提供更多的经济支持；另一方面，相较于低收入家庭，高收入家庭对子女教育结果的期望值也更高，因此会维持并加大教育投入，而低收入家庭由于社会地位较低，对子女教育的期望值也会相应减小，最终比高收入家庭的教育投入更少。

表 5 呈现了关于补习教育支出的回归情况，结果表明：收入差距拉大会导致家庭增加子女的补习教育支出，而收入差距引发的补习教育的外部性同样对家庭子女的人均补习教育支出具有正向显著作用，模型Ⅳ构成模型Ⅲ的稳健性检验回归。表 5 的结果表明了收入差距对补习教育的刺激作用，解释

了近些年补习教育火热的内在原因：收入差距的拉大强化了地位寻求动机，促使教育竞争更加激烈，家庭对子女的教育投入已不再局限于学校的正规教育，而是进一步延伸到校外的各种补习机构和辅导班，补习教育支出的增长速度远远超过了家庭教育支出的整体增长速度，补习教育对家庭教育支出的带动作用十分明显。从很大程度上讲，补习教育俨然已成为教育竞争的“第二战场”。

六、小结与讨论

1. 研究结论

本文基于地位寻求理论，通过结合理论分析和实证研究，证明了收入差距对家庭教育支出具有显著的正向影响。进一步而言，收入差距越大，农村家庭比城市家庭对子女的教育投入越多，高收入家庭比低收入家庭对子女的教育投入越多；家庭补习教育支出随着收入差距的扩大而增加。尽管关于教育支出攀比有多种原因可以解释(包括不均衡的教育资源、教育观念等)，但笔者认为收入差距是家庭教育支出过度增长的根本原因。

2. 启示与政策建议

基础教育阶段作为个人发展的关键环节，为我国的长期发展保证人才培养，一直受到社会上下的普遍关注和大力支持，其重要性是不言而喻的。但近些年在收入差距扩大的情况下，家庭教育支出迅猛攀升，其影响广泛而深刻，需要引起高度重视。首先，教育支出增加影响了教育的公平性。由于基础教育阶段的不同家庭在面临教育投入时存在经济水平的客观制约，尤其是在补习教育日益受到关注的情况下，家庭之间子女受教育程度(包括教育的强度和质量)的差距也进一步拉大了，这就严重影响了教育的公平性。收入差距会影响教育公平，而作为结果，教育不公平反过来又强化了收入差距，二者之间构成恶性循环，对代际流动埋下了隐患。其次，教育支出过度攀比对于整个社会来说也是一种经济浪费。这是因为，家庭竞相增加教育投入，在经济支出和子女受教育结果上形成了“水涨船高”的局面，与其他家庭相比，单个家庭的相对效用没有太大改善甚至会倒退，就会产生“原地踏步”的感觉，造成经济资源的无谓浪费。再次，家庭教育支出攀比会加大学生和家长的心理压力，而且低收入阶层家庭由于无力给子女提供更好的经济支持来参与教育攀比，会使家长和子女产生一种“被剥夺感”，这种“被剥夺感”是长期的，将对社会的全面发展造成潜在的负面影响。最后，家庭教育支出过快增长还可能使更多的家庭为子女的未来教育提前进行储蓄，从而对家庭的日常消费形成挤出效应，影响消费对我国经济增长拉动的基础性作用。因此，只有缩小收入差距，才能从根本上有效抑制家庭教育支出的攀比趋势及其所带来的一系列负面影响。另外，我国还应进一步加大基础教育阶段公共教育的资金投入，均衡城、乡以及重点、非重点学校的教育资源配置；进一步开展农村教师的教学能力培训，形成城市优秀教师定期进入农村学校轮换执教的制度；尤其应严令禁止针对基础教育阶段学生的各种课外补习活动，倡导文化教育与素质教育相结合的教育理念。总之，多管齐下、多措并举，才能更好地缓解上述问题。

3. 研究不足与展望

本文研究了收入差距对家庭教育支出的影响问题，并同时考虑到了家庭收入、家庭财产等重要经济因素以及重点学校、重点班等学校因素的影响状况；本文从地位寻求的角度看待教育，使教育的社会性本质得到了更好的解读和分析，为家庭教育支出攀比等问题的解决提供了新的思考维度。本研究的局限在于，目前只考虑到基础教育阶段的家庭，对于有处于高等教育阶段子女的家庭，尚未将其纳入分析；另外，就收入差距对不同社会地位家庭教育支出的影响状况还有待进一步的考察，需在以后的研究中做深入分析。

参考文献

[1] Botha F. Life Satisfaction and Education in South Africa: Investigating the Role of Attainment and the Likelihood of Education as a Positional Good [J]. Social Indicators Research, 2014, 118(2): 555-578.

[2] Duncan G. J. Earnings Functions and Nonpecuniary Benefits [J]. The Journal of Human Resources, 1976, 11(4): 462-483.

[3] Easterlin R. A. Explaining Happiness [J]. Proceedings of the National Academy of Sciences of the United States of America, 2003 (19): 11176-11183.

[4] Frank R. H. Choosing The Right Pond: Human Behavior and the Quest for Status [M]. New York: Oxford University Press, 1985.

[5] Hirsch F. Social Limits to Growth [M]. Cambridge: Harvard University Press, 1976.

[6] Ranson S. Markets or Democracy for Education [J]. British Journal of Educational Studies, 1993, 41(4): 333-352.

[7] Salinas-Jiménez M. del M., Artés J., Salinas-Jiménez J. Education as a Positional Good: A Life Satisfaction Approach [J]. Social Indicators Research, 2001, 103(3): 409-426.

[8] 迟巍，钱晓烨，吴斌珍. 我国城镇居民家庭教育负担研究 [J]. 清华大学教育研究，2012 (3).

[9] 杭斌. 住房需求与城镇居民消费 [J]. 统计研究，2014 (9).

[10] 杭斌，曹建美. 中国农户的人情支出行为研究——基于收入不平等和社会地位寻求视角 [J]. 统计与信息论坛，2017 (5).

[11] 刘雯，杨晓维. 住房需求的地位动机研究——基于中国城镇家庭数据的 2SLS 分析 [J]. 统计与信息论坛，2016 (8).

[12] 谢宇，张晓波，李建新，等. 中国民生发展报告 2016 [M]. 北京：北京大学出版社，2017.

[13] 闫新华，杭斌. 收入不平等与家庭教育支出 [J]. 山西财经大学学报，2017 (5).

[14] 张亮，杭斌. 中国城镇居民住房与消费——基于地位寻求视角 [J]. 统计与信息论坛，2016 (1).

失业率波动对就业者家庭消费和配偶劳动供给的冲击

赵　达　沈煌南　张　军[①]

摘　要　基于中国城镇住户调查2010—2012年月度数据，本文实证分析了失业率波动对就业者家庭消费和成员劳动供给的影响。研究发现：①群组失业率每提高1%将导致就业者家庭消费增速降低0.48%，失业预期引起的预防性储蓄动机明显。②所有制异质性方面，群组失业率每提高1%，国有、集体和股份制就业者所受影响在统计意义上并不显著，个体或私营企业、没有固定职业的就业者家庭消费增速分别降低0.50%和1.22%。③年龄异质性方面，临近退休的户主对群组失业率并不敏感。位于26~35岁和36~50岁的户主，群组失业率每提高1%，家庭消费增速分别降低0.49%和0.35%。④群组失业率每提高1%，将引起户主配偶劳动供给概率上升8.13%，与此同时，单身家庭消费增速显著下降0.69%，说明婚姻制度发挥着自我保险功能。以上结论对于评判中国失业保险制度，理解居民部门消费制约因素，以及劳动力市场结构调整具有现实意义。

关键词　失业率波动；消费反应；配偶劳动供给

中图分类号　F124　　**文献标识码**　A

文章编号　1006-480X(2019)02-0099-18

---

①　基金项目：国家自然科学基金重点项目“推动经济发达地区产业转型升级的机制与政策研究”（批准号71333002）。

作者简介：赵达，四川大学经济学院助理研究员，经济学博士；沈煌南，伦敦大学亚非学院博士研究生；张军，复旦大学经济学院教授，博士生导师。通讯作者：赵达，电子邮箱：13210680123@fudan.edu.cn。本文获得第十五届北京大学赛瑟论坛优秀论文奖，感谢“文化名家暨四个一批”人才项目“中国的产业转型与就业变化：理论与经验研究”资助。同时感谢上海交通大学陈宪教授，复旦大学韦森教授、陈钊教授、章元教授，上海财经大学范子英教授，中国国家统计局李志龙先生，以及匿名评审专家和编辑部的宝贵意见，文责自负。

一、引言

2018 年上半年，最终消费对中国经济增长的贡献率已经达到 78.5%。与此同时，经济周期、人工智能、国有企业改革[①]、“去产能”、产业转型升级[②]等一系列因素显著增加了劳动力市场的不确定性。Knabe 和 Rätzel(2011)指出，失业不仅意味着收入水平的直线下降，更关系到失业者的社会地位，诱发自杀率上升。Apergis 和 Georgellis(2018)认为，除了失业者本人，失业还会对就业者产生外溢效应。Helliwell 和 Huang(2014)计算发现，美国失业率每提高 1%，就业者所遭受的效用损失，需要 4%的收入上涨方可弥补。考虑到失业率急剧攀升时，绝大部分社会成员(尤其是家庭户主)仍将保持就业状态，所以正确理解失业率波动对于微观就业家庭当前消费的冲击[③]，有助于把握消费总需求的演进趋势。基于以上认识，本文力图回答以下三方面问题：①失业率波动是否会对中国就业者家庭消费造成影响，是否与户主工作单位所有制类型有关；②作为应对负面冲击的补充措施，婚姻制度是否发挥了自我保险功能，配偶劳动供给是否有所提升；③中国失业保险制度是否有助于缓解失业率波动带来的消费抑制。

如同众多颇具争议的经济学话题一样，试图较为规范地得到上述问题的答案并非易事：①中国国家统计局公布的城镇登记失业率长期以来保持稳定，不足以为模型识别提供足够的变异性，其可信度更是在学术界遭受较大质疑(Feng et al.，2017)。②从识别角度讲，如何将失业率波动与其他随时间变动的宏观经济变量区别开来，从而避免伪回归十分关键。③影响当前消费的因素既包括当前收入也包括未来收入预期，如何对二者进行区分至关重要。

幸运的是，月度频率的中国城镇住户调查(Urban Household Survey，UHS)

---

① 在 1995—1999 年的国有企业改革中，约有 1500 万员工下岗(He et al.，2018)。

② 农民工平均受教育年限为 9.6 年，第三产业所要求的受教育年限为 13.3 年，两者并不完全匹配(蔡昉，2013)。

③ He 等(2018)从理论层面指出，失业率上升给就业者带来的不确定性可细分为两点：未来失业风险增加，以及即使不失业，未来降薪的概率也会增加。

为消除以上三方面顾虑提供了可能：①Feng 等（2017）和 Zhang 等（2016）基于 UHS 年度数据所做失业分析已经获得广泛认可。②2010—2012 年中国经济形势错综复杂，不同教育、年龄、性别、地区失业率明显分化，即使是同一地区，低教育水平的女性年轻群体，其失业率也会远高于当地高教育水平的男性中年群体（Zhang et al.，2016）。在这种情况下，家庭主要针对与之相似的群体失业率做出反应。因此，基于以上四类外生性特征进行分组（对于户主来说，教育水平已经基本固定），不仅可以使群组失业率与其他时变变量（如地区 GDP）进行区分，而且可以互为对照，为模型识别提供支撑（Campos and Reggio，2015）。③与既有文献研究失业者不同，本文分析对象为就业者，其收入水平在样本期内并未发生显著调整，因此可以有效识别未来预期而非“失业”这一当前冲击对消费和劳动供给的影响。

本文可能的贡献主要体现在三个方面：①政策方面。从养老与医疗角度解释“高储蓄之谜”的研究汗牛充栋，本文则着重分析了失业率波动的影响，从而为降低预防性储蓄、提高居民消费等相关政策制定提供了新的学理支撑。②理论方面。研究失业对失业者影响的文献数以千计，相比之下，虽然就业者占据了社会成员中的绝对多数，但是探讨失业率对就业者影响的文献乏善可陈。本文首次区分了“失业”与“失业率波动”，这对于识别预期（而非当前收入变动）十分关键，毕竟失业会同时影响两者，而在控制就业者当前收入之后，失业率波动仅仅影响预期。③稳健性方面。本文首次区分了消费数量变动与金额变化差异，这对于福利评价至关重要（Aguiar and Hurst，2005）。有关“退休消费之谜”的研究发现，退休后丰裕的闲暇时间保证了消费品搜索的充足性，从而降低了退休人员所面临的消费品价格，此时消费金额的下降并不必然代表消费数量的下降，并不意味着消费没有得到平滑（Battistin et al.，2009）。因为失业率与物价表现为反向关系（即短期菲利普斯曲线），所以对消费金额和消费数量进行区分十分必要。余文结构如下：第二部分为文献述评，包括社会保障尤其是失业保险对居民消费和劳动供给的影响研究；第三部分为理论分析，为实证分析提供思想指引；第四部分交代数据来源及样本筛选过程，特别是对中国城镇失业率数据，进行了较为详细的描述分析；

第五部分为实证结果分析，主要阐述了识别的有效性、回归结果以及稳健性检验；第六部分总结全文并提出政策建议。

二、文献述评

Stephens(2004)指出，失业率波动是未来收入风险的核心代理指标，在失去工作的前几年，家庭主观失业风险便开始上升，导致食物支出降低。Nalewaik(2006)进一步计算发现，代表性家庭会根据未来6年内的预期收入决定其当前消费水平。Blundell等(2008)认为，除了消费变化，失业者家庭可以通过资产变卖、转移支付、调整耐用品购买时间、增加家庭成员劳动供给等途径进行自我保险。Hendren(2017)利用主观失业风险数据发现，相比于失业家庭变卖资产，就业家庭更多地通过调整消费应对负面冲击，并且在失业前的1~2年内消费降幅便达到7%左右。Campos和Reggio(2015)利用西班牙劳动力市场调查数据(Encuesta de Poblacion Activa，EPA)研究认为，失业率每提高1%，家庭消费下降0.7%。劳动供给方面，早期文献往往关注负面收入冲击对于就业者个人工作时间的影响，但是Blundell等(2016)指出，该类模型并未考虑婚姻制度所扮演的风险分担角色，以家庭为单位统筹分析配偶劳动供给，能够更好地刻画现实。比如，Hendren(2017)发现，户主主观失业概率每提高1%，配偶进入劳动力市场的概率将增加2.58%。

值得注意的是，大多数文献所用的健康与退休研究(Health and Retirement Study，HRS)数据库一直以来存在较大争议(Gan et al.，2005)：①问卷问题"请问在未来12个月内，您认为自己失去工作的概率有多大?"结果显示，出现0%、50%、100%等角点回答的频率明显较高。②虽然基于问卷计算的样本主观失业概率达到15.7%，但是回溯结果显示，仅有3.1%的样本在12个月内失业，因此这一指标明显偏悲观(Campos and Reggio，2015)。在中国，同时含有失业率和消费信息的月度频率微观面板数据库极少，直接限制了相关文献发展。现有研究主要利用20世纪90年代末的国有企业职工"下岗潮"作为准自然实验进行讨论。例如，He等(2018)指出，剧烈的劳动市场调整，使得家庭预防性储蓄显著增加，可以解释当期居民财富积累的 40%，作为储蓄的对立面，家庭消费被明显抑制。类似地，樊潇彦等(2007)发现，国有企业改革触发的收入风险(以户主教育水平、职业、行业作为衡量指标)对耐用品消费影响显著。

正是因为国有企业改革带来的失业率波动显著地抑制了家庭消费，所以从更广阔的视角看，本文还有助于解释“中国高储蓄之谜”。实际上，这则文献表现出典型的“盲人摸象”特征。部分学者从 1959—1961 年的“大饥荒”经历(程令国、张晔，2010)、性别失衡(Wei and Zhang，2011)、住房价格(陈斌开、杨汝岱，2013)、文化习惯(黄少安、孙涛，2005)、户籍制度(陈斌开等，2010)、养老和医疗保险(白重恩等，2012a，2012b)等方面分别进行了剖析，然而基于失业率波动的分析尚不多见(温兴祥，2015)。

需要说明的是，无论是“大饥荒”还是“下岗潮”，这些历史事件固然可以解释预防性储蓄的瞬间抬升，但却很难用于分析绝大部分时期储蓄率的持续性增长。与此同时，文化因素在短期内较为稳定，因此无法解释 1990—2007 年出现的储蓄率翻番现象(Wei and Zhang，2011)。虽然陈斌开、杨汝岱(2013)以及 Wei 和 Zhang(2011)认为，中国城镇地区住房价格大幅上涨和性别失衡，分别可以解释 2002—2007 年和 1990—2007 年储蓄率增幅的 45% 和 50%，但是因为性别失衡是住房价格上涨的重要推手，所以两种理论在一定程度上存在重叠。类似地，虽然陈斌开等(2010)认为户籍制度改革对预防性储蓄降低、消费提高至关重要，但是户籍制度差异在相当程度上表现为社会保障制度差异(温兴祥，2015)，因此可以视为基础文献的直接推论。

本文认为，2003 年以来，在养老、医疗保险已经得到大幅改善的情况下，中国居民部门储蓄率仍在逐步抬升，住房价格和性别失调虽然可在一定程度上对此进行解释，但这无法忽视失业率波动在抑制消费方面所扮演的重要角色。面向未来，随着人口增长率降低，房地产市场必将趋于常态，随着传统文化观念改变，性别比例必将趋于平衡。相反，在任何现代化国家，若经济周期波动愈加频繁，失业率波动作为一个连续变量，无论是过去、现在还是未来，将无时无刻不对消费产生影响。当然，正如其他所有相关文献，这里同样无法基于单一角度解释中国居民部门储蓄率历史变动趋势，但是本文认为失业率波动所扮演的角色将越发重要。

三、理论分析

分别定义 $\Delta U_t \equiv U_t - U_{t-1}$、$\Delta c_t \equiv \ln(c_t) - \ln(c_{t-1})$ 和 $\Delta y_t = \ln(y_t) - \ln(y_{t-1})$ 代表相邻月份失业率变化、消费变化率和收入变化率。$\zeta = 1/(1+r)$ 代表贴现因子，其中，r 为利率。此时，家庭消费变化率可表示为（1）式［中间过程推导详见 Nalewaik（2006）］：

$$\Delta c_t = \sum_{j=0}^{\infty} \zeta^j (E_t - E_{t-1}) \Delta y_{t+j} \tag{1}$$

其中，E_t 和 E_{t-1} 分别代表 t 和 $t-1$ 期基于所有可得信息求解的条件期望①。为了凸显预期，这里进一步将当期与未来进行区分：

$$\Delta c_t = (E_t - E_{t-1}) \Delta y_t + \sum_{j=1}^{\infty} \zeta^j (E_t - E_{t-1}) \Delta y_{t+j} \tag{2}$$

式（2）中等号右边第一项代表对当期收入变化率的预期修正，第二项是未来收入增速预期的贴现值之和。可以看到，即使家庭没有遭受失业冲击（即收入在短期内保持稳定），失业率波动也会通过影响未来收入预期 $(E_t - E_{t-1}) \Delta y_{t+j}$ 中的一项或多项，最终作用于 Δc_t。换言之，当失业率不断上升时，即使家庭尚未直接遭受失业冲击，他们也会通过降低当前消费进行平滑。

理论上，ΔU_t 不仅与未来预期相关，还可能和第一项 $(E_t - E_{t-1}) \Delta y_t$ 紧密相连：①失业率变动与个体失业相关，进而直接影响失业者当期收入增速；②群组失业率上升，反映了宏观环境恶化，导致个别群组（如年龄、性别、教育、地区）劳动需求下降，从而弱化了议价能力，表现为当期收入增速放缓。为了排除第一种干扰，下文保留户主始终处于就业状态的家庭，并控制其他成员就业情况；为排除第二种干扰，下文在回归方程中控制群组和家庭当期收入增速。

---

① $(E_t - E_{t-1}) \Delta y_{t+j}$ 也可以表示为：$E(\Delta y_{t+j} \mid \Omega_t) - E(\Delta y_{t+j} \mid \Omega_{t-1})$。

需要注意的是，$(E_t-E_{t-1})\Delta y_t \equiv E_t\Delta y_t - E_{t-1}\Delta y_t = \Delta y_t - Et-1\Delta yt$，其中，$\Delta y_t$ 代表可观测的当期收入增速，$E_{t-1}\Delta y_t$ 则为 $t-1$ 时对当期收入增速的期望。因此，如果无法找到 $E_{t-1}\Delta y_t$ 的代理变量，将难以隔断当期失业率与当期收入间的联系。事实上，如果假设不同家庭收入增速预期相同，那么 $E_{t-1}\Delta y_t$ 可由时间虚拟变量代替。退一步来讲，即使单个家庭收入增速预期存在差异，但只要预期的形成与教育、年龄、地域、性别相关①，那么群组收入变化 $\Delta\bar{y}_t$ 便可捕捉到 $E_{t-1}\Delta y_t$ 所蕴含的信息。令人欣慰的是，在以上任何一种假设下，实证结论均保持稳健。此外，由于 $\Delta\bar{y}_t$ 和 ΔU_t 均为群组层面数据，利用 $\Delta\bar{y}_t$ 作为 $E_{t-1}\Delta y_t$ 的代理变量还能有效避免伪回归。

四、数据与模型设定

1. 数据介绍

本文数据主要来自中国城镇住户调查（Urban Household Survey，UHS），时间跨度为 2010—2012 年，范围涵盖东北地区、华东地区、华南地区以及西南地区的辽宁、上海、广东、四川 4 个省份。该数据库采用分层抽样，且因为样本量巨大②，所以在科学性和代表性方面具有较大优势（赵达、周龙飞，2018；Zhao et al.，2017）。根据 UHS，每年有 1/3 的经常性调查户退出数据库，并进一步选取相应比例的新调查户替代退出家庭，最终体现为家庭和个体层面的非平衡面板。

为与以往研究对比，这里剔除户口不在本地③、消费支出为 0 的家庭，同时保留 15~60 岁的男性以及 15~55 岁的女性，得到 743407 个观测值，其中，户主 281362 个。本文发现，样本户主平均年龄为 40.05 岁，且女性占比约为 1/3④。其他住房拥有量约为 0.18 个，说明经济条件并不十分富裕。家庭消费

① 从本文图 2 看，这一假设较为合理。

② 具体包括：户口在本地的常住非农业户；户口在本地的常住农业户；户口在外地，居住在本地半年以上的非农业户；户口在外地，居住在本地半年以上的农业户。

③ 即仅包括本市（县）非农业户口和本市（县）农业户口。Giles 等（2005）认为，非户籍失业人口既可以回归农村，也可以流入其他城镇。因为迁徙具有一定自选择属性，所以利用当地户籍人口（相比于全体样本）计算失业率，能够更为准确地把握中国劳动市场变化规律。

④ 主要变量描述性统计详见附录，可在《中国工业经济》网站（http：//www. ciejournal. org）下载。

与可支配收入之比约为 72.81%，而根据中国国家统计局数据，样本期间辽宁、上海、广东、四川这一数字较为接近，分别为 72.89%、69.16%、75.59%、76.31%。就行业和职业而言，制造业、公共管理和社会组织行业中的办事人员、专业技术人员、商业和服务业人员占据了主导地位，这部分群体以高中、初中、大学专科学历为主。

2. 失业情况描述

根据奥肯定律，经济增长率和失业率存在反向变动关系。在美国，失业率每高于自然失业率 1%，实际 GDP 相比于潜在产出水平将降低 3.2%（卢锋等，2015）。而在中国，虽然 1990 年以来先后经历了国有企业改革（1995 年）、大专院校扩招（1999 年）、加入世界贸易组织（2001 年）、全球金融危机与“四万亿”投资（2008 年）等影响劳动市场的重大事件，但是官方失业率始终保持稳定，数据质量令人担忧（Feng et al.，2017）（如图 1 所示）。Zhang 等（2016）发现，2005—2012 年，以 UHS 测算的失业率约为 8.50%，而官方数据仅为 4.10%。

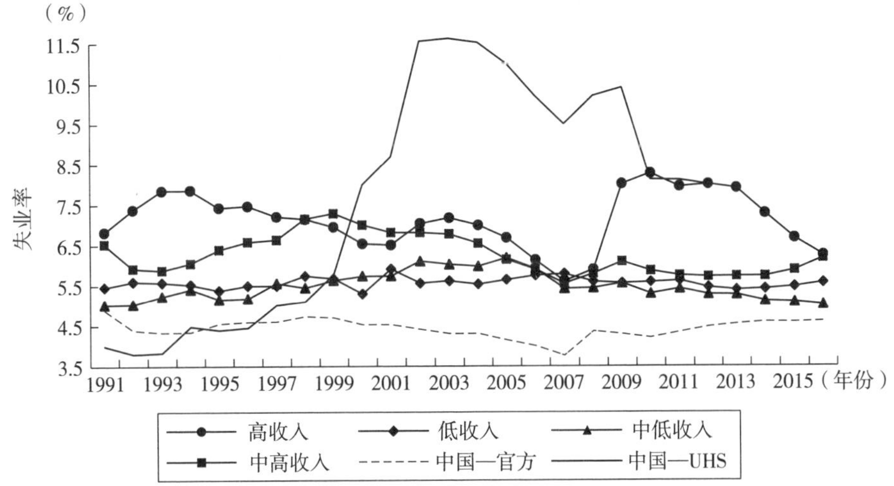

图 1　失业率变化的跨国比较

资料来源：UHS、国家统计局、世界银行、Feng 等（**2017**）和 Zhang 等（**2016**）。

研究失业问题的起点在于失业人员界定。具体地，UHS 包含了 15 种就业状态：国有经济单位职工、城镇集体经济单位职工、其他经济类型单位职工、城镇个体或私营企业主、城镇个体或私营企业被雇者、离退休再就业人员、其他就业者、在校学生、家务劳动者、离退休人员、丧失劳动能力者、待分配者、失业人员、待升学者、其他。参考 Feng 等(2017)，前 7 种被归为就业者，“待分配者”“失业人员”为失业者，剩余几种被认为不在劳动力市场①。需要特别强调的是，本文关于失业、就业和劳动力市场的归类与 1982 年国际劳工组织相关定义十分相近。以“失业人员”为例，UHS 统计范围是：劳动年龄内具有劳动能力、曾从事有收入工作、调查时没有工作、正在积极寻找工作，且如有工作机会能马上应聘的人。又如，UHS 对于“家务劳动者”的定义是，劳动年龄内不打算就业，只从事家务劳动，且没有劳动收入的人。考虑到其“不打算就业”，将其归为劳动市场之外符合国际规范。

图 2 列示了群组失业率波动情况。从性别看，女性失业率高出男性近 4%。从年龄看，低于(含)40 岁的群体，其失业率高于 40 岁以上群体失业率约 2%。从受教育水平看，低于(含)中专的群体，其失业率高于中专以上群体失业率约 5. 5%，说明教育水平高低仍然是影响个体就业的主要因素。从地区看，省市间失业率明显分化。需要强调的是，相同地区不同群组可以互为对照组和实验组，从而规避了地区层面共变量(Confounder)干扰，为下文模型识别提供了可能。

3. 实证模型

如前所述，相比于失业者，分析就业者至少存在三方面优势：①根据生命周期理论，就业者消费支出主要受到未来收入预期而非当期收入影响，因此更有利于识别失业率波动的预期效应。②以往研究发现，对于失业者而言，其消费下降集中于交通、住宿等与工作紧密相关的项目②，而这显然不具有经

① 就业状态为“其他”的个体占比仅为 2. 24%，年龄均值为 69. 15 岁，无论是将其归为失业还是非劳动力，均不会对本文结果造成较大影响。

② 邹红、喻开志(2015)以及李宏彬等(2015)发现，退休使得与工作相关的消费支出降低 25. 1%和 33%。

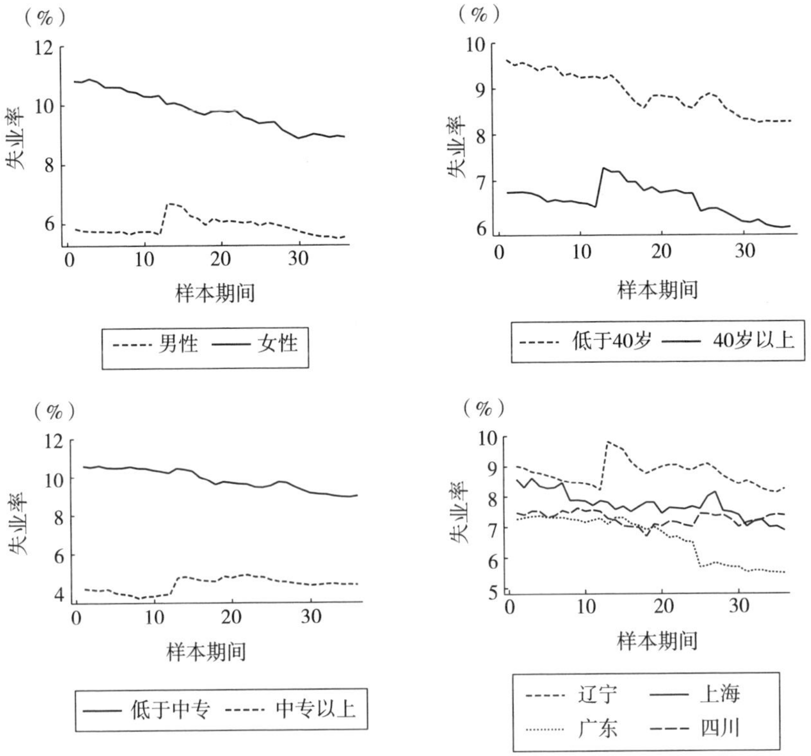

图 2　2010—2012 年各群组失业率演变

资料来源：UHS。

济学分析意义(Browning and Crossley，2009)，分析就业者则可有效规避这一问题。③遗漏变量问题。Meng(2003)指出，由于社会保障缺失、信贷与保险市场不完善，发展中国家失业者在失业的同时，通常会利用预防性储蓄平滑消费，然而绝大多数数据库并未将其纳入统计，这将导致估计系数有偏。相比之下，就业者收入并未发生较大改变，并不会动用预防性储蓄，从而缓解了这一忧虑。

这里借鉴 Hendren(2017)以及 Campos 和 Reggio(2015)，将回归方程设定

为以下形式①：

$$\Delta c_{i,g,t}=\gamma\Delta U_{g,t}+\beta' X_{i,g,t}+\phi\Delta y_{i,g,t}+\alpha_t+\theta_i+\delta_s+\varepsilon_{i,g,t} \tag{3}$$

式(3)中，i 代表家庭，g 代表家庭所属群组，t 为月份，消费增速 $\Delta c_{i,g,t}\equiv\ln(c_{i,g,t})-\ln(c_{i,g,t-1})$，失业率变动 $\Delta U_{g,t}\equiv U_{g,t}-U_{g,t-1}$。需要注意的是，因为群组划分取决于具有前定属性的年龄、性别、省份、教育，所以并不存在自选择问题②。与此同时，$\Delta U_{g,t}$ 为宏观数据，相对于微观消费表现为外生，因此并不存在互为因果问题。$X_{i,g,t}$ 包含了详细的家庭特征，如总人口、有收入人口、其他住房数量、借贷支出，以及户主职业、行业、年龄、性别、受教育水平③。

如前所述，群组失业率变化可能与就业者当前收入存在关联，控制收入增速 $\Delta y_{i,g,t}=\ln y_{i,g,t}-\ln y_{i,g,t-1}$ 有利于分离预期。此外，α_t 为时间固定效应，用以控制消费的季节性变化以及宏观经济周期。θ_i 和 δ_s 分别为家庭和省份固定效应，用以控制相应维度不随时间变化的影响因素。$\varepsilon_{i,g,t}$ 为随机误差项，代表家庭层面的异质性消费偏好冲击。γ 为本文关心的核心参数，其含义是，群组失业率每变动 1%将影响微观家庭消费增速变化 γ 个百分点④。

既有研究显示，UHS 中的收入统计可能存在不精确之处，从而引发内生性(赵达等，2017)。鉴于此，本文参考 Campos 和 Reggio(2015)的处理方法：①将 $\Delta y_{i,g,t}$ 从回归方程中剔除，发现对结果影响较小(见表 1)。②将个体收入增速替换为所属群组平均收入增速(即 $\Delta\bar{y}_{i,g,t}$)，从而在一定程度上使得异质性误差被平均核销，同样对结果影响较小(见表 1)。③控制 $\Delta y_{i,g,t}-\Delta\bar{y}_{i,g,t}$，该变量代表不能被 $\Delta\bar{y}_{i,g,t}$ 解释的微观家庭收入异质性。

---

① 失业率波动可能与其他未被控制的宏观变量相关，造成内生性。因此，这里参考 Kroft 和 Notowidigdo(2016)，将 $\Delta U_{g,t}$ 与时间固定效应交叉项、$\Delta U_{g,t}$ 与地区固定效应交叉项分别控制，从而捕捉特定时间、特定地区劳动需求冲击对失业率的影响，发现未对基准结果造成显著影响。

② 户主年龄一般在 30 岁以上，受教育水平基本保持不变，因此，属于前定变量。

③ 群组失业率可能与家庭成员就业状态相关，因此需要控制；其他住房数量用以控制家庭财富变化；借贷支出用以刻画是否面临借贷约束；年龄用以控制消费的生命周期效应。

④ 为了反映不同群组人口占比，这里采用加权最小二乘法进行相应调整。与此同时，由于群组失业率变动会导致群组内部产生序列相关性，这里在群组层面对标准误进行聚类(Cluster)。此外，根据 Cameron 等(2008)，当核心变量群组类别较少(本文为 32 组)时，需要基于 t 分布而非正态分布计算 P 值。

表 1　基准回归结果

变量名称	(1)	(2)	(3)	(4)	(5)
	家庭收入	包含非户籍	不含收入	群组平均收入	群组平均收入与个人异质性收入
失业率变动	−0. 4812*** (0. 0971)	−0. 6633*** (0. 1354)	−0. 5074*** (0. 0120)	−0. 5041*** (0. 0743)	−0. 4583*** (0. 0962)
收入对数变动	0. 1712*** (0. 0051)	0. 2214*** (0. 0053)			
收入人口变动	0. 0481*** (0. 0140)	0. 0518*** (0. 0141)	0. 0439*** (0. 0118)	0. 0454*** (0. 0140)	0. 0438*** (0. 0116)
家庭总人口	0. 0024*** (0. 0000)	0. 0027*** (0. 0000)	0. 0023*** (0. 0000)	0. 0029*** (0. 0000)	0. 0022*** (0. 0000)
性别分组	−0. 0008 (0. 0009)	−0. 0000 (0. 0011)	−0. 0011 (0. 0014)	−0. 0012 (0. 0011)	−0. 0004 (0. 0013)
受教育水平分组	0. 0051*** (0. 0010)	0. 0076*** (0. 0022)	0. 0044*** (0. 0008)	0. 0043*** (0. 0010)	0. 0048*** (0. 0013)
年龄分组	−0. 0014** (0. 0006)	−0. 0020** (0. 0009)	−0. 0014** (0. 0006)	−0. 0014* (0. 0008)	−0. 0013** (0. 0006)
借贷支出	0. 0531*** (0. 0022)	0. 0594*** (0. 0051)	0. 0432*** (0. 0054)	0. 0460*** (0. 0024)	0. 0543*** (0. 0019)
其他住房数量	0. 0013* (0. 0007)	0. 0021* (0. 0012)	0. 0013* (0. 007)	0. 0012 (0. 0014)	0. 0022* (0. 0012)
平均收入对数变动				0. 1461*** (0. 0179)	0. 1916*** (0. 0180)
个体异质性收入自然对数变动					0. 1706*** (0. 0063)
行业	Yes	Yes	Yes	Yes	Yes
职业	Yes	Yes	Yes	Yes	Yes
婚姻状况	Yes	Yes	Yes	Yes	Yes
个体固定效应	Yes	Yes	Yes	Yes	Yes
时间固定效应	Yes	Yes	Yes	Yes	Yes
省份固定效应	Yes	Yes	Yes	Yes	Yes
观测值	247115	265193	247115	247115	247115

注：***、**、* 分别代表 $p<0.01$、$p<0.05$、$p<0.1$。下同。

五、实证结果分析

1. 基准结果

（1）失业率波动与家庭消费。由表 1 中第(1)列可以看到，群组失业率对于家庭当前消费存在明显抑制作用。群组失业率每增加 1%，将引起就业者家庭消费增速下降 0.48%。值得注意的是，这里考虑的只是户籍人口，他们大多处于正规部门，其工作相比于外来人口更为稳定，对于失业率相对并不敏感(张军等，2017)。从表 1 中第(2)列可以看到，当包含非户籍人口时，估计值的绝对值大幅提高到了 0.66%，符合预期。

基于以上估计值，这里通过简单匡算来深化本文研究的宏观意义。根据 UHS，户主处于就业状态的家庭，其月均消费额约为 4393.7 元，如果以 0.66%作为计算依据(假设前期增速为零)，那么典型家庭月度消费下降幅度约为 29.1 元，换算为年度值则为 249.6 元①。来自中国国家统计局的数据显示，2016 年中国城镇就业者约为 4.1 亿人，如果以户均劳动力两人计算，那么中国城镇地区失业率每提高 1%，将导致该类群体月度消费额降低 59.7 亿元，年度消费额降低 511.7 亿元。

那么该如何评判这一数字呢？2000 年前后推行的国有企业改革，将中国城镇地区失业率由 5%以下迅速推升至 11%以上(Feng et al.，2017)。He 等(2018)发现，失业风险引起的预防性储蓄增加，能够解释 1995—2002 年国有企业职工财富积累的 40%，而作为储蓄的互补变量，消费的下降自然十分显著。Ravn 和 Sterk(2017)指出，2008 年全球金融危机期间，美国失业率陡增至 17.1%，大幅提高了美国家庭的预防性储蓄，严重制约了消费总需求，从而影响企业利润和投资决策，最终导致经济进一步恶化和失业率进一步攀升。与之不同，2010—2012 年中国各群组失业率整体上处于下行通道且波动幅度在 2%左右(如图 2 所示)，因此消费敏感程度相对较低。

---

① 根据 Meng(2003)，在其他条件不变的情况下，预测失业率每增加 1%，对于保持就业的家庭来说，其年度消费下降额为 66 元左右，约为本文测算值的 26.7%。这一差异既可能来自识别技术，也可能来自样本时间范围(该文所用数据为 1995 年和 1999 年)，甚至可能受到数据频率影响。

表1中第(3)列剔除了当期收入变动 $\Delta y_{i,g,t}$，此时估计值变为-0.5074，相比于第(1)列绝对值更大。实际上，当失业率增加时，即使是就业者，收入也会出现小幅下降，导致消费走低(直接效应)。如果控制 $\Delta y_{i,g,t}$，那么所得系数仅反映未来预期对当前消费的影响(间接效应)。换言之，如果剔除 $\Delta y_{i,g,t}$，直接效应会被群组失业率“吸收”(Absorbed)，导致估计值为两种效应之和。

恰如理论和实证模型部分所阐述的，将 $\Delta\bar{y}_t$ 作为 $E_{t-1}\Delta y_t$ 的代理变量，有助于缓解测量误差和伪回归对结果造成的影响。表1中第(4)～(5)列显示，数据误差对基准结果影响有限。从其他变量看，家庭总人口及收入人口越多，财富水平越高(以房屋拥有量衡量)，未存在借贷约束的家庭，其消费增速也越高，符合现实观察。

为了进一步探寻消费支出下降的原因，理解失业率波动情景下的微观家庭决策行为，这里基于中国国家统计局规定的八大类消费项目分别进行回归，所得结果如表2所示。可以看到，群组失业率对“其他商品和服务”影响较大，其涵盖了手表、金银珠宝饰品、美容费以及化妆品等子项目。根据生活常识，这些消费品的收入支出弹性大多较高，在家庭生活受到负面冲击时往往首当其冲，反应最为敏感。与此同时，食物、衣着等消费支出轻微下降，这可能是由于失业压力较大，部分家庭出现寝食难安的状况，无暇休闲购物。与此相反，医疗保健支出在经济意义上有所增加。可能的解释是，在精神压力较大和食物支出下降的情况下，家庭成员身体不适，不得不就医买药。交通和通信支出的增加较为有趣。注意到本文样本并未遭受失业或退休，因此交通和通信等与工作息息相关的消费项目并未出现断崖式下跌。之所以出现轻微提高，或许是为搜寻新的工作做准备。最后，居住支出的下降可能来自家庭用电、用水、用气等节约行为。与本文不同，Meng(2003)发现，在1995年和1999年，教育支出受失业风险影响最大，该差异可由20年来家庭生活水平提高所引起的消费理念变迁解释，失业率波动也可能与义务教育减免学杂费政策出台时间(2006年)较晚等因素有关。

表 2　消费支出分项回归结果

变量名称	食物	衣着	居住	家庭设备用品及服务	医疗保健	交通和通信	教育文化娱乐	其他商品和服务
估计值	-0.2174* (0.1291)	-0.2362* (0.1350)	-0.8472* (0.4761)	-0.3495 (0.8472)	0.5791 (1.0820)	0.2934 (0.7562)	-0.8824 (1.7026)	-1.9927*** (0.4665)
观测值	247115	193278	220920	215732	135916	234459	175451	179158

（2）失业率波动与劳动力供给。传统劳动经济学理论认为，在遭遇负面冲击时，如果公共保险供给不足，家庭不仅会降低消费，还会提高成员劳动供给（Added Worker Effect）以实现自我保险（Blundell et al.，2016）。那么，就中国而言，失业率波动是否会提高配偶劳动供给呢？为了回答该问题，构建模型：

$$Entry_{i,g,t}=\gamma\Delta U_{g,t}+\beta' X_{i,g,t}+\alpha_t+\theta_i+\delta_s+\varepsilon_{i,g,t} \tag{4}$$

这里首先在前文基础上筛选出已婚家庭，得到样本观测值 230434 个。随后定义变量 $Entry_{i,g,t}$，其含义是，当户主配偶在月份 t 处于就业状态，而上期为失业或不在劳动市场时取值为 1，否则为 0。结果显示，共有 1739 个配偶取值为 1，其中，46.11%转化为城镇个体或私营企业被雇者，15.45%转化为其他就业者，转化为其他经济类型单位职工以及离退休再就业人员的比例分别为 10.73%和 10.33%，而转化为城镇个体或私营企业主的仅有 7.22%，剩余部分不及 10%，说明进入国有企业或城镇集体所有企业相对较为困难。从回归结果表 3 中第（1）列可以看到，失业率每提高 1%，作为就业者的户主，其配偶由失业状态或者劳动力市场之外进入就业状态的概率将提升 8.13%，说明失业率波动的劳动供给效应在中国同样存在①。

表 3　失业率变动与配偶劳动供给

被解释变量	(1)	(2)	(3)
	配偶向就业转变	配偶向正规部门就业转变	单身家庭的消费支出
失业率变动	0.0813***（0.0202）	0.0886***（0.0239）	-0.6924***（0.0979）
观测值	230434	230434	16681

① 子女年龄、是否和父母居住等信息，与家庭成员劳动参与决策密切相关（Blundell et al.，2016），这里一并予以控制。

为了考虑集约型(而非外延型)工作转换，即由非稳定工作状态(如兼职)转化为稳定(如全职)工作的情形，这里仅将在国有、集体以及联营中工作定义为就业，而将在个体或在私营等企业工作定义为失业①。表 3 中第(2)列显示，失业率每提高 1%，作为就业者的户主，其配偶由失业或者个体、私营被雇佣者转换为正规部门就业者的概率将提升 8.86%，并未对第(1)列结论造成明显冲击，说明由非正规部门就业转化为正规部门就业的比率很低，符合中国社会现实(如表 4 所示)。

表 4　中国城镇地区正规、非正规部门就业转移矩阵　　　　单位:%

地区	发达地区(男)	发达地区(女)	欠发达地区(男)	欠发达地区(女)
失业—非正规	14.51	11.95	22.77	17.79
失业—正规	6.67	5.54	3.98	2.11
正规—正规	16.06	12.69	8.41	8.83
正规—失业	2.29	2.50	1.29	1.91
正规—非正规	2.57	4.40	3.34	4.81
非正规—非正规	19.89	18.80	18.38	19.26
非正规—失业	3.00	4.39	3.78	4.71
非正规—正规	2.44	2.59	2.37	2.25

注：发达地区为上海、广东，欠发达地区为四川和辽宁；失业转变至非正规部门就业的概率，远高于由失业或非正规部门就业转变至正规部门就业的概率，说明正规部门就业门槛较高。

资料来源：UHS。

Aguiar 等(2013)提出，在面临失业阴影或遭遇失业时，单身家庭很难增加劳动供给实现自我保险，所以消费反应更为敏感。为了检验这一假说，本文筛选出单身家庭进行对比分析。表 3 中第(3)列显示，失业率每提高 1%，该类群体消费增速支出降低 0.69%，远高于表 1 所列基准结果。因此，婚姻制度有助于降低预防性储蓄，而劳动供给则发挥了举足轻重的作用(Blundell et al.，2016)。可以看到，以上结论对于深入理解商业周期各阶段劳动力市场结构变动具有一定启发意义。

---

① 相比而言，张军等(2017)将在国有、城镇集体、联营经济、股份制经济、外商和港澳台经济、其他经济单位中工作，并由其支付工资的人员归为正规部门就业，同时将城镇个体或私营企业主、城镇个体或私营企业被雇者、其他就业者归为非正规部门就业者。

（3）失业保险是否有效？无论是失业阴影对家庭消费的抑制作用还是家庭成员劳动供给效应，均从侧面说明中国失业保险制度并不健全。为了进行正式检验，表 5 进一步控制了 $\Delta U_{g,t}$ 与失业保险虚拟变量的交叉项。可以看到，虽然在经济意义上，参保家庭相比于非参保家庭，其消费更为平滑、劳动供给概率略有下降，但是在统计意义上这一效应并不显著，说明中国失业保险制度在缓解失业率波动冲击方面所发挥的作用确实有限。

表 5　失业保险是否有效

被解释变量	家庭消费	向就业转变
失业率变动	−0.4432*** (0.0717)	0.0941*** (0.0426)
失业率变动×虚拟变量(失业保险)	0.1865(0.2043)	−0.0385(0.1372)
观测值	247115	230434

中国失业保险制度作用有限，可能缘于补偿水平较低等问题。1999 年 1 月 22 日颁布实施的《失业保险条例》要求："失业保险金，按照低于当地最低工资标准、高于城市居民最低生活保障标准的水平，由省、自治区、直辖市人民政府确定。"相比之下，国际上大多数国家的失业补偿标准一般位于失业前收入水平的 50%~70%（吕丹、曲展，2014）。根据 UHS2010—2012 年数据，在领取失业保险的群体中，补偿款中位数仅为 600 元/月，即使是位于 95%分位数的家庭，也仅为 920 元/月，不足城镇非私营单位月均工资的 20%，或者城镇居民月均可支配收入的 35%。总之，即使是失业保险参保人员，其失业后也将面临贫困风险，保障水平完全不足以缓解失业忧虑。

虽然本文以微观视角切入，但根据前文匡算，失业率每提高 1%，城镇居民消费降低近 511.7 亿元。根据 Kroft 和 Notowidigdo（2016），如果失业保障水平与工资之比提高 10%，就可以避免家庭消费降低 2.7%。以此来看，在稳定消费总需求方面，中国失业保险制度存在较大改进空间。

2. 稳健性检验

（1）遗漏变量。本文基本不会涉及反向因果问题，对可能存在的测量误差也已进行检验（Campos and Reggio，2015）。但是为了夯实结论，这里对可能存在的遗漏变量问题做进一步分析。众所周知，除了家庭特征，随时间变化的宏观市场环境和经济政策也会对微观消费产生重要影响，并且由于流动性约束、所有制类型等因素，以上影响会存在个体异质性，而这无法由传统面板模型刻画。有鉴于此：①本文参考 Kroft 和 Notowidigdo(2016)，控制省份固定效应和时间的交叉项，在这种情况下，γ 的识别依赖于年龄、性别、教育水平三个维度的横截面变异性。②类似地，本文控制行业固定效应和时间的交叉项。③根据 Bartik(1991)，构造具有外生属性的、城市—行业层面的劳动需求冲击：

$$Bartik_{ct}=\sum_{r}EmpShare_{crt_0}\times EmpGrow_{drt} \tag{5}$$

式(5)中，$EmpShare_{crt_0}\equiv\dfrac{Emp_{crt_0}}{Emp_{drt_0}}$，代表 2009 年城市 c 的行业 r 就业人员 Emp_{crt_0}与 2009 年样本四城市该行业就业人员 Emp_{drt_0}之比。$EmpGrow_{drt}$为样本四城市 r 行业的就业人员增速。进一步地，这里将行业分别替换为年龄、性别、受教育水平，依次构造 Bartik 冲击，并同时予以控制。

即便采取上述方法，正如杨继生、阳建辉(2015)以及杨继生、徐娟(2016)指出，以上方法仍无法穷尽所有影响消费的共同因子，而基于 Bai(2009)所提方法可以有效缓解上述问题，其模型设定形式为：

$$\Delta c_{i,g,t}=\gamma\Delta U_{g,t}+\beta' X_{i,g,t}+\phi\Delta y_{i,g,t}+\sum_{j=1}^{n}\lambda_{ji}\times f_{jt}+\varepsilon_{i,g,t} \tag{6}$$

其中，f_{jt}为第 j 个随时间变化的共同因子，λ_{ji}测度不同家庭对第 j 个共同因子的异质性反应。可以看到，$\sum_{j=1}^{n}\lambda_{ji}\times f_{jt}$能够有效提取误差项中各类系统性的、难以观测到的信息，从而保证了 $\varepsilon_{i,g,t}$的随机性以及核心系数估计的一致性(Bai，2009；杨继生、阳建辉，2015)①。

为了进一步缓解可能存在的内生性问题，这里采用工具变量法进行检验。具体地，本文参考 Diamond(2016)，陈斌开、杨汝岱(2013)，将城市—行业维度的 Bartik 冲击与各地土地开发面积的交叉项作为群组失业率的工具变量，采用二阶段最小二乘法进行估计。

根据陈斌开、杨汝岱(2013)，中国用地指标受到中央政府严格把控，具

① Moon 和 Weidner(2015)证明，如果共同因子个数 n 超过最优值，将等价于控制若干无关变量，这不会对一致性造成影响。因此，拇指法则(Rule of Thumb)是连续增加公共因子个数，直至估计值保持稳定。

有一定外生属性(相比于微观数据而言)，并且土地开发面积越低，住房价格越高。与此同时，因为住房价格是影响劳动力流动的重要因素(Diamond，2016)，所以无论是 Bartik 冲击，还是土地开发面积，对当地失业率波动均具有重要影响(第一阶段 Stock 和 Yogo 弱工具变量检验 P 值为 0.02)。此外，相比于单变量，采用交叉项作为工具变量还能够有效避免其与随机项产生相关性，因而越来越受到实证分析青睐(Aladangady，2017)。比如，与 Bartik 冲击相关的遗漏变量很难与中国特色土地开发制度产生关联，而与土地开发面积相关的变量又很难与 Bartik 存在联系。

由表 6 可以看到，在任何模型设定形式下，估计值均未发生明显变化，从侧面说明，即使存在遗漏变量，其与 $\Delta U_{g,t}$ 也不存在较强相关关系。

表 6　失业率变动对消费和劳动供给的影响：内生性

A						
变量名称	基准回归		时间固定×省份固定		时间固定×行业固定	
	(1)	(2)	(1)	(2)	(1)	(2)
失业率变动	−0.4583*** (0.0962)	0.0813*** (0.0202)	−0.4687*** (0.1118)	0.0851*** (0.0254)	−0.4462*** (0.1005)	0.0790*** (0.0236)
观测值	247115	230434	247115	230434	247115	230434
B						
变量名称	Bartik Shock		Bai(2009)		工具变量法	
	(1)	(2)	(1)	(2)	(1)	(2)
失业率变动	−0.4354*** (0.1084)	0.0759*** (0.0211)	−0.4291*** (0.1028)	0.0762*** (0.0195)	−0.4137*** (0.0981)	0.0736*** (0.0174)
观测值	247115	230434	247115	230434	247115	230434

注：每一设定形式下的两列结果分别为消费回归方程、就业转化回归方程。

(2) 价格还是数量？根据 Aguiar 和 Hurst(2005，2007)，退休后的消费金额下降在很大程度上可由“家庭自给自足”(Home Production)进行解释。Krueger 和 Mueller(2012)指出，相比于就业者，失业者用于家庭厨艺以及购物(搜寻廉价商品)的时间会增加 35%。从消费金额上看，以上两类家庭的福利下降十分严重，然而因为其所面临的消费价格出现大幅降低，所以实际生活可能只会受到轻微影响。就本文而言，当群组失业率出现上升时，如果家庭消费数量并未出现下降，则失业率波动对消费者的福利影响较为有限。这一隐忧并非空穴来风。根据 Aguiar 等(2013)，在 2008 年金融危机期间，全社会 26%的工作时长减少可由就业者解释。

令人欣慰的是，UHS 不仅列示了家庭消费金额，而且记录了消费数量。本文参考 Aguiar 和 Hurst(2007)，构建微观家庭所面临的异质性消费价格，并将其作为被解释变量，直接检验该变量与群组失业率是否存在负相关关系。具体地，这里假设位于城市 s 的家庭 $i \in I$，在月份 t 所购买的 $k \in K$ 类商品的价格为 $p_{k,s,t}^{i}$，购买数量为 $q_{k,s,t}^{i}$。由此可以计算家庭当月消费支出：

$$c_{s,t}^{i} = \sum_{k \in K} p_{k,s,t}^{i} q_{k,s,t}^{i} \tag{7}$$

现实生活中，不同地区同一商品价格存在差异，有鉴于此，式(8)构建了 t 月城市 s 商品 k 的价格指数：

$$\bar{p}_{k,s,t} = \sum_{i \in I} p_{k,s,t}^{i} \left(\frac{q_{k,s,t}^{i}}{\bar{q}_{k,s,t}} \right) \tag{8}$$

其中：

$$\bar{q}_{k,s,t} \equiv \sum_{i \in I} q_{k,s,t}^{i} \tag{9}$$

如果家庭根据平均价格进行支付，则当月消费支出金额为：

$$M_{s,t}^{i} = \sum_{k \in K} \bar{p}_{k,s,t} q_{k,s,t}^{i} \tag{10}$$

定义单个家庭所面临的价格指数为实际消费支出与平均价格下的消费支出之比：

$$\tilde{p}_{s,t}^{i} \equiv \frac{c_{s,t}^{i}}{M_{s,t}^{i}} \tag{11}$$

最后标准正规化为：

$$p_{s,t}^{i} \equiv \frac{\tilde{p}_{s,t}^{i}}{\frac{1}{I} \sum_{i'} \tilde{p}_{s,t}^{i'}} \tag{12}$$

在 UHS 中，并非所有家庭在所有月份对所有商品进行消费，因而会出现 0 值，难以处理。有鉴于此，这里选取粮食、肉类、禽类、蛋类、鲜菜、鲜果六类生活必需品进行分析，金额之和约为总消费的 23.89%①。在此基础上，这里将六类商品价格指数作为被解释变量进行回归，并以六类商品消费支出作为对照。

$$p_{s,t}^{i}=\gamma\Delta U_{g,t}+\beta' X_{i,g,t}+\phi\Delta y_{i,g,t}+\alpha_t+\theta_i+\delta_p+\varepsilon_{i,g,t} \tag{13}$$

表 7 显示，$\Delta U_{g,t}$与个人价格指数并无必然联系，消费数量下降是消费支出降低的主要原因。如前所述，本文样本为户主就业家庭，该群体并无过多闲暇时间用于家庭生产或者价格搜寻，因此相比于退休人员或者失业者有所不同。

表 7　价格还是数量

变量名称	(1)	(2)
	个人价格指数变动	个人消费支出金额变动
失业率变动	0.0690(0.1706)	-0.4208***(0.0724)
群组平均收入自然对数变动	0.0019(0.0054)	0.1931***(0.0567)
个体异质性收入自然对数变动	0.0013(0.0016)	0.1710***(0.0062)
观测值	208071	208071

（3）状态依赖。面对相同程度的群组失业率变化，基准失业水平分别为 3%和 6%的群体，其消费反应可能存在较大差异。为了对此进行检验，本文参考 Campos 和 Reggio（2015），在基准回归方程中控制 $\Delta U_{g,t}\times U_{g,t-1}$。类似地，这里还构造虚拟变量 U_{low}，当群组平均失业率低于 50 分位数时取值为 1，否则为 0，所得结果如表 8 所示。

表 8　状态依赖检验

变量名称	(1)	(2)	(3)
	基准结果	上期失业率水平值	失业率虚拟变量
$\Delta U_{g,t}$	-0.4583***(0.0962)	-0.4641***(0.0813)	-0.4693***(0.1025)
$\Delta U_{g,t}\times U_{g,t}$		-1 0.0094(0.0148)	
$\Delta U_{g,t}\times U_{low}$			0.0517(0.2049)
观测值	247115	239827	247115

① 具体指所有家庭消费支出占比的平均值。

可以看到，虽然在经济意义上，失业率较低的群体，其消费反应更为敏感，但是在统计意义上并不显著。可能的解释是，一旦失业，低失业率群体所面临的机会成本往往较高。相比之下，失业对于高失业率群体更多地表现为“家常便饭”，因而对消费冲击也相应较小。

（4）预期还是当期收入相关性？恰如前文所述，失业率提高往往预示着劳动力需求低迷，就业者收入下降，导致消费降低。表1第(3)列结果从侧面证明了直接效应的存在，为了对此进行正式检验，这里直接探讨失业率与就业者家庭收入之间的相关性。具体地，本文借鉴Hendren(2017)，将被解释变量由家庭消费分别替换为户主和家庭可支配收入。

$$\Delta y_{i,g,t}=\gamma\Delta U_{g,t}+\beta' X_{i,g,t}+\alpha_t+\theta_i+\delta_p+\varepsilon_{i,g,t} \tag{14}$$

从表9可以看到，无论是户主个人收入还是家庭可支配收入，虽然在经济意义上均与失业率变动呈现出反向关系，但是在统计意义上并不显著①。综合看，表9还与表3存在内在关联，失业率波动有助于提高配偶劳动力供给，从而增加家庭可支配收入，缓解对于消费形成的冲击，最终造成表9第(2)列估计值的绝对值小于表9第(1)列。

表9　预期还是当期收入相关性

变量名称	(1)	(2)
	户主收入	家庭收入
失业率变动	-0.2137(0.2475)	-0.1671(0.2126)
观测值	230434	230434

3. 异质性分析

（1）所有制。所有制类型反映了工作稳定性，不同就业者对群组失业率波动的敏感性理应存在差异。有鉴于此，本文将在国有经济、城镇集体经济、联营经济、股份制经济、外商和港澳台经济单位工作的人员归为“稳定”，同时将城镇个体或私营企业被雇者归为“较稳定”，保姆、托儿服务人员归为“不稳定”进行分组回归，结果如表10所示。

---

① 与消费方程不同，此处在控制变量中剔除了收入变量。

可以看到，随着不稳定性增强，家庭消费对于失业率波动的反应愈加强烈。尤其是那些没有固定职业的就业者，群组失业率每提高 1%，其家庭消费增速降低幅度将达到 1.22%，为国有职工等群体的三倍左右。根据原国家卫生和计划生育委员会流动人口司发布的《中国流动人口发展报告》（2016），在 2015 年，每五到六个中国人中便有一个是流动人口，相比拥有当地户口的就业者，他们大多属于就业“较稳定”或“不稳定”群体，对于失业保险的需求更为强烈。然而，该类群体失业保险参保率反而较低，依此来讲，中国失业保险制度存在错配问题。

（2）年龄。Blundell 等（2008）指出，不同年龄群体，其受到劳动市场波动的影响程度有所不同，而基于年龄进行分组回归，可以为失业保险制度改进提供重要抓手。表 10 显示，位于 26~35 岁的户主，其家庭消费反应最为强烈，群组失业率每提高 1%，消费增速降低 0.49%。在现实生活中，该年龄段人口多为毕业后工作不久的大学生，面临住房、结婚等各方面压力，对于失业率波动的恐惧可想而知。相比之下，位于 36~50 岁的户主，消费敏感程度居中，群组失业率每提高 1%，消费增速降低 0.35%。这部分群体一般面临着“上有老、下有小”的双重压力，户主一旦失业，意味着家庭经济支柱的坍塌，失业率波动对于他们而言并非无关紧要。对于 50 岁以上的群体，虽然群组失业率每提高 1%，消费增速会降低 0.25%，不过这一数字在统计意义上并不显著。

表 10　异质性分析

变量名称	(1) 基准结果	(2) 所有制	(3) 年龄
全样本回归	−0.4583***(0.0962)		
分组回归：稳定		−0.3982(0.3165)	
分组回归：较稳定		−0.5034**(0.2211)	
分组回归：不稳定		−1.2242***(0.1565)	
分组回归：26~35 岁			−0.4935***(0.0641)
分组回归：36~50 岁			−0.3509**(0.1571)
分组回归：50 岁+			−0.2510(0.3565)
观测值	247115	247115	247115

六、结论及政策建议

2000年以来，养老保险和医疗保险得到长足发展，对于降低中国居民预防性储蓄、提高消费起到了重要作用，相比之下，中国失业保险制度自1999年建立以来鲜有修订，明显滞后于时代潮流。中国经济进入“新常态”后，各行业市场化改革不断推进、人工智能发展迅猛、全球贸易保护主义时有抬头，使得中国劳动力市场面临越来越多的不确定性。在此背景下，失业率波动越发成为制约居民消费提升的重要因素。本文发现：①群组失业率每提高1%，处于就业状态的家庭消费增速下降0.48%，其中，个体或私营企业被雇者，没有固定性职业的就业者以及中青年群体下降更为明显。②群组失业率提高时，家庭会通过提高成员劳动力供给进行自我保险，而单身群体由于缺乏调整空间，消费下降更为明显。结合以上研究结果，本文提出以下政策建议：

（1）提高失业补偿力度。一方面，自1999年失业保险制度确立以来，失业保险基金滚存结余持续快速增长，截至2017年已经高达5552.37亿元；另一方面，本文发现，失业率波动对家庭消费制约明显，失业保险形同虚设，失业补偿金额明显偏低是关键原因。因此，本文建议，失业补偿不应以当地最低工资标准为上限，而应与失业前缴费水平相适应。换言之，高收入群体失业前由于缴费较多，失业后所得补偿也应较高，这不仅能够体现公平的权利义务关系，更有助于缩小失业前后生活落差，稳定消费预期。

（2）扩大失业保险覆盖范围。2017年11月10日，人力资源社会保障部发布的《失业保险条例(修订草案征求意见稿)》规定，各地政府拥有决定个体雇主和被雇佣者能否参与失业保险的权力。然而本文分析表明，相比于正规部门，城镇个体或私营企业被雇者对于失业率波动更加敏感，对失业保险的需求更为迫切。换言之，中国失业保险制度存在错配。国有企业、事业单位员工虽然足额缴纳了失业保险，但是基本不存在失业风险，而受经济波动影响最大、失业风险最高的个体或私营雇佣者反而没有被完全纳入失业保障体系。因此，本文建议扩大失业保险覆盖范围，使得失业保险制度真正落到实处，发挥稳定器作用。

（3）探索最优失业补偿机制。国际上已有大量文献研究失业补偿期限长短(Johnston and Mas，2018)、补偿水平是否应该随着补偿期限增加而阶梯递减(Kolsrud et al.，2018)、补偿期限提高如何影响失业率(Chodorow-Reich et al.，2019)、补偿水平和期限是否应该随着失业率上升而动态提高(Kroft and Notowidigdo，2016)。在这些研究中，群组失业率如何影响消费与家庭成员劳动供给以及状态依赖与否是核心指标。相比之下，国内研究仍为空白。因此，基于本文实证结果，在统一框架内设计中国最优失业补偿机制，或应成为未来重要的研究方向。

参考文献

[1] 白重恩，李宏斌，吴斌珍. 医疗保险与消费：来自新型农村合作医疗的证据［J］. 经济研究，2012a，(2)：41-53.

[2] 白重恩，吴斌珍，金烨. 中国养老保险缴费对消费和储蓄的影响［J］. 中国社会科学，2012b，(8)：48-71.

[3] 蔡昉. 农民工就业面临各种风险［J］. 农村工作通讯，2013，(9)：48.

[4] 陈斌开，陆铭，钟宁桦. 户籍制约下的居民消费［J］. 经济研究，2010，(S1)：62-71.

[5] 陈斌开，杨汝岱. 土地供给、住房价格与中国城镇居民储蓄［J］. 经济研究，2013，(1)：110-122.

[6] 程令国，张晔. 早年的饥荒经历影响了人们的储蓄行为吗？——对我国居民高储蓄率的一个新解释［J］. 经济研究，2010，(8)：119-132.

[7] 樊潇彦，袁志刚，万广华. 收入风险对居民耐用品消费的影响［J］. 经济研究，2007，(4)：124-136.

[8] 黄少安，孙涛. 非正规制度、消费模式和代际交叠模型——东方文化信念中居民消费特征的理论分析［J］. 经济研究，2005，(4)：57-65.

[9] 李宏彬，施新政，吴斌珍. 中国居民退休前后的消费行为研究［J］. 经济学(季刊)，2015，(1)：117-134.

[10] 卢锋，刘晓光，姜志霄，等. 劳动力市场与中国宏观经济周期：兼谈奥肯定律在中国

[J]. 中国社会科学，2015，(12)：69-89.
[11] 吕丹，曲展. 典型国家失业保险制度 [J]. 中国劳动，2014，(10)：29-33.
[12] 温兴祥. 失业、失业风险与农民工家庭消费 [J]. 南开经济研究，2015，(6)：110-128.
[13] 杨继生，徐娟. 环境收益分配的不公平性及其转移机制 [J]. 经济研究，2016，(1)：155-167.
[14] 杨继生，阳建辉. 行政垄断、政治庇佑与国有企业的超额成本 [J]. 经济研究，2015，(4)：50-61.
[15] 张军，赵达，周龙飞. 最低工资标准提高对就业正规化的影响 [J]. 中国工业经济，2017，(1)：81-97.
[16] 赵达，谭之博，张军. 中国城镇地区消费不平等演变趋势——新视角与新证据 [J]. 财贸经济，2017，(6)：115-129.
[17] 赵达，周龙飞. 非线性定价有效吗 [J]. 统计研究，2018，(8)：58-68.
[18] 邹红，喻开志. 退休与城镇家庭消费：基于断点回归设计的经验证据 [J]. 经济研究，2015，(1)：124-139.
[19] Aguiar, M., and E. Hurst. Consumption versus Expenditure [J]. Journal of Political Economy, 2005, 113(5): 919-948.
[20] Aguiar, M., and E. Hurst. Life-cycle Prices and Production [J]. American Economic Review, 2007, 97 (5): 1533-1559.
[21] Aguiar, M., E. Hurst, and L. Karabarbounis. Time Use during the Great Recession [J]. American Economic Review, 2013, 103(5): 1664-1696.
[22] Aladangady, A. Housing Wealth and Consumption: Evidence from Geographically-linked Microdata [J]. American Economic Review, 2017, 107(11): 3415-3446.
[23] Apergis, N., and Y. Georgellis. Regional Unemployment and Employee Loyalty: Evidence from 12 UK Regions [J]. Regional Studies, 2018, 52(9): 1283-1293.
[24] Bai, J. Panel Data Models with Interactive Fixed Effects [J]. Econometrica, 2009, 77(4): 1229-1279.
[25] Bartik, T. J. Who Benefits from State and Local Economic Development Policies [M]. Kalamazoo, MI: Upjohn Institute, 1991.
[26] Battistin, E., A. Brugiavini, E. Rettore, and G. Weber. The Retirement Consumption Puzzle: Evidence from a Regression Discontinuity Approach [J]. American Economic Re-

view, 2009, 99(5): 2209–2226.

[27] Blundell, R., L. Pistaferri, and I. Preston. Consumption Inequality and Partial Insurance [J]. American Economic Review, 2008, 98(5): 1887–1921.

[28] Blundell, R., L. Pistaferri, and I. Saporta–Eksten. Consumption Inequality and Family Labor Supply [J]. American Economic Review, 2016, 106(2): 387–435.

[29] Browning, M., and T. F. Crossley. Shocks, Stocks, and Socks: Smoothing Consumption over a Temporary Income Loss [J]. Journal of the European Economic Association, 2009, 7(6): 1169–1192.

[30] Cameron, A. C., J. B. Gelbach, and D. L. Miller. Bootstrap–based Improvements for Inference with Clustered Errors [J]. Review of Economics and Statistics, 2008, 90(3): 414–427.

[31] Campos, R. G., and I. Reggio. Consumption in the Shadow of Unemployment [J]. European Economic Review, 2015, (78): 39–54.

[32] Chodorow–Reich, G., J. Coglianese, and L. Karabarbounis. The Macro Effects of Unemployment Benefit Extensions: A Measurement Error Approach [J]. Quarterly Journal of Economics, 2019, 134(1): 227–229.

[33] Diamond R. The Determinants and Welfare Implications of U. S. Workers' Diverging Location Choices by Skill: 1980—2000 [J]. American Economic Review, 2016, 106(3): 479–524.

[34] Feng, S., Y. Hu, and R. Moffitt. Long Run Trends in Unemployment and Labor Force Participation in Urban China [J]. Journal of Comparative Economics, 2017, 45(2): 304–324.

[35] Gan, L., M. D. Hurd, and D. L. McFadden. Analyses in the Economics of Aging [M]. Chicago: University of Chicago Press, 2005.

[36] Giles, J., P. Albert, and J. Zhang. What is China' s True Unemployment Rate [J]. China Economic Review, 2005, 16(2): 149–170.

[37] He, H., F. Huang, Z. Liu, and D. Zhu. Breaking the Iron Rice Bowl: Evidence of Precautionary Savings from Chinese State–owned Enterprises Reform [J]. Journal of Monetary Economics, 2018, (94): 94–113.

[38] Helliwell, J. F., and H. Huang. New Measures of the Costs of Unemployment: Evidence from the Subjective Well–being of 3. 3 Million Americans [J]. Economic Inquiry, 2014, 52(4): 1485–1502.

[39] Hendren, N. Knowledge of Future Job Loss and Implications for Unemployment Insurance

[J]. American Economic Review, 2017, 107(7): 1778-1823.

[40] Johnston, A. C., and A. Mas. Potential Unemployment Insurance Duration and Labor Supply: The Individual and Market-level Response to a Benefit Cut [J]. Journal of Political Economy, 2018, 126(6): 2480-2522.

[41] Knabe, A., and S. Rätzel. Scarring or Scaring? The Psychological Impact of Past Unemployment and Future Unemployment Risk [J]. Economica, 2011, 78(31): 283-293.

[42] Kolsrud, J., C. Landais, P. Nilsson, and J. Spinnewijn. The Optimal Timing of Unemployment Benefits: Theory and Evidence from Sweden [J]. American Economic Review, 2018, 108(4-5): 985-1033.

[43] Kroft, K., and M. J. Notowidigdo. Should Unemployment Insurance Vary with the Unemployment Rate? Theory and Evidence [J]. Review of Economic Studies, 2016, 83(3): 1092-1124.

[44] Krueger, A. B., and A. I. Mueller. Time Use, Emotional Well-being, and Unemployment: Evidence from Longitudinal Data [J]. American Economic Review, 2012, 102(3): 594-99.

[45] Meng, X. Unemployment, Consumption Smoothing, and Precautionary Saving in Urban China [J]. Journal of Comparative Economics, 2003, (31): 465-485.

[46] Moon, H. R., and M. Weidner. Linear Regression for Panel with Unknown Number of Factors as Interactive Fixed Effects [J]. Econometrica, 2015, 83(4): 1543-1579.

[47] Nalewaik, J. Current Consumption and Future Income Growth: Synthetic Panel Evidence [J]. Journal of Monetary Economics, 2006, 53(8): 2239-2266.

[48] Ravn, M. O., and V. Sterk. Job Uncertainty and Deep Recessions [J]. Journal of Monetary Economics, 2017, (90): 125-141.

[49] Stephens, M. Job Loss Expectations, Realizations, and Household Consumption Behavior [J]. Review of Economics and Statistics, 2004, 86(1): 253-269.

[50] Wei, S. J., and X. Zhang. The Competitive Saving Motive: Evidence from Rising Sex Ratios and Savings Rates in China [J]. Journal of Political Economy, 2011, 119(3): 511-564.

[51] Zhang, J., L. Xu, and H. Zhang. Uncovering the Truth about Chinese Urban Unemployment Rates: 2005—2012 [J]. China and World Economy, 2016, 24(6): 1-18.

[52] Zhao, D., T. Wu, and Q. He. Consumption Inequality and Its Evolution in Urban China [J]. China Economic Review, 2017, (46): 208-228.

附录 A　理论模型推导

假设 C_t、A_t、X_t、W_t 分别为代表性家庭在月份 t 的消费水平、资产持有水平、外生劳动收入水平以及财富水平。进一步假设该经济体中利率为 r，此时以贴现形式表示的家庭预算约束方程为：

$$A_t+\sum_{j=0}^{\infty}\frac{X_{t+j}}{(1+r)^j}W_t=\sum_{j=0}^{\infty}\frac{C_{t+j}}{(1+r)^j} \tag{A.1}$$

在 $W_t=\sum_{j=0}^{\infty}\frac{C_{t+j}}{(1+r)^j}$ 两侧同时除以 C_t，并取自然对数：

$$c_t-w_t=-\ln\left(1+\sum_{j+r}^{\infty}\frac{C_{t+j}}{C_t}\right)=-\ln\left(1+\sum_{j=1}^{\infty}\frac{1}{(1+r)^j}\exp\left(\sum_{v=1}^{j}\Delta c_{t+v}\right)\right) \tag{A.2}$$

对右侧表达式中的消费增长率变量，在 0 值附近进行泰勒展开：

$$\begin{aligned}&\ln\left(1+\sum_{j=1}^{\infty}\frac{1}{(1+r)}^{j}\exp\left(\sum_{k=1}^{j}\Delta_{C_{t+v}}\right)\right)\\&\approx\ln\left(\frac{1+r}{r}\right)+\left(\frac{1+r}{r}\right)\sum_{j=1}^{\infty}\frac{1}{(1+r)^j}\sum_{k=1}^{\infty}\Delta_{C_{t+v}}\\&=\ln\left(\frac{1+r}{r}\right)+\sum_{j=1}^{\infty}\frac{1}{(1+r)^j}\Delta_{C_{t+v}}\end{aligned} \tag{A.3}$$

将式（A.3）代入式（A.2）可得：

$$c_t\approx w_t-\sum_{j=1}^{\infty}\frac{1}{(1+r)^j}\Delta_{C_{t+j}}-\ln(1+r) \tag{A.4}$$

转向式（A.1）左侧，进一步将资产价值 A_t 表示为未来收入（即红利、股息等，记为 D_t）的贴现值：

$$A_t=D_t+\frac{1}{1+r}A_{t+1}=D_t+\sum_{j=1}^{\infty}\frac{1}{(1+r)^j}D_{t+j} \tag{A.5}$$

此时根据式(A.1)，通过取自然对数，可以将财富变量表示为：

$$w_t = \ln\left(X_t + D_t + \sum_{j=1}^{\infty}\frac{1}{(1+r)^j}(X_{t+j} + D_{t+j})\right) = \ln\left(\sum_{j=0}^{\infty}\frac{1}{(1+r)^j}Y_{t+j}\right) \quad (A.6)$$

根据 Campbell 和 Manviw(1989)的解释，此时 Y_t 为代表工资收入的人力资本与代表资本收益的非人力资本之和。类似于式(A.3)，这里通过将式(A.6)对数线性化，得到：

$$w_t \approx y_t + \sum_{j=1}^{\infty}\frac{1}{(1+r)^j}\Delta_{y_{t+j}} + \ln\left(\frac{1+r}{r}\right) \quad (A.7)$$

对式(A.4)两侧求期望值：

$$C_{t+1} \approx E_{t+1}w_{t+1} - \sum_{j=1}^{\infty}\frac{1}{(1+r)^j}E_{t+1}\Delta C_{t+1+j} - \ln\left(\frac{1+r}{r}\right) \quad (A.8)$$

$$C_t \approx E_t w_t - \sum_{j=1}^{\infty}\frac{1}{(1+r)^j}E_t\Delta C_{t+j} - \ln\left(\frac{1+r}{r}\right) \quad (A.9)$$

根据 Campbell 和 Manviw(1989)：

$$w_{t+1} = r + k + \left(\frac{1}{\lambda}\right)w_t + \left(1 - \frac{1}{\lambda}\right)C_t \quad (A.10)$$

其中，$\lambda = 1 - \overline{C/W}$，$k = \ln(\lambda) - (1\frac{1}{\lambda})\ln(1-\lambda)$。将式(A.10)代入式(A.8)和式(A.9)，左右两侧同时乘以$\frac{1}{\lambda}$和加上 $c_t - \frac{c_t}{\lambda}$，最后将两式相减：

$$\Delta c_{t+1} = E_t\Delta C_{t+1} - \sum_{j=1}^{\infty}\lambda^j(E_{t+1} - E_t)\Delta c_{t+1+j} + \sum_{j=1}^{\infty}\lambda^{j-1}(E_{t+1} - E_t)\ \Delta y_{t+j} + v_{t+1} \quad (A.11)$$

其中，v_{t+1} 为式(A.6)到式(A.7)变化过程中的泰勒余项。根据 Hansen 和 Singleton(1982)，如果消费增长率不可预测，那么消费增长率的期望便退化为常数。举例来看，如果家庭效用函数形式为：

$$E_t\Delta c_{t+j}=\frac{r-\delta}{\gamma}+\frac{E(\Delta n_t+j)}{\gamma}+\frac{1}{2\gamma}var_t(-\gamma\Delta c_{t+j}+\Delta n_{t+j}) \tag{A. 12}$$

其中，n_t 为偏好设定参数，代表影响消费效用的家庭人口规模或闲暇时间等。在服从对数正态分布假设下，由 Hansen 和 Singleton（1982）可以得到：

$$E_t\Delta c_{t+j}=\frac{r-\delta}{\gamma}+\frac{E_t(\Delta n_{t+j})}{\gamma}+\frac{1}{2\gamma}var_t(-\gamma\Delta c_{t+j}+\Delta n_{t+j}) \tag{A. 13}$$

其中，$\delta=-\ln(\beta)$。此时代入式（A. 11）便可得到式（2）。

附录 B　关于数据质量的进一步讨论

实际上，单就数据本身（相对于奥肯定律而言）便可对正文谜团进行一些解读。以城镇登记失业率为例，其统计口径与国际劳工组织（International Labour Organization，ILO）有较大差异。在这一指标中，作为分子的登记失业人员必须同时符合以下条件：①非农业当地户口；②处于一定年龄区间（男性为 16~50 岁，女性为 16~45 岁）；③有劳动能力；④无业而要求就业，并在当地就业服务机构进行求职登记。作为分母的城镇劳动人口包括：①城镇单位从业人员（扣除使用的农村劳动力、聘用的离退休人员、港澳台及外方人员）；②城镇单位中的不在岗职工；③城镇私营业主、个体户主；④城镇私营企业和个体从业人员；⑤城镇失业人员。可以看到，这一统计口径主要存在以下三方面问题（Feng et al.，2017）：①由于部分失业者并未拥有当地城镇户口，因此不符合登记为失业人口的条件；②正如前文所述，由于失业保障金额十分有限，即使符合条件的当地城镇户籍失业人口，也未必会主动到相关部门进行登记；③由于该统计数据采集方法为基层逐次上报，因此不能排除人为操纵等因素产生加总误差（Liu，2012）。正是由于以上问题的存在，导致中国官方失业统计指标往往存在对真实失业率的低估。此外，由于官方并未公布历年劳动参与率数据，因此作为失业率分母的劳动力市场规模更是无从知晓(Cai et al., 2013)[①]。

虽然对于数据质量的质疑声此起彼伏，但是由于统计工作的复杂性，试图获得可靠样本以了解真实失业情况并非易事。比如 Giles 等(2005)利用实地调查数据，探究了沈阳、西安、武汉、上海、福州五个大城市的失业问题，他们发现，对于拥有当地户籍的样本而言，自 1996 年 1 月起失业率逐步攀升，由 6.10%升至 2002 年 9 月的 11.10%。Liu(2012)借助中国居民收入调查(Chinese Household Income Project, CHIP)数据，考察了 10 个省份的失业情况，发现 2002 年失业率水平约为 9.50%。Feng 等(2017)利用覆盖全部省市的 UHS 数据，计算了中国城镇地区 1988—2009 年的失业情况。发现经过调整后的失业率在 2002 年前后达到最高点，约为 11.5%。与此同时，Zhang 等(2016)采用和本文完全相同的数据估算了 2010—2012 年四省市的失业率演变情况。总而言之，虽然基于不同数据来源和不同时期的研究结论有所不同，但是研究者都一致认为中国城镇调查失业率存在低估，并在 2002 年前后达到最高点。

附录 C　劳动参与率演变情况

失业率的计算与劳动参与率息息相关，因此对于后者需要有一定的了解。下图显示，在 2010—2012 年，男性劳动参与率高于女性约 10%，且基本保持稳定。40 岁以上群体在 2010 年高于 40 岁以下(含)群体约 8%，但是到 2012 年这一差距缩小至 4%，这主要得益于年轻群体劳动参与率的持续增长。中专以上群体的劳动参与率高于较低教育群体约 15%，且这一关系基本保持稳定，因此在老龄化日益严重的中国社会，如何提高低教育群体劳动参与率是目前亟待解决的问题。

---

① 有鉴于此，学者们通常会利用“经济活动人口”除以总人口来得到劳动参与率(Cai et al., 2008)。然而由于“经济活动人口”仅为就业人口与注册失业人口相加，因此不可避免地再次遭遇以上三种质疑。此外，由于官方数据并不包含年龄区间以及户口等信息，所以可信度并不高。

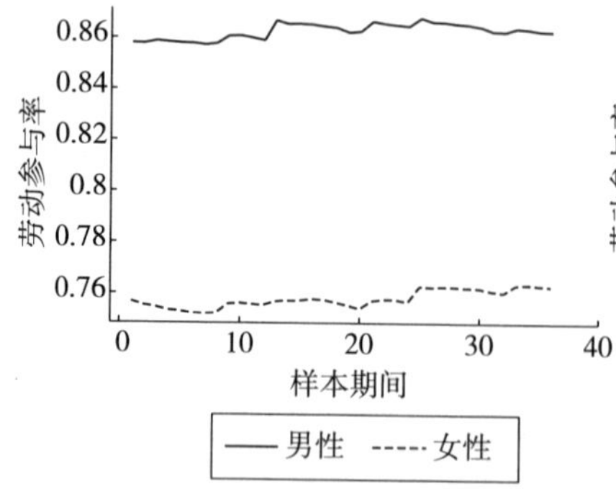

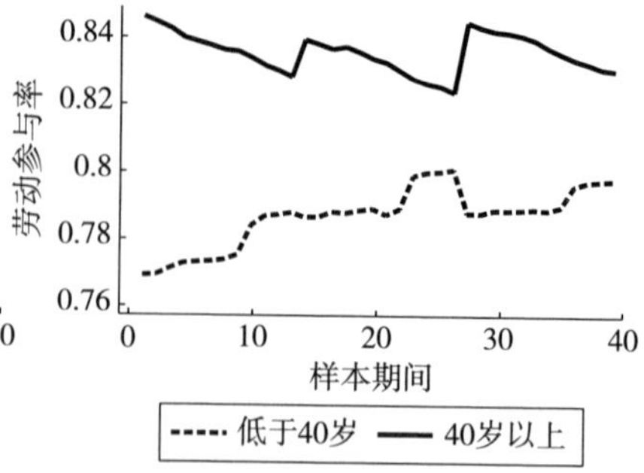

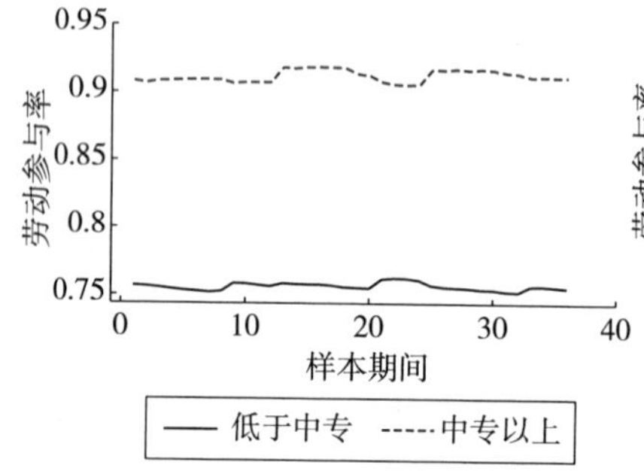

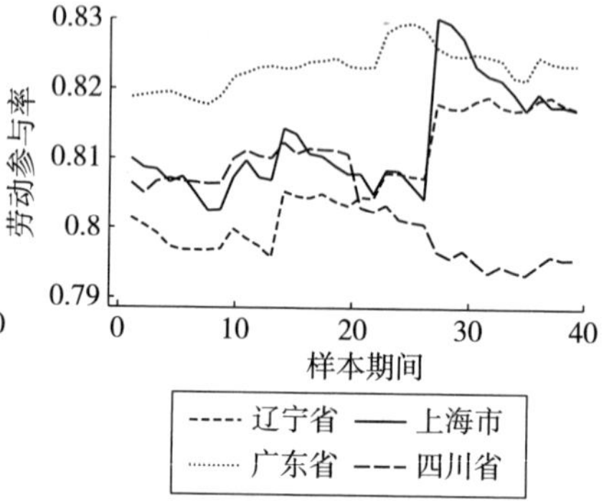

附录 D　中国城镇地区各群体失业率与劳动参与率演变：2010—2012 年（含非户籍）

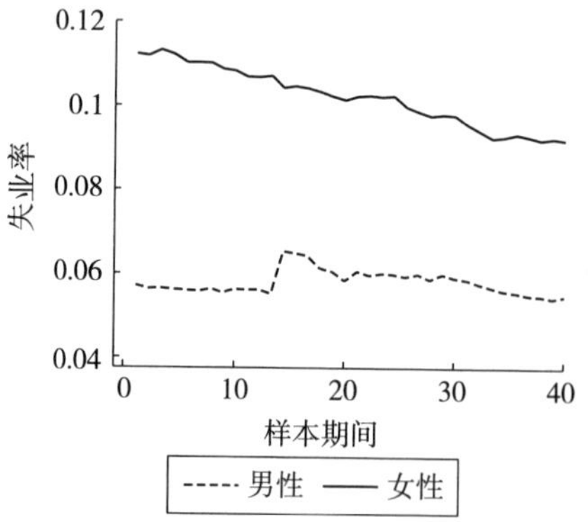

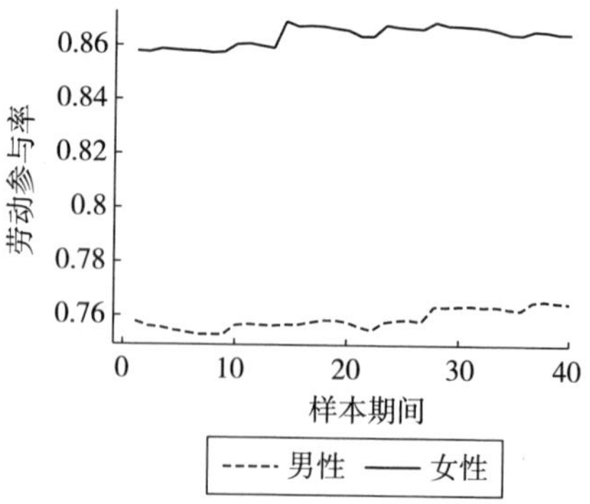

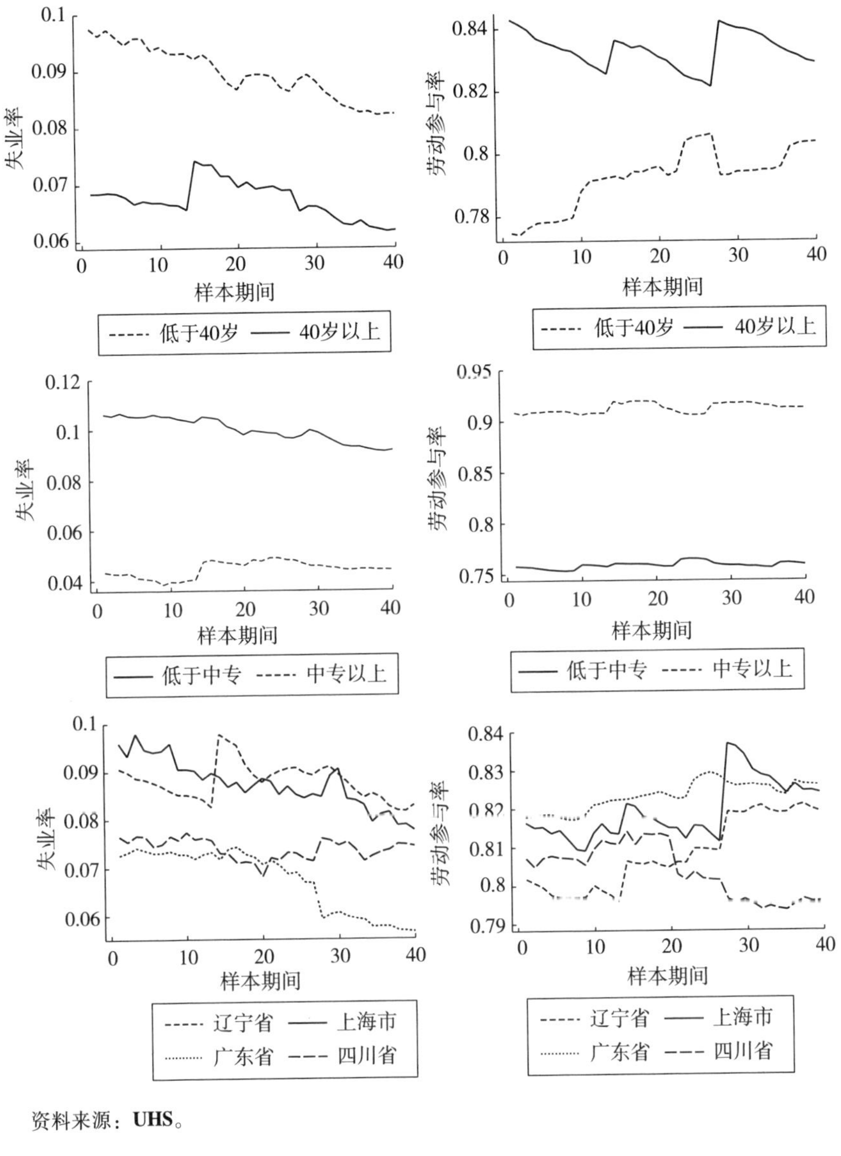

资料来源：UHS。

附录 E　美国失业率与劳动参与率：2000—2017 年

中国尚未公布月度频率的失业率数据，这里以美国为例，每年 2 月份（6 月份），失业率（劳动参与率）均会出现抬升。

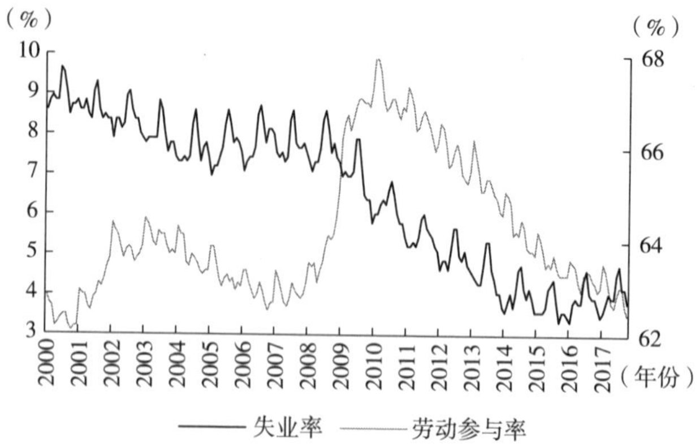

资料来源：美国劳工统计局（Bureau of Labor Statistics，BLS）。

附录 F 中国城镇地区正规、非正规部门就业转移矩阵

（%）

地区	发达地区(男)	发达地区(女)	欠发达地区(男)	欠发达地区(女)
失业—非正规	14. 51	11. 95	22. 77	17. 79
失业—正规	6. 67	5. 54	3. 98	2. 11
正规—正规	16. 06	12. 69	8. 41	8. 83
正规—失业	2. 29	2. 50	1. 29	1. 91
正规—非正规	2. 57	4. 40	3. 34	4. 81
非正规—非正规	19. 89	18. 80	18. 38	19. 26
非正规—失业	3. 00	4. 39	3. 78	4. 71
非正规—正规	2. 44	2. 59	2. 37	2. 25

注：发达地区为上海、广东，欠发达地区为四川和辽宁。
资料来源：UHS。

土地流转背景下农户经营规模对粮食生产“节本增效”的影响
——基于面板数据的跨时期变化研究①

许彩华　余　劲　邱俊杰

（西北农林科技大学经济管理学院）

摘　要　本研究基于粮食主产区山东、河南和安徽3省10县的调研数据，运用面板数据固定效应模型综合分析了农户经营规模对粮食生产亩均产量、亩均生产成本和亩均利润的影响，以及这种影响在不同时期的差异性变化，得出如下结论：总的来看，农户经营规模对小麦和玉米的亩均产量、亩均生产成本和亩均利润都具有显著的正向影响；从时期变化来看，农户经营规模对小麦和玉米的亩均产量、亩均成本和亩均利润的正向效应均逐渐减弱；从土地流转行为来看，转入变量对小麦和玉米的亩均产量、亩均成本都具有显著的正向影响，但总体效应表现为亩均利润的增加，转出变量对小麦和玉米的亩均产量、亩均成本和亩均利润都具有显著的负向影响。因此，应积极促进土地流转，扩大农户经营规模，同时完善其他要素投入市场，实现粮食生产的“节本增效”。

关键词　土地流转；农户经营规模；节本增效；跨时期

① 基金项目：本研究得到国家自然科学基金项目“反贫困视角下生态移民政策的农户响应及经济效应研究”（71373208）、西北农林科技大学科技创新专项重点项目“小麦主产区土地流转的现状及机制构建”（Z109021312）的资助。

作者简介：许彩华，女，山东菏泽人，博士研究生，主要研究方向为农业经济管理。电子邮箱：zgt0523@163. com。余劲，男，湖北英山人，博士生导师，主要研究方向为公共管理学。电子邮箱：yujin@ nwsuaf. edu. cn。邱俊杰，男，山西大同人，博士研究生，主要研究方向为农业经济管理。电子邮箱：qjunjie 2012@ 163. cm。

一、引言

改革开放以来，中国土地流转市场迅速发展，农业部（现农业农村部，后同）数据显示，中国家庭承包耕地流转比例由 2008 年底的 8.9%增加至 2017 年的 35%左右。土地流转作为一种新的土地资源配置方式得到快速推广，引起了学术界的广泛关注。和农村土地流转市场迅速发展同步的是中国农业发展表现出的强劲趋势，2004 年以后，中国粮食总产量实现了“十二连增”。农业部预测，到 2020 年，中国的粮食产量将上升到 5.54 亿吨，但中国粮食仍需大量进口，呈现出生产量、库存量、进口量“三量齐增”的怪象。陈锡文（2015）认为这是由于中国农产品“成本地板”上升、“粮价天花板”下压造成的。一方面，家庭联产承包责任制导致了农地处于细碎化的经营状态，增加了农业生产成本；另一方面，首先国际粮食的生产一般是以规模经营方式进行的，中国的农地经营制度没有竞争优势，其次在美国、加拿大等发达国家中，农业补贴收入占据了总收入的 1/3 以上，其对国际市场上粮食价格的影响相当巨大。因此，中国农产品失去了国际竞争力，粮食生产陷入“地板”上升与“天花板”下降的困境，这也在倒逼中国农业供给侧进行结构性改革。毋庸置疑，中国未来粮食发展的方向选择不仅要增产，还要“节本增效”。在农村土地制度改革以及农地流转背景下，农地规模经营能否显著增加单产、降低成本，进而提高农业比较效益，这是一个必须要靠数据来实证回答的重要问题。

二、文献综述

农户经营规模与土地生产率之间究竟存在什么关系，这一问题一直是发展经济学家的研究热点。一些学者认为，农户经营规模对土地生产率有线性的负向或正向的影响。Chayanov（1926）在俄国农业考察中首先发现了两者之间的负向关系，之后学者们利用发展中国家的长期经验数据印证了此结论

(Sen，1962；Bardhan，1973；李谷成，2010；王建军，2012；Carletto et al.，2013)。学者们对产生负向关系的解释多集中在土地生产率的指标选择(Carletto et al.，2013)、劳动力投入不同(Feder G.，1985)、要素市场的完善程度(Frisvold，1994；Assuncao and Ghatak，2003)、土地质量的差异上(Barrett et al.，2010)，也有观点认为，伴随着农业机械化和专业化的发展，这种负向关系会逐渐减弱或者消失(Yamauchi，2016；Otsuka et al.，2016a，2016b)。在基于调研数据的实证研究中，也有学者发现土地生产率与农户经营规模呈正相关关系，即“大规模经营比小规模经营更有效率”(Helfand and Levine，2004；Anriquez and Bonomi，2008；范红忠、周启良，2014；Kawasaki，2010)。对正向关系的解释多集中在自然资源禀赋不同(谢东水，2011)、对先进科技应用效率的差异(宋伟，2007)、发达国家的农业补贴(张士云等，2014；卢荣善，2007；张士云，2014)等方面。现有实证研究中还出现二者的“U”形或倒“U”形等非线性关系。辛良杰等(2009)、仇焕广等(2017)、陈杰(2017)讨论了农户经营规模对土地生产率的影响，得出的结论是：中等规模下的土地生产率高于小规模和较大规模下的土地生产率，土地生产率随农户经营规模的扩大呈现倒“U”形变化。然而中国的农户平均经营规模仅0.56公顷，土地集中率和农户经营规模仍然偏小，可能会长期处于倒“U”形的上升阶段(许彩华，2017)。农户经营规模与土地生产率的“U”形关系也得到了印证(倪国华、蔡昉，2015)。

中国未来粮食发展的方向选择不仅要增产，还要“节本增效”。主流的农业生产理论认为，生产者的平均成本曲线随着经营规模的扩大呈现“U”形或“L”形，即平均成本呈现先下降然后上升的趋势，或者是平均成本曲线下降以后维持在较低水平(Loyland et al.，2001；Alvare et al.，2003；Summer，2014；张晓恒等，2017)。有些研究学者从实证经验得出农户经营规模与生产成本之间的负向关系(Tan et al.，2008；许庆等，2011)，唐珂(2017)利用全国农村固定观察点10年的面板数据实证得出，农户经营规模对亩均生产成本具有显著的负向影响，但是随着时间的推移，这种负向效应会逐渐降低，即粮食生产经营的成本优势会逐渐减少。这也印证了农地经营是存在适度规模的，根据规模经济理论，总成本在适度规模状态下是最低的，一旦超过适度规模外的规模扩张带来的将是“规模不经济”（尚旭东等，2017）。

综观相关研究文献发现，首先，在研究数据方面，有些数据使用跨国的统计数据，而有些则是小范围地区的农户调研数据，导致数据的代表性不足（王建英等，2015），还有些数据由于时间较早无法捕捉到新的农业政策对研究对象的实时影响（Rada et al.，2015）。其次，在模型使用方面，现有研究多以C-D 生产函数模型或其变化形式为主，没有充分考虑到农户的农业生产决策过程是以追求家庭或个人利润最大化为目标的，因此模型的运用比较单一。最后，已有研究并未对农户耕地经营规模与土地生产率和生产成本之间关系的时期变化加以把握。在中国农业转型和农地流转实施背景下，农户经营规模对粮食生产的“节本增效”的影响会发生怎样的变化？这些变化对于指导未来中国农业政策的走向有何重要意义？这需要学者利用长时期的农户跟踪调查数据进行严谨的实证分析。为此，文章利用 2012—2016 年华北平原粮食主产区的 3 省 10 县的农户微观调研数据，运用面板数据固定效应模型分析土地流转背景下农户经营规模对粮食生产“节本增效”的影响，以及这种影响在不同时期的差异化表现。

三、模型设定及变量的描述性统计

1. 数据来源

本文研究的数据来源于课题组展开的农户问卷调查，调查区域为粮食主产区的 3 省 10 县（鲁、豫、皖）。其抽样过程为：通过随机抽样法，在每个市选择 1~2 个种粮大县，在每个县选择 2~3 个乡镇，在每个乡镇随机选取 1~2 个自然村，在每个自然村内随机选取 30~40 户农户。调查内容主要包含每年农户的家庭基本情况、土地流转情况、农业经营投入产出情况等。调查采用入户面对面访谈和问卷调查相结合的方式完成，并分别于 2012 年、2014 年和 2016 年对 623 户农户进行连续跟踪形成 3 年面板数据，进而分析农户经营规模对粮食生产中亩均产量、亩均生产成本和利润的影响。

2. 模型设定及变量选择

根据生产力构成要素理论，即土地生产率与劳动者、劳动要素和劳动对象等因素密切相关，各生产要素的配置效率会对粮食的土地生产率和生产成本产生一定的影响。为检验农户经营规模对粮食生产“节本增效”的影响，反映农业生产要素随着农户经营规模的变化而进行的调整性投入，需要对农户经营规模与土地生产率和成本之间进行无偏(至少一致)估计。同时，为了遵守“既定要素不变”的经济计量假定，本文没有将这些内生性的投入本身包括在估计模型中。

参照研究农户经营规模与土地生产率的相关文献(Barren et al.，2010；王建英等，2015)，本文用亩均产量和亩均利润这两个指标作为土地生产率的代理变量，分别考察其与农户经营规模之间的关系。在以亩均利润代表土地生产率时，参照文献 Foster 和 Rosenzweig(2011)，假设劳动力和家庭自购机械投入的机会成本为 0，不考虑家庭要素投入的费用。另外，本文没有将农户投入土地的租金计入粮食作物生产成本中进行扣除，因为如果是要考察农户经营规模差异而导致的土地回报的不同，土地租金成本不应该在利润的计算中扣除(Lamh，2003)。因此，本文的亩均利润定义为以小麦或玉米的出售价格(Ali and Deininger，2014)衡量的亩均产值减去购买的农药、种子、化肥、机械服务等生产资料投入支出。

参照 Assuncao 和 Braido(2007)和 Rada 等(2015)的研究方法，考虑一个简单的基于利润最大化的粮食生产函数：

$$y_{it}=f(L_{it}, x_{it}, \theta_{it}, \delta_{it}) \tag{1}$$

其中，y_{it}代表 i 农户 t 年的粮食产量和总利润，L_{it}代表 i 农户 t 年的粮食播种面积，x_{it}为 i 农户 t 年的各生产要素投入向量，θ_{it}代表“农户—时间”特定要素向量，如衡量家庭特征的变量组合，δ_{it}代表自然禀赋随时间而变化的向量，如土地等级、是否有灌溉设备、是否有自然灾害等环境条件。

假定农户位于完全竞争市场环境中，同一地区农户间面临的要素投入价格和粮食产出价格差别不大，所以假定价格仅随时间变化。假设在 t 年时农户 i 面临的投入要素价格向量为 w_{it}，粮食价格为 P_{it}，由农户追求利润最大化可得：

$$\max P_{it}\, y_{it}-w_{it}\, x_{it} \tag{2}$$

由式（1）和式（2）联合解出要素需求函数为：

$$x_{it}^{*}=D(L_{it},\ P_{it},\ w_{it},\ \delta_{it},\ \theta_{it}) \tag{3}$$

农户的成本和产出函数为：

$$c_{it}^{*}=w_{it}\times x_{it}^{*}=c(L_{it},\ P_{it},\ w_{it},\ \delta_{it},\ \theta_{it}) \tag{4}$$

$$y_{it}^{*}=s(L_{it},\ P_{it},\ w_{it},\ \delta_{it},\ \theta_{it}) \tag{5}$$

假定 θ_{it} 由户主特征中年龄（*age*）、受教育程度（*edu*）和是否党员（*party*）3 组变量与家庭特征中家庭总人口（*pop*）、家庭劳动力（*labor*）和家庭负担比（*burden*）3 组变量来衡量，δ_{it} 由土地等级（*level*）、是否有灌溉设备（*irri*）、是否有自然灾害（*dizas*）3 组变量衡量，P_{it} 用小麦和玉米的销售价格（*price*）来衡量，具体的变量描述及统计性分析见表 1。

表 1　变量定义及描述性统计

变量	变量定义	小麦		玉米	
		均值	标准差	均值	标准差
因变量					
亩均产量（对数）	亩均小麦或玉米产量/斤/亩	4.839	3.084	4.075	3.385
亩均成本（对数）	亩均农药、肥料、灌溉、种子、机械服务等生产资料投入/元/亩	4.296	2.743	3.481	2.898
亩均利润（对数）	亩均产值−亩均成本/元/亩	2.274	3.000	3.690	3.102
关键变量					
农户经营规模（ln*l*）	土地面积/亩	−0.645	4.072	−1.723	4.372
控制变量					
年龄（*age*）	岁	54.772	11.415	54.772	11.415
教育程度（*edu*）	文盲=1，小学=2，初中=3，高中及以上=4	2.712	0.835	2.711	0.835
是否党员（*party*）	党员=1，非党员=0	0.063	0.242	0.063	0.242
家庭总人口（*pop*）	人	4.099	1.550	4.103	1.556
家庭劳动力（*labor*）	人	2.687	1.194	2.690	1.204
家庭负担比（*burden*）	家里老人或者小孩人数/人	1.335	1.112	1.345	1.134
粮食价格（*price*）	元/斤	0.775	0.500	0.568	0.487
土地等级（*level*）	最好=1，较好=2，好=3，较差=4，差=5	1.281	1.089	1.059	1.094
是否有灌溉设施（*irri*）	有=1，无=0	0.433	0.496	0.375	0.484
是否有自然灾害（*dizas*）	有=1，无=0	0.201	0.401	0.179	0.383

分别给式(4)和式(5)增加一个复合扰动项，具体经济计量模型设定如下：

$$\ln(G_{it}/L_{it}) = \beta_0+\beta_1\ln(L_{it})+z_1D_t+\beta_2 age+\beta_3 edu+\beta_4 party+\beta_5 level+\beta_6 pop+ \beta_7 labor+\beta_8 burden+\beta_9 irri+\beta_{10} dizas+\beta_{11} price+a_i+\mu_{it} \quad (6)$$

其中，G_{it}代表 i 农户在 t 年时的粮食产量(y_{it}^*)、利润(p_{it}^*)或者生产成本(c_{it}^*)，L_{it}为农作物经营规模，D_t 为时间虚拟变量向量。β_0、β_1 ~ β_{11} 和 z_1 为待估参数(向量)，a_i 表示不随时间变化的不可观测的农户个体异质性。μ_{it}为随机误差项，满足独立同分布序列(iid)。

为了考察农户经营规模与土地生产率和生产成本关系的跨时期结构变动情况，特增加时间虚拟变量与规模交互项 $z_2D_t\times ln(L_{it})$，得到式(7)。

$$\ln(G_{it}/L_{it})=\beta_0+\beta_1\ln(L_{it})+z_1D_t+z_2D_t\times\ln(L_{it})+\beta_2 age+\beta_3 edu+\beta_4 party+\beta_5 level+ \beta_6 pop+\beta_7 labor+\beta_8 burden+\beta_9 irri+\beta_{10} dizas+\beta_{11} price+a_i+\mu_{it} \quad (7)$$

同时，土地流转是实现农地规模化经营、提高土地生产率的重要途径。为检验土地流转行为对粮食生产“节本增效”的影响，本文用 *in* 代表转入土地行为，用 *out* 代表转出土地行为。当农户转入土地时，*in* 的值为 1，否则为 0；当农户转出土地时，*out* 的值为 1，否则为 0。

3. 描述性统计分析

(1) 户均经营规模、单产、亩均生产成本和亩均利润。参照文献 Lamb (2003)，文中以小麦和玉米的播种面积作为农户经营规模指标。由表 2 可知，在“2012—2016”总样本中，粮食主产区小麦的户均经营规模为 16. 377 亩，玉米的户均经营规模为 15. 370 亩，玉米的规模经营面积较小的现实与我国农业供给侧结构性改革背景下，调整粮食种植结构的政策要求相吻合。本文分别以亩均产量和亩均利润作为土地生产率的衡量指标，在亩均产量方面，玉米的亩均产量比小麦的亩均产量较高，分别为 977. 493 斤和 911. 137 斤，但在亩均利润方面，小麦的亩均利润略高于玉米的亩均利润，最主要的原因是小麦的市场价格高于玉米的市场价格。在成本方面，小麦和玉米的亩均生产成本分别为 425. 441 元和 372. 338 元，小麦的亩均成本是玉米亩均成本的 1. 143 倍，可能的原因是小麦在收割方面的机械化率高于玉米，在机械服务投入方面明显高于玉米。

表 2　户均经营规模、亩均产量、亩均生产成本和亩均利润情况

品种	年份	户均规模/亩	标准差	亩均产量/斤	标准差	亩均成本/元	标准差	亩均利润/元	标准差
小麦	2012—2016	16.377	57.018	911.137	162.237	425.441	92.371	568.220	223.056
	2012	13.913	48.738	875.365	134.293	410.534	85.274	491.419	198.540
	2014	17.542	60.029	954.339	156.590	412.172	91.490	644.112	207.095
	2016	18.211	63.056	908.163	187.900	448.831	96.158	580.802	238.177
玉米	2012—2016	15.370	57.490	977.493	143.800	372.338	105.629	561.722	211.188
	2012	14.873	57.463	987.726	138.447	356.701	118.635	654.646	175.944
	2014	15.712	56.852	975.258	148.864	358.396	89.721	602.054	204.599
	2016	15.713	58.384	965.223	145.165	393.722	96.335	384.850	147.867

在子样本中，相较于 2012 年，2014 年和 2016 年户均经营规模都有较大幅度的提高，其中小麦的户均经营规模从 2012 年的 13.913 亩扩大到 2016 年的 18.211 亩，增幅为 30.89%；而玉米的户均经营规模也取得了 5.60%的增幅。这说明，随着农村土地流转市场的不断完善，逐渐扩大的农户规模正在向农地适度经营规模的路径靠拢。在土地生产率方面，小麦的亩均产量和亩均利润随着时间的推移都表现出了增加的趋势，而玉米的亩均产量和亩均利润都有一定的下降趋势，这与近年来玉米的市场价格越来越低的趋势有关，农民更愿意对经营效益高的农作物投入更多的人力资本，导致玉米的土地生产率逐渐降低。在成本方面，随着规模的增大和时间的推移，小麦和玉米的亩均生产成本都表现出增长的趋势，分别增加了 9.33%和 10.38%，说明了农业生产要素价格的上涨已经逼高了粮食作物的亩均生产成本水平。

（2）成本结构。表 3 描述了样本农户粮食作物生产过程中，生产成本中各项投入所占比例。由表 3 可知，在总样本中，小麦和玉米的成本结构中，各类生产资料占比从高到低依次为肥料投入、机械投入、种子投入、农药投入和灌溉投入。从时间效应来看，相较于 2012 年，2014 年和 2016 年小麦和玉米的肥料投入比例均在下降，而机械投入比例和种子投入比例都在增加。这说明农户过度依赖化肥而提高产量的现象正在得到改善，同时在农业劳动

力工资水平不断上涨的背景下，机械服务和优质种源对其他生产资料的替代效应逐渐增加。由于灌溉投入和农药投入对本年的降雨量或温湿度等自然环境的依赖程度较高，因此在不同年份间表现出波动性的变化趋势。

表 3　样本农户的成本结构　（%）

品种	年份	肥料投入	农药投入	灌溉投入	机械投入	种子投入	其他投入
小麦	2012—2016	39.700	8.700	6.100	31.100	14.300	0.100
	2012	41.100	8.600	7.300	31.100	11.800	0.100
	2014	40.100	8.200	5.200	30.800	15.500	0.200
	2016	37.200	9.600	5.300	31.500	16.300	0.100
玉米	2012—2016	43.800	10.200	7.700	24.100	14.100	0.100
	2012	45.000	11.300	8.000	22.100	13.500	0.100
	2014	44.600	8.600	8.200	24.500	13.900	0.200
	2016	41.100	10.200	6.500	26.700	15.300	0.200

四、实证结果分析

1. 农户经营规模对粮食生产“节本增效”的影响

为了验证农户经营规模对土地生产率和生产成本的影响，作为参照系，笔者首先对面板数据进行了混合回归，结果发现面板数据存在个体效应，不应使用混合回归；随后运用 Hausman 检验，结果显示应该采用固定效应模型而非随机效应模型。因此，文中表 4 显示了对式(6)运用面板数据固定效应模型的估计结果。

从表 4 中可以看出，农地经营规模对粮食生产中亩均成本和土地生产率的影响趋势是一致的。在生产成本方面，无论小麦还是玉米，农户经营规模对亩均生产成本具有显著的正向影响。在其他要素不变的情况下，农户经营规模每增加 10%，小麦的亩均生产成本增加 3.95%，玉米的亩均生产成本增加 4.83%。以亩均产量衡量土地生产率时，小麦和玉米的农户经营规模对亩均产量的影响系数分别为 0.473 和 0.576，并在 1%的水平上通过显著性检验，说明农户经营规模对粮食产量具有显著的正向影响，农户经营规模每增加10%，小麦和玉米的亩均产量分别增加 4.73%和 5.76%。以亩均利润衡量土地生产率时，小麦和玉米的农户经营规模对亩均利润具有显著的正向影响，说明农户经营规模对各粮食作物亩均产量的正向效应大于农户经营规模对亩均成本的正向效应，农户的利润随着规模的增大而增加。

表 4　农户经营规模对粮食生产“节本增效”的影响

变量	小麦			玉米		
	亩均产量	亩均成本	亩均利润	亩均产量	亩均成本	亩均利润
ln*l*	0.473***	0.395***	0.284***	0.576***	0.483***	0.373***
	0.022	0.022	0.059	0.018	0.017	0.024
in	0.262***	0.292***	0.107	0.163***	0.154***	0.095*
	0.055	0.054	0.139	0.049	0.047	0.052
out	−0.273***	−0.309***	−0.030*	−0.311***	−0.320***	−0.149***
	0.040	0.043	0.120	0.046	0.046	0.044
age	0.001	−0.002	−0.007	0.000	−0.001	0.002
	0.002	0.002	0.009	0.003	0.003	0.003
edu	0.004	−0.039**	−0.042	0.011	−0.029	0.053*
	0.018	0.020	0.065	0.022	0.022	0.028
party	−0.082	−0.121*	0.115	0.002	0.009	−0.013
	0.077	0.073	0.195	0.081	0.074	0.081
pop	0.014	0.002	0.108**	0.018	0.005	0.037*
	0.0180	0.019	0.054	0.02	0.019	0.020
labor	0.001	0.004	−0.179***	0.007	0.013	−0.012
	0.018	0.019	0.063	0.02	0.020	0.021
burden	0.012	0.022	−0.092*	−0.001	0.022	−0.022
	0.015	0.016	0.049	0.018	0.017	0.023
price	2.343***	2.268***	1.285***	1.559***	1.582***	2.827***
	0.170	0.172	0.441	0.132	0.126	0.197
level	0.096***	0.090***	0.431***	0.124***	0.097***	0.052*
	0.027	0.029	0.085	0.029	0.031	0.030
irri	0.169***	0.225***	0.689***	0.298***	0.181***	0.196***
	0.038	0.043	0.142	0.056	0.052	0.075

续表

变量	小麦			玉米		
	亩均产量	亩均成本	亩均利润	亩均产量	亩均成本	亩均利润
dizas	−0. 162 ***	−0. 136 **	−0. 004	−0. 258 ***	−0. 226 ***	−0. 258 ***
	0. 049	0. 054	0. 158	0. 049	0. 050	0. 080
2014 年	−0. 052 **	−0. 183 ***	0. 387 ***	0. 037	0. 002	0. 015
	0. 026	0. 024	0. 065	0. 026	0. 024	0. 032
2016 年	−0. 077 ***	−0. 157 ***	0. 219 **	0. 159 ***	0. 144 ***	0. 042
	0. 025	0. 028	0. 087	0. 032	0. 030	0. 036
_cons	3. 019 ***	2. 825 ***	2. 124 ***	3. 773 ***	3. 271 ***	2. 279 ***
	0. 212	0. 216	0. 644	0. 236	0. 215	0. 274
组内 R^2	0. 976	0. 968	0. 520	0. 980	0. 975	0. 963
F 值	3205. 600	2310. 550	25. 200	2286. 020	1917. 690	1944. 400

注：*** 表示 $p<0.01$，** 表示 $p<0.05$，* 表示 $p<0.1$；0. 000 为保留了 3 位小数后产生的结果，而非 0；每个表格里面的上一行数据代表系数，下一行数据代表标准误值。

在土地流转变量中，转入变量对小麦的亩均产量和生产成本具有显著的正向影响，虽然对小麦的亩均利润的影响没有通过显著性检验，但影响系数仍为正，说明土地流转能够促进小麦的比较效益的增加；转入变量对玉米的亩均产量、成本和利润都具有显著的正向影响，这与规模变量对单产、成本和利润的影响方向是一致的，即随着经营规模的增加，玉米的亩均产量和生产成本都会增加，但总体效应表现为亩均利润的增加。转出变量对小麦和玉米的亩均成本、亩均产量和利润都具有显著的负向影响，说明小规模农户的单产、成本和利润都比大规模农户低，可能的原因是转出户实现了农业劳动力向非农劳动力的转移，降低了对土地的劳动和资本投入，从而降低了亩均产量和亩均利润。

在控制变量中，代表农户特征和家庭特征的变量几乎没有通过显著性检验，而代表自然禀赋随时间而变化的环境变量均通过了显著性检验。其中，粮食价格、土地等级、是否有灌溉设施对粮食单产、成本和利润都有显著的正向影响，而是否有自然灾害变量对粮食的亩均产量、亩均成本和利润的影响为负向，并通过了显著性检验。

2. 农户经营规模对粮食生产“节本增效”的时期变化影响

为了验证农户经营规模对土地生产率和生产成本的时期影响，同样运用 Hausman 检验，结果显示应该采用固定效应模型而非随机效应模型。因此，表 5 显示了对式(7)运用面板数据固定效应模型估计结果。

表 5 农户经营规模对粮食生产“节本增效”的时期影响

产量	小麦			玉米		
	产量	成本	利润	产量	成本	利润
ln*l*	0.467***	0.397***	0.335***	0.490***	0.399***	0.342***
	0.022	0.022	0.059	0.024	0.022	0.029
2014 年	−0.051*	−0.187***	0.375***	0.084***	0.043	0.040
	0.027	0.025	0.061	0.029	0.027	0.037
2016 年	−0.067**	−0.156***	0.130***	0.393***	0.380***	0.122**
	0.027	0.03	0.087	0.048	0.047	0.059
year2ln*l*	0.006**	−0.001*	−0.075**	0.027***	0.005***	0.015**
	0.006	0.005	0.015	0.005	0.015	0.006
year3ln*l*	0.012**	−0.004	−0.115**	0.071***	0.007***	0.027***
	0.005	0.006	0.017	0.007	0.027	0.008
_cons	3.044***	2.798***	1.853***	3.431***	0.232***	2.174***
	0.214	0.219	0.635	0.253	2.174	0.296
组内 R^2	0.977	0.968	0.533	0.982	0.977	0.963
F 值	3046.490	2081.400	27.230	2401.690	2050.920	1831.310

注：*** 表示 p<0.01，** 表示 p<0.05，* 表示 p<0.1；0.000 为保留了 3 位小数后产生的结果，而非 0；每个表格里面的上一行数据代表系数，下一行数据代表标准误值。流转变量、户主特征、家庭特征以及自然禀赋变量结果与表 4 结果类似，故在此表中没有列出，如有需要可以提供。

由表 5 可知，对小麦来说，小麦的农户经营规模对粮食单产、成本和利润的影响仍呈现出显著的正向影响；从时间变化角度来看，农户经营规模对小麦单产的正向影响随着时间的推移逐渐减弱，时间和规模的交互项在 2014 年和 2016 年的系数分别为 0.006 和 0.012，虽然均在 5%的水平上通过显著性检验，但与规模系数 0.467 相比，明显减小，说明农户经营规模对单产的正向影响也明显降低，土地流转市场和劳动力市场仍有待完善，“增规增产”的问题还有待进一步解决。随着时间的推移，虽然生产成本随着农户经营规模的增加呈现出逐渐降低的趋势，但农户经营规模对亩均利润的正向影响也发生了明显的变化，时间和规模的交互项的系数由原来的正值变为负值，即交互项系数在2014年和2016年分别变为-0.075和-0.115，并通过了显著性检验，说明粮食生产的比较效益在逐渐降低，农户经营规模的增加不能进一步发挥规模经济的“节本增效”的优势。

对玉米来说，玉米的农户经营规模对粮食单产、成本和亩均利润的影响呈现显著的正向影响；从时间变化角度来看，农户经营规模对玉米的亩均单产、成本和利润虽然仍是显著的正向关系，但是时间和规模的交互项的系数也出现了明显变小的趋势，说明玉米的规模经济优势随着时间的推移逐渐降低。

五、主要结论与政策启示

本研究基于粮食主产区山东、河南和安徽3省10县的调研数据，运用面板数据固定效应模型综合分析了农户经营规模对粮食单产、亩均生产成本和亩均利润的影响，以及这种影响在不同时期的差异性变化，得出如下结论：

第一，农户经营规模对小麦和玉米的单产和亩均成本都具有显著的正向影响，由于农户经营规模对粮食单产的正向效应大于其对生产成本的正向效应，因此，农户经营规模对亩均利润也具有显著的正向影响。

第二，将土地流转分为转入和转出，其中转入变量对玉米的单产、成本和利润都具有显著的正向影响，即随着经营规模的增加，玉米的单产和生产成本都会增加，但总体效应表现为亩均利润的增加。转出变量对小麦和玉米的成本、单产和利润都具有显著的负向影响，说明小规模农户的单产、成本和利润都比大规模农户低，可能的原因是转出户实现了农业劳动力向非农劳动力的转移，降低了对土地的劳动和资本投入，从而降低了单产和亩均利润。

第三，随着时间的推移，农户经营规模对小麦单产和亩均生产成本的正向影响在减弱，对小麦亩均利润的影响由正向变为负向；农户经营规模对玉米单产、亩均生产成本和亩均利润仍为显著的正向影响，但这种正向影响也随着时间的推移在减弱。说明土地流转市场和劳动力市场仍有待完善，规模经济优势随着时间的推移逐渐降低。

本文的结论说明随着农户经营规模的扩大，单产和生产成本的综合效应表现为亩均利润的增加，同时土地转入对粮食生产的单产和利润也有显著的正向影响，说明土地流转是实现粮食生产“节本增效”的新途径，也具有一定的政策含义。首先，应在土地流转政策实施背景下不断稳定土地承包权，放活土地的经营权，促进土地的流转和集中，提高粮食单产和亩均利润。其次，随着经营规模的增加，规模经济效应逐渐释放，如何在规模增加的同时，同步实现其他投入要素的规模经济将是实现农业生产“节本增效”的关键。中央政府应该着力培育良好的机械化服务供给市场，同时积极完善其他要素投入市场，不断增加农业生产的比较效益。最后，家庭农场等现代化农业经营主体必然是未来中国的农业生产主体，国家应加大其粮食生产环节的补贴力度，降低农业生产成本，提高农业生产效率，激发农民的种粮积极性，保障国家粮食安全有效供给。

参考文献

[1] 陈锡文. 中国农业发展形势及面临的挑战［J］. 农村经济，2015（1）.

[2] Chayanov. The Theory of Peasant Economy［M］. Homewood Illinois：Richard D. Lrwin，1926.

[3] Sen A. An Aspect of Indian Agriculture［J］. Economic Weekly，1962，14（4－6）：243－246.

[4] Bardhan P K. Size，Productivity and Returns to Scale：An Analysis of Farm－Level Data in Indian Agriculture［J］. Journal of Political Economy，1973（81）：1370－1386.

[5] 李谷成，冯中朝，范丽霞. 小农户真的更加具有效率吗？来自湖北省的经验证据［J］. 经济学（季刊），2010（9）.

[6] 王建军，陈培勇，陈风波. 不同土地规模农户经营行为及其经济效益的比较研究——以长江流域稻农调查数据为例［J］. 调研世界，2010（5）.

[7] Carletto C，Savastano S，Zezza A. Fact or Artifact：The Impact of Measurement Errors on the Farm Size－Productivity Relationship［J］. Journal of Development Economics，2013，103

(1): 254-261.

[8] Heltberg R. Rural Market Imperfections and the Farm Size-Productivity Relationship: Evidence From Pakistan [J]. World Development, 1998, 26(10): 1807-1826.

[9] Frisvold G B. Does Supervision Matter? Some Hypothesis Tests Using Indian Farm-Level Data [J]. Journal of Development Economics, 2004, 43(43): 217-238.

[10] Assunção J J, Ghatak M. Can Unobserved Heterogeneity in Farmer Ability Explain the Inverse Relationship between Farm Size and Productivity [J]. Economics Letters, 2003, 80 (2): 189-194.

[11] Barrett C B, Bellemare M F, Hou J Y. Reconsidering Conventional Explanations of the Inverse Productivity-Size Relationship [J]. World Development, 2010, 38(1): 88-97.

[12] Yamauchi F. Rising Real Wages, Mechanization and Growing Advantage of Large Farms: Evidence from Indonesia [J]. Food Policy, 2016 (58): 62-69.

[13] Otsuka K, Liu Y, Yamauchi F. Growing Advantage of Large Farms in Asia and Its Implications For Global Food Security [J]. Global Food Security, 2016 (11): 5-10.

[14] Otsuka K, Liu Y, Yamauchi F. The Future of Small Farms in Asia [J]. Development Policy Review, 2016, 34(3): 441-461.

[15] Helfand S M, Levine E S. Farm Size and the Determinants of Productive Efficiency in the Brazilian Center-West [J]. Agricultural Economics, 2004, 31(2): 241-249.

[16] Anriquez, Gustavo, Genny Bonomi. Long-Term Farming and Rural Demographic Trends [J]. Background Paper for the WDR, 2008: 92.

[17] 范红忠，周启良. 农户土地种植面积与土地生产率的关系——基于中西部七县(市)农户的调查数据 [J]. 中国人口·资源与环境，2014 (24).

[18] Kawasaki K. The Costs and Benefits of Land Fragmentation of Rice Farms in Japan [J]. Australian Journal of Agricultural & Resource Economics, 2010, 54(4): 509-526.

[19] 谢冬水. 农地经营规模与效率研究综述 [J]. 首都经济贸易大学学报，2011 (5).

[20] 宋伟，陈百明，陈曦炜. 东南沿海经济发达区域农户粮食生产函数研究——以江苏省常熟市为例 [J]. 资源科学，2007 (29).

[21] 卢荣善. 经济学视角：日本农业现代化经验及其对中国的适用性研究 [J]. 农业经济问题，2007 (2).

[22] 张士云，江激宇，栾敬东，等. 美国和日本农业规模化经营进程分析及启示 [J]. 农

业经济问题，2014（1）.
[23] 辛良杰，李秀彬，朱会义，等. 农户土地规模与生产率的关系及其解释的印证——以吉林省为例［J］. 地理研究，2009（5）.
[24] 仇焕广，刘乐，李登旺，等. 经营规模、地权稳定性与土地生产率——基于全国 4 省地块层面调查数据的实证分析［J］. 中国农村经济，2017（6）.
[25] 陈杰，苏群. 土地流转、土地生产率与规模经营［J］. 农业技术经济，2017（1）.
[26] 许彩华，余劲. 农地规模化经营中的土地生产率变化研究及展望［J］. 西北农林科技大学学报(社会科学版)，2017（4）.
[27] 倪国华，蔡昉. 农户究竟需要多大的农地经营规模？——农地经营规模决策图谱研究［J］. 经济研究，2015（3）.
[28] Løyland K, Ringstad V. Gains and Structural Effects of Exploiting Scale-Economies in Norwegian Dairy Production [J]. Agricultural Economics, 2015, 24(2): 149-166.
[29] Alvarez Antonio and Carlos Arias. Diseconomies of Size with Fixed Managerial Ability [J]. American Journal of Agricultural Economics, 2003, 85(1): 134-142.
[30] Summer D A. American Farms Keep Growing: Size, Productivity and Policy [J]. Journal of Economic Perspectives, 2014, 28(1): 147-166.
[31] 张晓恒，周应恒，严斌剑. 农地经营规模与稻谷生产成本：江苏案例［J］. 农业经济问题，2017（2）.
[32] Tan S, Heerink N, Kruseman G, et al. Do Fragmented Landholdings Have Higher Production Costs? Evidence from Rice Farmers in Northeastern Jiangxi Province, P. R. China [J]. China Economic Review, 2007, 19(3): 347-357.
[33] 许庆，尹荣梁，章辉. 规模经济、规模报酬与农业适度规模经营——基于我国粮食生产的实证研究［J］. 经济研究，2011（3）.
[34] 唐轲，王建英，陈志钢. 农户耕地经营规模对粮食单产和生产成本的影响——基于跨时期和地区的实证研究［J］. 管理世界，2017（5）.
[35] 尚旭东，朱守银. 粮食安全保障背景的适度规模经营突破与回归［J］. 改革，2017（2）.
[36] 王建英，陈志钢，黄祖辉，Reardon，Thomas. 转型时期土地生产率与农户经营规模关系再考察［J］. 管理世界，2015（9）.
[37] Rada N, Wang C, Qin L. Subsidy or Market Reform? Rethinking China's Farm Consolida-

tion Strategy [J]. Food Policy, 2015 (57): 93-103.

[38] Barrett C B, Bellemare M F, Hou J Y. Reconsidering Conventional Explanations of the Inverse Productivity-Size Relationship [J]. Social Science Electronic Publishing, 2010, 38 (1): 88-97.

[39] Foster, AD., M R. Rosenzweig. Are Indian Farms Too Small? Mechanization, Agency Cost and Farm Efficiency [J]. Economic Growth Center, Yale University New Haven CT, 2011.

[40] Lamb R L. Inverse Productivity: Land Quality, Labor Markets and Measurement Error [J]. Journal of Development Economics, 2003, 71(1): 71-95.

[41] Ali DA, K. Deininger. Is There A Farm-Size Productivity Relationship in African Agricultural? Evidence from Rwanda [J]. Land Economics, 2015, 91 (2): 317-343.

[42] Assuncao, H. B. Braido. Testing Household-Specific Explanations for the Inverse Productivity Relationship [J]. American Agricultural Economics, 2007, 89 (4): 980-990.

[43] Helfand S M, Magalhães M M, Rada N. Brazil' s Agricultural Total Factor Productivity Growth by Farm Size [R]. IDB Working Paper Sories, 2015.